張政遠—著

哲學的民俗學轉向

物語與日本哲學

五南圖書出版公司 印行

目　次

導　論 ……………………………………………………………… 1

第一章　御進講與日本哲學 ……………………………………… 13
　　一、天皇的教養 ……………………………………………… 13
　　二、西田幾多郎、和辻哲郎與高橋里美的進講 …………… 17
　　三、從「Philosophy for Emperor」到「Philosophy for Everyone」‥ 23

第二章　九鬼周造論實存 ………………………………………… 27
　　一、存在、生存、實存 ……………………………………… 27
　　二、九鬼周造的「實存哲學」……………………………… 30
　　三、偶然性與臺灣哲學 ……………………………………… 48

第三章　三木清的生與死 ………………………………………… 53
　　一、三木清與西田幾多郎 …………………………………… 53
　　二、技術哲學 ………………………………………………… 54
　　三、死亡哲學 ………………………………………………… 60

第四章　唐木順三的無常論 ……………………………………… 67
　　一、はかなし ………………………………………………… 67
　　二、無常 ……………………………………………………… 73
　　三、無常的形而上學 ………………………………………… 77

第五章　新渡戶稻造的平民道 …………………………………… 83
　　一、新渡戶稻造 ……………………………………………… 83
　　二、啟蒙與殖民 ……………………………………………… 85
　　三、平民道與武士道的山 …………………………………… 93

第六章　柳田國男的山人論 ……………………………………… 101
　　一、倫理 ……………………………………………………… 101
　　二、柳田的倫理學 …………………………………………… 103
　　三、啟示 ……………………………………………………… 112

第七章　柄谷行人的遊動論 ……………………………………… 117

　　一、從批評到哲學 ……………………………………………… 117

　　二、交換模式 …………………………………………………… 118

　　三、雨傘運動與琉球獨立 ……………………………………… 125

第八章　吉本隆明的南島論 ……………………………………… 131

　　一、獨立論 ……………………………………………………… 131

　　二、南島論 ……………………………………………………… 133

　　三、同祖論 ……………………………………………………… 135

第九章　和辻哲郎的巡禮哲學 …………………………………… 145

　　一、古寺巡禮 …………………………………………………… 145

　　二、臺灣巡禮 …………………………………………………… 153

　　三、哲學的民俗學轉向 ………………………………………… 162

第十章　貝爾克論風土的日本 …………………………………… 167

　　一、風土的日本 ………………………………………………… 167

　　二、Ainu的風土 ………………………………………………… 172

　　三、從terrior到terruño ………………………………………… 177

第十一章　勞思光的臺港論 ……………………………………… 181

　　一、臺灣 ………………………………………………………… 181

　　二、香港 ………………………………………………………… 190

　　三、危機 ………………………………………………………… 195

第十二章　鷲田清一的災後哲學論 ……………………………… 199

　　一、臨床哲學 …………………………………………………… 199

　　二、哲學與災難 ………………………………………………… 202

　　三、遊女與遊行婦女 …………………………………………… 210

結　論 ……………………………………………………………… 221

參考文獻 …………………………………………………………… 231

人名索引 …………………………………………………………… 241

事項索引 …………………………………………………………… 249

導　論

　　本書以「物語與日本哲學」爲題，靈感來自野家啟一的《物語的哲學》。[1]何謂「物語」？日文的「物語」（monogatari）一詞非常多義，中文通常把「物語」譯作「故事」或「敘事」，但在日文裡，「語る」（kataru）與「騙る」（kataru）同音，因此所謂物語，本來並不是對「事實」的陳述，而是帶有虛構成分的敘事。[2]「物語」不等同於「故事」（story），因爲它並不是單純的事物或實體。

　　野家在《物語的哲學》中指出，物語有兩義性：物語可以是「被敘述的東西，或故事（that which is narrated, a story）」，但也可以是「敘述行爲或實踐（the act or practice of narrating）」。他借用了洪堡（Wilhelm von Humboldt，1767-1835）「Ergon」和「Energeia」之區分，強調靜態的名詞概念爲「物語」，動態的功能概念爲「物語り」。他指出：「我自己的『物語り論』依賴於作爲功能概念（或行動概念）的『物語り』，或『物語行爲』。」[3]野家如此定義：

　　　　人是「物語動物」，更正確地說，是受「物語欲望」而入了迷的動物。我們以物語來表述自己體驗或從他人聽到的事情（原文：出來事），這即是一種最原初的語言行爲，透過這行爲，我

---

[1] 野家啟一，《物語の哲学》（東京：岩波書店，1996年）；《物語の哲学（増補新版）》（東京：岩波現代文庫，2005年）。以下引自文庫版。

[2] 廣東話「講故（仔）」，可以指「說故事」，或可以指「說謊話」。

[3] 野家啟一，《物語の哲学》，頁300。

們可以整理各種複雜的經驗，並在與他人溝通之中把這些經驗分享。人不是神，我們只能在一定的時間和空間秩序之中看東西、聽聲音、並得知事物。結果，看過和聽過的會被遺忘，沉澱在意識的下層。我們用記憶這線索把被遺忘了的東西甦醒過來的時候，已不能把知覺現場中遇到的東西完整無缺地從事再現。不管是意識抑或無意識，記憶本身會在視域（perspective）中把情報取捨，並篩選（screening）那些被認爲值得傳承的有意義事情。我們透過記憶而建構的事情會在一定的語境中重新配置，它們會跟從時間次序來重新配列，這樣，我們終於可以談及「世界」和「歷史」。[4]

「歷史」通常來說都是官方的敘事，包含了各種意識形態。但除了這些大敘事，我們還可以想像一些「小敘事」。這些「小敘事」來自我們的經驗傳承，例如：身體習慣、宗教儀式或口傳記憶等。野家指出：

> 人作爲「物語動物」，是指以「物語」來堵塞無情的時間流動，在記憶和歷史（共同體的記憶）的厚度之中來確認自我的動物。爲了對抗在無常迅速的時間流動中自我解體，我們會記憶各種各樣的經驗，把他們在時間和空間之中排序，紡織出各種物語。記憶女神謨涅摩敘涅（Mnemosyne）和宙斯一起生下了九位繆思，特別包括了敘事詩女神卡利俄佩（Kalliope）和歷史女神克利俄（Kleo），可見古希臘人洞悉天機……然而今日，人的物語能力顯著衰退。曾經在床邊與孩子說故事這個傳統，今天已成爲閱讀豪華的繪本。在爐端栩栩如生地大談自己來歷和經驗的老人，在家族中失去了自己的場所。應該傳承下去的經驗，今天已

---

4 由筆者翻譯，將刊於《日本哲學選集：戰後篇》（近刊）。

化爲實用情報而存放在磁片之中。今天的「物語欲望」，彷彿成
爲了娛樂新聞的占有物。[5]

野家指出，爲了強調「物語」不是名詞而是動詞，他曾打算把《物語の
哲學》這個書名改爲《物語りの哲學》，但由於新舊兩版書名的異同
會引起混亂，所以保留了《物語の哲學》作爲書名。要注意的是，舊
版《物語の哲學》的副題「柳田國男と歷史の發見」在文庫版本中卻
被消除，野家的理由是：本書並不是要建立某種「柳田國男論」。顯
然易見，野家的研究興趣是哲學，不是民俗學或文化人類學。但是，
野家的「物語」哲學與柳田的「物語」思想有著重要的關係。《物語
的哲學》的第一章，便論及了柳田國男（1875-1962）的《遠野物語》
（1910）。嚴格來說，《遠野物語》並不是柳田的個人創作，而是他
對岩手縣遠野郡「口傳記憶」的筆錄。例如：柳田引述當地人佐佐木
嘉兵衛的故事，話說佐佐木年輕時去深山打獵，曾遇到傳說中的「山
女」，並把她擊斃。爲了留下證據，他割下山女的一縷頭髮，但在下
山途中小睡時，被高大的「山男」奪回。山男山女的存在，沒有任何
證明，但卻以「物語」的方式被傳承下來。吉本隆明（1924-2012）
在《共同幻想論》（1968）中指出，這些「山人」往往與死者有關。
因此，平地人通常對「山人」抱有恐懼。吉本指出，這些恐懼有三層
面：第一，是對山人的恐懼；第二，是未能分辨山人的出現是真實抑或
夢境的恐懼；第三，是對山人所居住之世界的恐懼。[6]柳田直言，「但
願講述此中故事，令平地人聞而戰慄。」[7]這些恐懼，都是居住在平地
之村民的心理。在平地定居的人，有較爲穩定務農生活，較難理解爲何
要住在深山，因此把山人差別化。

---

[5] 同上。

[6] 吉本隆明，《共同幻想論》（東京：角川ソフィア文庫，1982年），頁
52。

[7] 柳田國男，吳菲譯，《遠野物語・日本昔話》（上海：三聯書店，2012
年），頁1。

　　柄谷行人認爲，現代日本文學的根本思想是「風景的發現」。柳田的《遠野物語》可以被視爲一本文學作品，但柳田眼中的「風景」並不只是自然環境，而是包含了「民」。「要注意的是，對他（柳田）來說，『民』在作爲『風景』的『民』之前，是儒教『經世濟民』的『民』。」[8]柳田紀行文學的目的，就是要記錄那些沒有被記錄、甚至被遺忘了的「他者」。

　　柳田訪問遠野的時候，他的身分是農商務省的官僚。他有機會到日本各地了解當地的風土文化，但發現不同地方的衣食住行、鄉土人情等文化財產在現代化的處境下往往被受破壞、忽略或遺忘。柳田認爲有必要保存與保育傳統的文化資源，包括書寫文字並沒有記錄的口傳資料。柳田擔心，現代印刷技術急速發展，結果會引致「口承文藝」的衰退。柳田自費出版的代表作《遠野物語》不單記錄了日本東北地方過去的生活文化，亦重現了被遺忘了的世界觀及價值觀。所謂「物語」，表面上是某人說的故事，但柳田所展示的「物語」強調說故事者與聽故事者的互動關係，而非單方面的歷史文獻或官方記錄。

　　柳田是日本民俗學家，著作甚多，但亦面對頗多批評。特別是後期的柳田國男強調「一國民俗學」，並且嘗試以「常民」這個概念來把日本同質化。野家援用柳田國男的論述，當然亦受到不少批評。其中一個最主要的批評，是來自高橋哲哉。高橋在《歷史／修正主義》一書中指出，野家的物語論本身並沒有對「國民的物語」作批判。[9]野家的回應是：物語論本來不會主張某種特定的意識形態或史觀，它只是一種後設理論。「『階級鬥爭的歷史』和『萬世一系的皇室歷史』作爲物語行爲所產生的東西，物語論可以對它的敘事構造、意識形態或發話定位等問題作分析。然而，對於這些歷史記述在政治及倫理上是否正確，從物語

---

[8]　柄谷行人，《日本近代文学の起源》（東京：講談社文藝文庫，2009年），頁44。

[9]　高橋哲哉，《歷史／修正主義》（東京：岩波書店，2001年）。

論的前提並不能演繹出有關結論。」[10]

　　高橋對野家的另外一個指控，可以說是對柳田本人的指控。的確，柳田曾任高級官僚，並曾參與日本殖民地統治。「單從這些事實，也能清楚顯示柳田骨子裡是『大日本帝國』和『現代』的存在。」[11]野家的回應是，不用高橋的提示，他也知道柳田本人的特殊經歷和意識形態，這是人所共知的事實；但是，他卻認爲柳田有一些潛力，特別是他的口傳文學論可以被理解爲一種對「現代性」的批判。

　　對現代性或現代哲學作批判的回應，這可以說是野家的一貫立場。以客觀和絕對可靠的眞理爲「第一哲學」，這正是現代哲學的基本問題所在。以現象學爲例，胡塞爾的現象學當然有不少資源是來自現代西方哲學，如笛卡兒在《沉思錄》中提倡懷疑方法，但野家在早年著作《從無根據的再出發》中已有指出，「基礎主義」也可以說是另一種執迷。如何對抗現代哲學的「第一哲學」或「基礎主義」？野家的取徑是從科學哲學找出線索。在《物語的哲學》第七章，野家便嘗試把物語論的方法學從歷史哲學轉移到科學哲學。這裡，野家所關心的科學是一種「人稱的科學」：「在『人稱的科學』中，說話者和聆聽者之間的人稱關係和互相作用，才是支持物語說明的不可或缺因素……近年的敘事療法（narrative therapy）和基於敘事的醫療（narrative based medicine），反映了人類科學正從『非人稱的科學』轉化爲『人稱的科學』。」[12]基於敘事的醫療（簡稱NBM），是基於證據的醫療（evidence based medi-cine，簡稱EBM）以外的一種醫療理念，與鷲田清一的「臨床哲學」（clinical philosophy）有密切關係。[13]

　　野家之所以重視柳田國男，也有另一個原因。2011年3月11日發生了「東日本大震災」，野家當時雖然身在東京，但位於仙台的房子受到

---

[10] 野家啟一，《物語の哲學》，頁366。
[11] 野家啟一，《物語の哲學》，頁368。
[12] 野家啟一，《物語の哲學》，頁332。
[13] 參考本書第十二章。

嚴重的破壞。作爲一位「災民」，他彷彿對柳田國男有了一個新的體
會。1896年三陸大海嘯，爲東北沿岸帶來極大的破壞。柳田在1920年走
訪東北，便從仙台出發經石卷徒步北上。當時他剛辭去了貴族院書記官
長的職位，改以朝日新聞客員的身分視察災區。[14]他發現唐桑濱等地仍
有海嘯過後的遺禍，但令他痛心的是，各地的災難記念碑上刻著恨綿
綿的漢文，卻無人問津。[15]文學本來具有無比的力量，但被遺忘了的文
學卻是無力的。柳田擔心隨著印刷文化的蓬勃發展，令口傳文學失去力
量。現今資訊泛濫成災，出版業界受到巨大的壓力，但口傳文學消失的
危機仍然存在。我們寧願上網搜尋各種資訊，也不願意去花時間去講
故事或聽故事。三一一大震災之後，其中一個最大的問題，就是如何
保存和分享災區的口傳記憶。其中一個方法，就是建立非官方的檔案
室。野家曾任東北大學附屬圖書館的館長，該圖書館在平川新教授的帶
領下，嘗試收集各種紙本媒體和電子媒體的記錄。由於媒體有各種變
化，「物語」傳承的方法亦要革新。

　　「物語」不單與歷史有關，而且也可以和科學接軌。三一一大震
災之後，大量災民痛失親人，「心靈護理」（日：心のケア）是一個重
要課題。現場的醫療團隊，積極引入物語療法。例如，自己也是災民的
桑山紀彥醫師指出：「對於那些需要精神護理的人來說，有必要編織記
憶，把它們物語化……所謂心靈護理，並不是思考如何用藥，而是與患
者共同建構物語這個工作。」[16]野家強調物語再建構的重要性，他引用
了丹麥女藝術家狄尼森（Isak Dinesen, 1885-1962）的名言來說明桑山的
想法——「把任何悲傷變作物語，或者把這個物語說出來，便可忍受

---

[14] 關於柳田與《朝日新聞》，參考佐谷眞木人，《民俗学・台湾・国際連
　　盟》（東京：講談社，2015年），頁97-98。
[15] 《雪国の春》原文如下：「恨み綿々などと書いた碑文も漢語で、もは
　　やその前に立つ人もない。」參考《柳田國男全集》（東京：ちくま文
　　庫），第2卷，頁116-118。
[16] 野家啟一，《柳田國男と東北大学》，頁17。

悲痛（All sorrows can be borne if you put them into a story or tell a story about them.）」。[17]

　　思考哲學理論並同時作哲學實踐，這從來都不容易。野家的「物語的哲學」並不是一種「紙上談兵」，而是可以延伸至一些非常重要的哲學實踐和行動。筆者認爲，野家哲學的關懷，就是要展示如何以彌補理論與實踐、文學與歷史、現象學與分析科學之間的鴻溝。野家在近著《はざまの哲学》中，特別引用了柳田對「はざま」（Hazama）這個詞的分析。一般而言，日文「はざま」是山與山之間的峽谷，亦即兩座山之間的低陷地帶。但柳田主張，「はざま」是源自Ainu[18]語的Hasama，即谷底之溼地。可以想像，日本人的祖先後來進入了Ainu人居住的地方，占有了對他們的經濟生活沒有太大關係的谷底卑溼之地，開墾田地並在附近居住。當然，他們之間曾有衝突，但卻長時間共同生活，因此日本一些地區至今仍然保留Hasama這個地名，例如大迫（Ohasama）。[19]

　　野家認爲，「はざま」並不是山與山之間的谷底這種負面形象，而是來往山與山之間的通路，又或者是在對立中共存之正面意思。身處「はざま」之中，面臨危機（critical）場面，但我們不用急於選擇任何一方，而是要開闢通路以編織新的思想。借用野家自身的說法：「我也沒有想到，七年前（2011年）我曾身處東日本大震災與福島核電廠事故這個危機的場所。自宅幾乎全壞，友人的家被海嘯沖走，對我來說，『はざま』即『窮地』。」[20]置身窮地，野家卻憶起奧登（W. H. Auden）的一首詩：

----

[17] 鄂蘭曾在《人的條件》中引用此説法。參考Arendt, *The Human Condition*. Chicago: The University of Chicago Press, 1958, 175.

[18] Ainu的意思是「人」，通常音譯爲Ainu、Aynu、阿伊努等。爲免把Ainu族「漢化」，本書將不使用漢字稱呼，而是以羅馬字來標記。Ainu爲日本官方認定的唯一「先住民族」，現在主要在北海道居住。

[19] 野家啟一，《はざまの哲学》（東京：青土社，2018年），頁11。

[20] 同上，頁15。

　　不能失去危險的感覺，

　　道路雖短但崎嶇，

　　從這裡看即使如何艱險，

　　你可以看，但你要跳。[21]

受吾師啟發，本書題爲《物語與日本哲學》。筆者的具體取徑如下：在日本，「物語」一般來說只被視爲與「文學」（如：《竹取物語》、《源氏物語》、《平家物語》）或「民俗學」（如：《遠野物語》）有關，但筆者將會展示如何把「物語」從文學和民俗學跳躍到哲學。文體上，物語哲學不一定以自然科學或社會科學的學術論文爲標準，而是強調人文學科自身的「物語」風格。這種風格不是學界已視之爲理所當然的「期刊論文」（journal article），而是所謂的「隨筆」或「試論」（essay）。Essay來自法文的essayer，即嘗試或挑戰，筆者把它視作一種「跳躍」（leap）。以下簡述本書各章的內容：

　　在第一章裡，我們會探討西田幾多郎（1870-1945）、和辻哲郎（1889-1960）和高橋里美（1886-1964）的「御進講」。哲學家爲天皇進講，可以說是知識分子對權貴的教育。但筆者認爲，哲學本來應該是一種「開放給所有人的哲學（Philosophy for Everyone, P4E）」的方法。P4E的特色，就是要廢除哲學的封閉性，把哲學帶回我們的生活現場。

　　第二章的內容是九鬼周造（1888-1941）的「實存哲學」（existential philosophy）。這不只是一種有關實存的「分析」，而且還可以是理解九鬼偶然性哲學的一種新「嘗試」。九鬼指出，他可能是美國人、法

---

[21] 同上，頁15。Leap Before You Look的原詩如下：
　　The sense of danger must not disappear:
　　The way is certainly both short and steep,
　　However gradual it looks from here;
　　Look if you like, but you will have to leap.

國人、衣索比亞人、印度人或中國人，但他作爲日本人是一種偶然。如何了解「偶然性」？這個問題與筆者近年思考的日治時代臺灣哲學問題，有著密切關係。

三木清（1897-1945）是第三章的登場人物。介紹他的哲學，可從「技術哲學」與「想像力的邏輯」（日：構想力の論理）入手，但他的哲學亦是處於另一個「實存危機」。三木被投擲到這個「實存危機」之中，結果死於非命。要了解三木清的哲學，不可忽略他對死亡的哲學反思。

三本之死可以說是現代日本哲學的悲劇，令人感嘆人生「無常」。然而，可謂「無常」？我們會在第四章討論唐木順三（1904-1980）的無常論。唐木指出，「無常」可以分爲「はかなし（人生的脆弱性或短暫性）」、「無常感」與「無常的形而上學」。日本文學提供了很多資源，去讓我們領悟無常。

《源氏物語》的作者是宮中女官，對女性的「宿世」（以下將指出「宿世」不等同於「命運」）有非常細膩的描寫；但在宮廷以外，男性武士在戰場上出生入死，這就是所謂的「無常感」。何謂「武士道」？一般來說，我們可以參考新渡戶稻造（1862-1933）的《武士道》，但在第五章我們將探討新渡戶的「平民道」與「武士道之山」思想。新渡戶曾在臺灣參與農業現代化，他強調日本不應走高壓的「殖民」路線，而是應該參與「植民」計畫。新渡戶有技術官僚的身分，但他是一位重視普及教育的思想家。他雖然不是臺灣人，但他在臺灣日治時代的啟蒙運動中應占有一席之地。

新渡戶稻造曾任國際聯盟（league of nations）的副事務長，甚有國際視野。他的後任柳田國男與臺灣亦甚有淵源，我們會在第六章討論柳田的山人論。柳田被視爲日本民俗學的創始者，他的思想通常來說不被視爲「哲學」。但筆者認爲，我們可以透過閱讀柳田的《遠野物語》和《山的人生》等早期作品，去思想平地人以外的倫理思想。在臺灣，這涉及了山地原住民的「倫理思想」。長久以來，他們的「物語」被遺

忘，山地文化被平地化。筆者認為，柳田的民俗學可以讓我們對倫理學有一種新的啟示。

第七章談及柄谷行人對山人論的詮釋。柄谷強調以「交換樣式」的角度去重新思考世界史，在原始社會（A）、帝國（B）和資本主義（C）的交換樣式以外，他發現了一種自由與平等的交換樣式（D）。（D）這種交換樣式並不一定只有在未來會出現的「空頭支票」，而是曾經出現在「物語」的世界。我們會探討柳田國男的山人論和柄谷行人的遊動論，並嘗試從山人的「非定住性」和「純粹贈與」去反思山人思想在今天的意義。

在第八章，我們會從「山」轉到「海」，思考吉本隆明（1924-2012）的南島論。柳田國男早年談「山人」與「山民」，但晚年卻把目光轉到「常民」。日本的常民以務農為生，但柳田認為稻米文化不可能來自北方的游牧民族，而是來自南方的島國。吉本發現，天皇繼任儀式「大嘗祭」與琉球王國聞得大君（最高階巫女）的繼任儀式「御新下」相當類似，他的立場可以說是一種「日琉同祖論」。然而，自從琉球王國被「處分」後，沖繩飽受戰火與基地問題洗禮。我們如何思考「日琉同祖論」這個物語？

在第九章，我們會探討和辻哲郎的巡禮思想。和辻早年出版《古寺巡禮》一書，標榜它只並不是一冊學術書，而是有關他走訪奈良的印象記。筆者則嘗試為此書作一個解讀，他在國家打壓佛教的時代走訪「廢都」奈良，本身已是一種明確的身體行動。巡禮不是哲學理論，而是一種哲學實踐，我們可以透過巡禮來對抗遺忘（如：國家對佛教的打壓），並重新發現文化的多樣性（如：奈良的各種外來文化）。

在第十章，我們會討論貝爾克（Augustin Berque）的「風土學」（mésologie）。貝氏是研究和辻哲郎的權威，他指出和辻「風土」（Fūdo）概念譯作英文的climate或德文的Klima並不恰當。他認為，「風土」是「場所」和「空間」之間的東西，因此可以用法文的milieu（可解作「中間」或「環境」）來表達。筆者認為貝氏對風土的解釋

充滿洞見，但法文terroir或西班牙文terruño更接近和辻本來的意思。風土的「土」（terre）不只是物質意義下的「土壤」或地理意義下的「土地」，而且還可以解作文化和歷史意思下的「故鄉」。

在第十一章，我們會介紹勞思光（1927-2012）的臺港論。作為一位離鄉背井的學者，勞先亡命到臺灣，後轉到香港謀生，回歸前再返臺，結果客死異鄉。他晚年的文化哲學理論中幾乎沒有提及臺灣和香港，但他曾以「柏森斯模式」來檢討日本的現代化路向，因此，我們可以從這個角度來反思臺港的現代化經驗。

第十二章是關於鷲田清一的災後哲學論。鷲田清一是「臨床哲學」（clinical philosophy）的提倡者。所謂「臨床哲學」，不是一種「應用哲學」（applied philosophy）或「應用倫理學」（applied ethics），而是一種回到「現場」的哲學。哲學的「現場」並不是大學的演講廳或辦公室，而是人與人互相對話的地方。他在阪神大地震之後曾走訪災區，作為一位哲學家，他認為自己應該做的工作並不是向災民說教，而是聆聽他者的聲音。三一一大震災之後，鷲田亦有繼續在不同的災區展開哲學實踐，例如在仙台多媒體中心舉辦「哲學咖啡」和「哲學對話」等活動。然而，在聆聽他者聲音的時候，往往帶有一種「先入為主」的態度。例如：松尾芭蕉（1644-1694）在《奧之細道》中提及了「遊女」的物語。英譯通常把「遊女」譯作prostitute。柳田國男強調，所謂「遊女」在古代日本並不是指性工作者，而是稱為「遊行婦女」。筆者嘗試指出，芭蕉遇到的兩位遊女當時正要前往伊勢神宮參拜，可以說是「巡禮者」（pilgrim），她們以身體行動，去追求真正的自由。

野家認為，哲學本來是一種「看（look）」，但在危機中卻要「跳（leap）」。「はざま」的哲學，就是要展示「看」和「跳」之間可以有不同的哲學活動。這個意義下，哲學不應只是靜態的「觀照」（theoria），而是「實踐」（praxis）。日本哲學亦非只有「言」，而是有「行」。但我們會馬上發現，「言」與「行」之間往往糾纏不清，充滿「葛藤」。

第一章
御進講與日本哲學

一、天皇的教養

　　日文的「葛藤」（かっとう、entanglement）一詞，字面上即表示「葛」和「藤」的糾纏不清狀態。傳統與現代、東方與西方、哲學與政治等等纏繞在一起無法分解，也可以說是一種「葛藤」。坂口安吾（1906-1955）曾指出，天皇制是「高度日本化的原創性政治作品」。[1] 然而，它包含了我者與他者的「葛藤」。如果沒有種種「他者」的影響，「我者」亦無法自證其身。以「年號」爲例，現代日本年號的出處如下：

> 明治：「聖人南面而聽天下，嚮明而治」（《易經》）
> 大正：「大亨以正，天之道也」（《易經》）
> 昭和：「百姓昭明，協和萬邦」（《書經》）
> 平成：「內平外成」（《史記》）、「地平天成」（《書經》）
> 令和：「初春令月，氣淑風和」（《萬葉集》）

從「明治」到「平成」，日本的年號皆引用自《易經》或《書經》等外來典籍。儘管2019年改元的「令和」並非出自「漢書」，而是來自日本的「國書」《萬葉集》，但「令和」二字卻是來自《萬葉集》中以漢文

---

[1] 坂口安吾，《坂口安吾 ちくま日本文学9》（東京：筑摩書房，2008年），頁217。

書寫的〈梅花歌序〉。事實上，天皇本來稱爲「大皇」，但爲了與鄰國的「天子」平分春色，因此亦冠以「天」之名。天皇擁有「天命」，但卻難以獨善其身，面對種種「葛藤」。

　　1868年至1945年，日本的天皇不僅是「國家元首」，而且是「神聖不可侵犯」的存在。天皇的恩典被視爲無限，國民要對其忠心耿耿，例如：看到天皇的照片（御眞影），必須敬禮。但在戰後日本，更準確地說在1946年元旦，裕仁天皇發表了所謂「人間宣言」，否認了自己的神格地位。按照現行憲法，主權在於日本國民，天皇不過是國家的「象徵」。然而，天皇和其他國民一樣，不可能「不學而知禮」。即使是一國之君，也要學習修身養性。天皇的儀式中，有一種稱爲「講書始之儀」。宮內廳的說明如下：「每年一月，天皇陛下與皇后陛下一起在皇宮聽取人文社會學科、自然科學領域權威人士的演講。皇嗣殿下及皇室其他成員出席儀式，文部科學大臣、日本學士院成員、日本藝術院會員亦會同席。」[2]

　　早期的進講以「三書」爲主，即「漢書」、「國書」和「洋書」。1869年1月23日的進講有四場，兩場爲漢書，另外兩場爲國書。漢書是由東條雲長（1838-1886）和中沼良藏（1816-1896）負責。由於「漢書」涉及範圍甚廣，以下僅列出與《論語》有關的演目：

　　　　1876《論語・爲政》「子曰：爲政以德」章／元田永孚

　　　　1878《論語・學而》「道千乘之國……使民以時」章／元田永孚

　　　　1879《論語・顏淵》「樊遲問仁」章／元田永孚

　　　　1883《論語・爲政》／元田永孚

　　　　1884《論語・子路》「子夏爲莒父宰」章／元田永孚

　　　　1904《論語・顏淵》「子貢問政」章／南摩綱紀

2　https://www.kunaicho.go.jp/culture/kosyo/kosho.html

1910《論語・泰伯》「子曰：禹，吾無間然矣」章／三島毅

1922《論語・爲政》「子曰：吾十有五而志於學」章／服部
　　　宇之吉

1925《論語・爲政》第二十三章／市村瓚次郎

1926《論語・學而》「有子曰：禮之用，和爲貴」章之一節／
　　　岡田正之

1935《論語・爲政》「子曰：爲政以德」章／宇野哲人

1937《論語・憲問》「子路問君子」章／諸橋轍次

1943《論語・顏淵》「子貢問政」章／西晉一郎

1951《論語・雍也》「女爲君子儒」章／加藤常賢[3]

《論語》的重要性，在於強調君主爲政以德，這可以說是學者們對天皇的一種要求，期待統治者會以德治國。但假如統治者沒有道德，那麼人民應否進行易姓革命，另立賢君？不用說，這在日本是一個禁忌。在「四書五經」[4]之中，我們找不到任何關於《孟子》和《春秋》的進講。可以想像，學者們沒有勇氣向天皇介紹孟子的「民爲貴，社稷次之，君爲輕」的思想，亦不敢向天皇介紹易姓革命何以在彼邦頻生。「民本」思想與天皇制並不相容，但「忠君」這個德性卻是現代日本的主要維穩工具。自明治時代起，國家強調「忠君愛國」的思想。即使在劇烈變化的時代，國民必須「復古維新」。1941年，也就是西田幾多郎進講之年，武內義雄以《論語在日本的研究》爲題進講。即使戰敗前夕的1945年，矢野仁一亦向天皇講授《中國文化尊重禮節的特點》。

　　另外，有學者指出，西晉一郎的1943年《論語》進講讓昭和天皇留下了深刻的印象，間接讓日本接受《波茨坦宣言》（Potsdam

---

3　進講題目來自筆者整理的宮內廳資料。

4　《論語》、《大學》、《中庸》、《孟子》、《易經》、《尚書》、
　　《詩經》、《禮記》、《春秋》。

Proclamation）。[5] 1951年以後，《論語》不再出現於進講題目，但這並不意味著中國思想與文學完全被淘汰了。如1953年有魯迅作品《藤野先生》、《阿Q正傳》的進講，1965年有吉川小次郎《中國文學的素質》的進講。1991年，明仁天皇第一次參加「講進始之儀」，吉田光國則以《中國古代的技術思想》爲題進講。

　　有關「國書」，以《萬葉集》爲例，它雖然被視作日本的古典，但明顯是夾雜了大量中國元素。這些中國元素不限於「萬葉假名」（以漢字來標音的假名），而且還包含了中國的文學與哲學思想。1869年的國學進講分別由玉松正弘（1810-1872）和平田鐵胤（1799-1880，平田篤信的養子）主持，這兩次國學進修都涉及到了《日本書紀》。特別值得注意的是《國民性十論》的作者芳賀矢一（1867-1927）、《大日本國語辭典》編者上田萬年（1867-1937）亦以國書爲題進講。本章稍後將論及和辻哲郎，雖然他是一位哲學家，但他的講演卻被歸類爲「國書」。另外，神道在近代日本被視爲「國教」，佛教思想卻被歸類「國書」，例如：1945年瀧精一有關空海的進講。戰後，關於佛教的講座並不多，例如：1963年宮本正宗的《中道思想》、1972年金倉松光的《印度哲學在日本》、1975年中村元的《原始佛教的成立》等。

　　另外，有關「洋書」，早期的進講者主要是加藤弘之（1836-1916）和西村茂樹（1828-1902）。西村曾多次向明治天皇進講，例如：講述孟德斯鳩的《論法律和政府的三種類型》和介紹英國憲法等。西村和加藤亦有積極發表文章，例如：《明六雜誌》的第一期（1874年）刊登了西村茂樹的〈因開化程度而改革文字論〉，第二期則改錄了加藤弘之的〈答福澤先生論〉。福澤雖主張文明開化和脫亞入歐，但對言論自由卻有保留，甚至曾撰文建議禁止《明六雜誌》的出版。重要的是，「洋書」進講包括了一些西方政治哲學的經典，如1912

5　山内廣隆，《昭和天皇をポツダム宣言受諾に導いた哲学者——西晉一郎・昭和十八年の御進講とその周辺》（京都：ナカニシヤ出版，2017年）。

年穗積八束（1860-1912）講述亞里斯多德的《政治學》、1918年富井正章（1858-1935）講述孟德斯鳩的《論法之精神》、1922年穗積陳重（1855-1926）講述亞當史密斯的《國富論》等。

以筆者所知，自1941年起，日本哲學家的進講名單如下：

1941　關於歷史哲學／西田幾多郎（洋書）

1943　關於心敬的連歌論／和辻哲郎（國書）[6]

1948　西洋文化的特質／安倍能成（洋書）

1956　作爲文化根本動機的愛之各種形態／高橋里美（沒有分類）

1969　作爲「我與你」的人間關係／西谷啟治（人文）

1978　關於無限／下村寅太郎（人文）

1981　關於哲學的歷史／野田又夫（人文）

1995　關於日本這個國家／上山春平（人文‧社會）

由於篇幅所限，下文將簡述西田幾多郎（1870-1945）、和辻哲郎（1889-1960）、高橋里美（1886-1964）三人的進講。

二、西田幾多郎、和辻哲郎與高橋里美的進講

西田的進講在西方學術界較爲人所熟悉，這要歸功於遊佐道子的英譯。遊佐曾出版了西田的傳記，但當中並沒有交代西田進講的背景。[7] 1941年1月，西田以「關於歷史哲學」爲天皇進講。當時日本已在亞洲展開了軍事擴張，但尚未發動太平洋戰爭。西田談歷史哲學，首先對哲學下了如此定義：「當學問日漸多歧多樣地分化和發展，便必須要有一

6　同年，西晉一郎以《論語》（漢書）進講。

7　Michiko Yusa, *Zen and Philosophy: An Intellectual Biography of Nishida Kitaro*. Honolulu: University of Hawaii Press, 2002.

個學問來統一不同的學問，並把它們連結到我們的實踐生活。這一門學問就是哲學。」有關東方與西方的哲學，西田講述了他的看法：「在東洋，以孔孟之爲宗的儒學及諸子百家之學可稱爲哲學。特別如佛教的教理，它包含了不亞於西洋哲學的深刻哲理。這些思想對我國思想界產生了巨大的影響。但東洋哲學並不如西洋哲學那樣充分在學問上發達。我們在這一點上必須要努力。」[8]

　　爲了讓天皇理解他的哲學，西田的策略是在對生物學有一定造詣的天皇面前說明哲學與生物學的關係。早在〈我與你〉論文中，西田已經提出了「沒有環境的個體事物不存在，沒有個體事物的環境亦不存在」的基本立場。在進講中，西田提出了「生物的種如何形成環境，環境如何形成生物的種」這個問題。他還解釋了「歷史生命」（西田晚年哲學主要概念）的構想。「我們擁有共同的傳統，並以這傳統爲中心來發展我們的生命。我們的生命不同於單純的生物生命，而是擁有歷史的生命。」西田承認，夏汀（J. S. Haldane 1860-1936）的生物學立場與他的哲學立場最爲接近，但他在演講中沒有提到夏汀的名字。夏汀強調：「生物學並不是關於有機生物之死體，而是關於與環境不斷地作能動關係之身體（living bodies）。」西田嘗試以夏汀的生物學，去思考機械論（mechanism）與生機論（vitalism）以外一種「第三立場」，來解釋生命與環境世界之間的「能動維持」（active maintenance）關係。[9]

　　這裡，西田並沒有進一步解釋哲學與生物學的關係，而是回到了「歷史哲學」之本題。具體而言，西田嘗試以世界歷史的角度，來說明日本的歷史使命。「最初，各民族生活在各個地區，各自形成了自己的文化。隨著交通的逐漸發達，各民族之間開始相互交流，這才有了同一的世界，亦產生了世界歷史。各民族進入同一的世界，就意味著進入同一的環境。因此，各民族之間的矛盾和摩擦在所難免，戰爭引發了各民

---

[8]　參考《西田幾多郎全集》（東京：岩波書店，1965-1966年，以下簡稱 NKZ），12: 269。

[9]　NKZ 11: 289。

族文化的相互統一，造就偉大的人類文化之發展。」[10]

　　這種「同一世界說」可以被視爲「全球化理論」的前身，但在當時的歷史處境，卻是一種把軍事擴張合理化的論述。的確，在進講（1941年1月）之前，日本早已開始了對朝鮮與滿洲等地的侵略，第二次世界大戰的歐洲戰事亦已爆發。西田指出，「當各民族進入世界歷史關係時，各國之間自然會進行激烈的爭鬥。」然而，西田顯然沒有想到日本正在準備太平洋戰爭，並且將會進入萬劫不復的狀態。在極權主義（日文：「全體主義」）盛行的時局中，西田卻大膽地表示：「今天，個人主義和全體主義似乎互不相讓，無疑，個人主義已經過時了，但單純地否定個人的全體主義也是過去的事情。」[11] 我們可以說，西田嘗試在天皇面說明全體主義的弊端，但進講並沒有就此結束。西田還強調了皇室在當時的使命：「在我國歷史上，全體不是針對個人，也不是個人針對全體，而是以皇室爲中心，個人與全體相互否定，互動地發展起來。」[12] 西田試圖向天皇進言，要避免日本走上全體主義的不歸路，結果卻不盡如人意。

　　和辻哲郎的進講與西田的不同。西田在進講時已經退休，而和辻則是東京帝國大學的教授。在進講時，《倫理學》（1937年、1942年、1949年）的第二卷剛好出版，和辻把國家視作最高的人倫組織。然而，年輕時的和辻對國家持有批判。他在《古寺巡禮》（1919年）中指出，奈良的佛教文化遺產沒有受到應有的保護，博物館的陳列凌亂。他認爲這是日本之恥。明治以來，日本沒有好好保護本國傳統，所以得不到世人的尊重。

　　和辻在天皇前進講，並沒有明目張膽地批評國策。但筆者認爲，他是以「心敬的連歌論」爲題，向天皇傳遞一個很微妙的政治訊息。何

---

[10] NKZ 12: 270-271。

[11] NKZ 12: 271。

[12] NKZ 12: 271。

謂「連歌」？和辻指出，連歌不是個人的創作，而是群體的創作。古希臘的史詩，是由幾個詩人在漫長的時間中創作出來的，但後來卻成爲了一個詩人的作品。日本的連歌是一個集體創作，歌人之間需要尊重、理解、同情，特別是後句對前句的態度。由於和辻在進講中並沒有引用連歌，現舉例如下：

> 霜のふるまがひに露や消えぬらん　　忍誓
> （中譯：冷霜降下露水逝）
> はま風さむしすみの江の月　　　　心敬
> （中譯：濱風吹起住江月）

忍誓在前句中用了「霜」字，意思是天氣寒冷。因此，心敬在創作後句時，使用了「濱風」來和應寒冷的意境。兩首歌連在一起的時候，可以說兩位詩人連在一起。換言之。連歌不僅僅是詩歌的創作，而是一種人際關係的實現。

　　重要的是，連歌並不是爲了賣弄自己成熟的技巧。相反地，即使是沒有複雜的技巧，也能表現出極致的詩意。也就是說，如果能夠做到「粉身碎骨」，便能創作出引人入勝的連歌。心敬的連歌論，就是主張要放空自己，才能面對對方。他指出，要壓抑自我的心情，無私接受對方。無私並不意味著簡單地否定自我，完全接受他人。相反地，無私並不是對自己性格的否定，而是一種彰顯個性的技術。但是，僅僅靠「附和雷同」是不可能創作出好的連歌。例如：前句出現「梅花」或「櫻花」，結果後句亦以「花」作爲題材，這是顯而易見的「滿座同心」，即獲得大部分人的肯定，但這種說法卻是無知和膚淺的。此外，和辻還提及了心敬有關「親句」和「疏句」的詩論：

> 所謂親句，是指前句互有親近的句境，兩句有明確的關係。疏句則相反，它與前句似是無緣相分，句境各自獨立，但兩句的心卻

可以深刻地相通，微妙地關聯起來。心敬把疎句視作「以無來繼（あらぬさまに継ぎたるもの）」，比親句更爲重視。在《私語》中，他把兩者作出了以下比較：「親句是教，疎句是禪。親句是有相，疎句是無相。」「應把有相親句的歌道應用到無相法身疎句的歌。」[13]

換言之，我們不應只執著自己，而忘卻了他者。但倘若我們只是與他者附和，反而會喪失了自己的個性和創造性。因此，連歌重視克服自我、心無所著。心敬在《私語》中，亦有引用《論語‧爲政》篇：「君子周而不比，小人比而不周。」和辻強調，連歌之道即人倫之道。他認爲心敬連歌論的貢獻在於：第一、闡明日本藝術的特殊性；第二，開闢藝術理論的新方向；第三，爲有關人倫之道的考察提供有力的實證。

正如阿多諾說，「奧斯維辛之後的詩是野蠻的」，我們也可以說，和辻在太平洋戰爭期間談論連歌是荒謬的，但以和辻的學風，向天皇講授「連歌論」可能是一種婉轉的方法，去批評日本對他者的忘卻甚至暴力。

與西田及和辻不同，高橋里美的進講於戰後實施。高橋研究現象學，他的講題爲：〈作爲文化根本動機的愛之各種形態〉。很明顯地，這與舍勒《同情的本質與各種形態》（*Wesen und Formen der Sympathie*）有異曲同工之妙。高橋開宗明義地指出：

> 愛是人之根本感情。沒有愛，民族的成立、國家的構成、它們的共存亦不可想像。愛是人與人連結的紐帶，愛就是把人們結合成爲共同體的原理。愛是一貫地存在於所有文化的普遍原理，但由於文化類型不同，愛的型態亦當然有別。[14]

---

[13] 參考《和辻哲郎全集》（東京：岩波書店，1989-1992年，以下簡稱爲WTZ），23: 262。

[14] 參考《高橋里美全集》（東京：福村出版，1973年，以下簡稱爲TSZ），5: 202。

有關愛的不同型態，高橋提出了五種概念，即：「欲愛」、「關愛」、「辯證法的愛」，「一在愛」和「友愛」。「欲愛」（eros）和「關愛」（agape）是西方愛情哲學的兩個根本概念。簡單來說，前者是一種不完美者（凡人）渴望完美（至善）的愛，後者則是一種完美者（上帝）憐憫不完美者（凡人）的愛。換句話說，我們可以把「欲愛」理解為一種向上的運動，「關愛」理解為一種向下的運動。為了克服這個「矛盾」，我們可以期待一種「辯證法的愛」，它能把「欲愛」和「關愛」結合在一起。高橋認為，新柏拉圖已有嘗試開展出「辯證法的愛」，而在日本，西田的愛情觀也可以理解為「辯證法的愛」。西田認為，我者可以在他者身上發現我者自身，他者亦可以在我者身上發現他者自身。表面上，我者和他者的關係是一種「互換」（reciprocity）的關係，但我者與他者是絕對矛盾的。高橋批評了西田的「辯證法的愛」，並發展了自己的「一在愛」之哲學：

> 我所提出的一在愛，是指一種「包越一在」的體驗。因此，一在愛包越了向上的欲愛和向下的關愛，而且是一種合一的愛。它不同於強調自他對立的辯證法的愛，而是一種把自他互相抱合，化成一體的愛。所以，一在愛是愛的極致，也是愛的本來的面貌。欲愛、關愛、辯證法的愛等是一在愛的部分或者是契機。一在愛可以說是愛的實體，其他各種愛可以視為一在愛的現象形態。正如包越一在貫徹於所有的存在，一在愛亦貫徹於其他各種愛，因此，欲愛、關愛、辯證法的愛亦會以某種方式或程度包含在一在愛之中。這些不同的愛亦會以某種方或或程度來互相補足。但是，由於不同的愛各有顯著的特色，所以才會出現了不同的愛的名稱。[15]

---

[15] TSZ 5: 226。

高橋繼續認為，「友愛」（philia）亦相當重要。這種愛可以被稱為鄰人愛、同胞愛或者人類愛。如果「欲愛」和「關愛」構成了垂直的軸，「一在愛」則構成了水平的軸，「友愛」可以說是擴充人類次元的愛。「友愛」所重視的不是宗教意義下的渴望或憐憫，而是社會倫理意義下的互相信任與自由。這裡，高橋提出了他的結論。他認為日本文化的精髓是「和」，這種「和」可以被視為「一在愛」。在日本文化史上，我者並不是自我界定，而是透過攝取不同的他者來建構。因為有一種相當包容的「一在愛」，日本才可以吸收外來文化，日本人才可以與神靈和自然合一，愛好靜寂枯淡。當然，這種「一在愛」亦有其問題所在，即：欠缺自己的個性，忽略個人的尊嚴與自由，容易隨波逐流等。高橋建議，為了避免「一在愛」的流弊，「有時要強調欲愛，有時要強調關愛，有時要借助於辯證法的愛。這些都是必要的，但終極還是要努力擴張一在愛，讓不同的愛可以合一。」[16]

雖然高橋的進講可以理解為西田、和辻進講的發展，但我們仍要提出以下問題：如果日本文化的精髓是一種「大愛」，強調與他者連理共生，那麼為什麼日本有那麼多被遺忘了的他者？為什麼現實中的日本並沒有寬容對待在日朝鮮人、琉球人、Ainu人、廣島和長崎的被爆者、福島的災民、東亞戰爭受害者和其他弱勢社群？

三、從「Philosophy for Emperor」到「Philosophy for Everyone」

以上簡述了三位日本哲學家的進講。筆者認為，重點不僅在於他們說了什麼，而且還在於他們並沒有說什麼。哲學與政治、思想與文學、哲學與愛糾纏在一起，充滿了「葛藤」。因此，哲學不離政治，文學不離思想，哲學也不可能沒有愛。換句話說，即使我們嘗試把哲學

---

[16] TSZ 5: 247。

「去政治化」，結果也無法避免某種「政治」立場。純粹的我者並不
存在，因爲他者本來就是我者的構成部分。即使我者試圖替自己下定
義，最終亦不得不承認我者與他者的「葛藤」關係。在「文化哲學」
上，我們不得不拒絕使用「東方」與「西方」的二分法。我者與他者
在實然上和應然上，必須面對一種「跨文化」的處境。以日本爲例，
「跨文化日本哲學」的目的，就是要解構日本的自我中心主義。這不可
能是「不學而知禮」，而是需要花時間來「溫故而知新」。

　　此外，如果我們從進講可以學到一些東西，這大概是進講的種種缺
失。例如：在進講者之中，並沒有九鬼周造、田邊元和三木清等哲學家
的名字，當然也沒有京城帝國大學和臺北帝國大學的哲學家。戰後，金
田一京助（1882-1971）曾以Ainu語爲題進講，但卻沒有Ainu人出來向
天皇講授Ainu文化（及其被日本同化的經驗）。更重要的是，從來沒有
女性哲學家和外國哲學家爲天皇進講。

　　今後，哲學家有可能繼續向天皇講授哲學（philosophy for emper-
or）。我們期待有更理想的性別平衡，並包括更多被忽視了的話題。
但更重要的是，學者們不應只面向權貴講課，而是應該面對所有人。
「所有人」包括了兒童、社會上被忽略了的各種弱勢社群、甚至沒有
得到教育機會的人。幾年前，筆者開始實踐這個哲學運動，並創辦了
《希哲雜誌》，其理念如下：

> 今日，哲學被視爲一種「學」，如學問或學術領域；但我們不要
> 忘記，philosophia可解作一種希望或希冀。哲學不是專家們向無
> 知的人灌輸知識，而是無知的我們希求知識、渴求眞理。我們認
> 爲，大學的哲學系除了要做好「哲學」的教學與研究，還要關心
> 社會。《希哲》創刊的理念，就是要我們實踐哲學活動，回應當
> 今世界的種種問題。我們期待各界對哲學普及活動的支持，並歡
> 迎讀者們的踴躍參與。[17]

---

[17] https://sites.google.com/view/kitetsumagazine

未來的哲學應該是「P4E（philosophy for everyone）」，即面向所有人的哲學。這個哲學的首要工作，並不是由一位哲學家向其他人單向講授其哲學理論，而是要我們聆聽不同他者的聲音，特別是那些被遺忘了的聲音。

第二章
九鬼周造論實存

Chapter 2

一、存在、生存、實存

　　什麼是「日治時期的臺灣哲學」？一言以蔽之，這是一個很多臺灣人已忘記得一乾二淨的「遺學」。洪子偉在〈臺灣哲學百年論叢總序〉中指出：「雖然日治時期留下豐富的哲學文獻，不少卻隨著太平洋戰爭的動亂而散佚。重之以1946年後爲去除帝國殖民的餘毒，日文出版品全面遭禁。即便部分以漢文出版的論文，譬如張深切的《孔子哲學研究》，也因政治不正確而查禁，導致手稿《老子哲學研究》亦無法出版。在此戒嚴氣氛下，倖免於烽火的文獻或流通受阻，或被銷毀以避禍。在學界多年努力下，儘管許多重要作品得以重現天日，但有些仍只存其名而全文闕如。」[1] 如何了解「日治時期的臺灣哲學」？洪子偉在《存在交涉：日治時期的臺灣哲學》中指出：「臺灣當代哲學的誕生，不但始於日本統治下的現代化浪潮，其啟蒙過程更豐富多元而具生命力。那個時代，臺灣正面臨殖民同化的生存危機。臺灣哲學家所共同關心的問題是，若臺灣在文化上不同於日本，政治上又不歸屬中國，那它到底是什麼？他們思想的共通特徵是『存在交涉』──透過現實世界與抽象理論之間的反覆辯證，來重新認識自己的存在現況。以存有問題出發，正是早期臺灣哲學的時代精神。」[2] 他所指的「存在交涉」

---

[1]　廖欽彬編校、張政遠審訂、林暉鈞翻譯，《洪耀勳文獻選輯》（臺北：臺大出版中心，2019年），頁iv。

[2]　洪子偉，《存在交涉：日治時期的臺灣哲學》（臺北：中研院、聯經出版社，2016年），頁9。

（existential engagement）是借用自洪耀勳（1903-1986）的「生存交涉」
思想。洪耀勳可以說是臺灣哲學的奠基者，並主導了臺灣的本土哲學運
動——「實存哲學」或「實存學派」。[3] 從上可見，要了解臺灣哲學，
「實存」的確是重要線索。

　　「實存」一詞，是「existence」或「Existenz」的翻譯。一方面，
「existence」可以追溯到有關「existentia」（存在）與「essentia」（本
質）等討論；另一方面，「Existenz」是二十世紀歐陸哲學最重要的關
鍵詞，如齊克果和海德格等的「Existenzphilosophie」（實存哲學）及後
來沙特主張的「existentialisme」（中文：存在主義、日文：實存主
義）。有學者把海德格的哲學歸入「存在主義」，[4] 但「existence」與
「being」本來有著根本的差異，應加以嚴格區分，否則會容易引起誤
解。在東亞，海德格哲學的翻譯可以說是五花百門。以下根據個人觀
察，整理較常見的「existence」與「being」譯語如下：

	Existence	**Being**
香港	存在、存活	存在、存有
臺灣	存在、實存	存有
中國大陸	存在、生存	存在、是
日本	實存	存在、有
韓國	實存（실존）	存在（존재）

從上可見，日文學界通常把Existenz譯作「實存」。一些臺灣學者或

3　洪子偉，〈臺灣哲學盜火者——洪耀勳的本土哲學建構與戰後貢獻〉，
　《臺大文史哲學報》，2014年，第八十一期，頁118。

4　如勞思光，《存在主義哲學新編》（香港：中文大學出版社，1998
　年）。該書「being」譯作「存有」、「existence」譯作「存在」、
　「existenziell」譯作「存在的」、「existenzial」譯作「存在論的」，但
　「Existenzialien」卻譯作「存活格式」。

留日學者曾使用「實存」這個譯語，但在中港兩地卻不太流行。[5]以
《存在與時間》（Sein und Zeit）[6]的翻譯爲例，如何翻譯「Das Wesen
des Daseins liegt in seiner Existenz（The essence of Dasein lies in its exis-
tence）」？陳嘉映、王慶節譯作「此在之『本質』在於它的生存」。[7]
陳榮華把該句子譯成：「Dasein的本性在它的存在」。[8]如把「Ex-
istenz」譯作「存在」，則「Sein」便要譯作「存有」以作區分。香港學
者關子尹則把這句子翻譯成：「此有之『本質』即在其存活」，並解釋
如下：

> 海德格著述向以艱澀見稱。除了不斷創造新詞外，海德格還常
> 常爲一些沿用已久的概念賦予「嶄新」的意義。其中Dasein 和
> Existenz 這兩個用語便是最好的例子。在海德格筆下，這兩個語
> 詞其實都是用來描述「人之爲人」這個現象的。這兩個語詞的
> 選用，其實都帶有很深刻的喻意。其中Dasein（本人將譯爲「此
> 有」）一詞的根本意義涉及許多理論問題，需要另爲文詳論。
> 現在先就Existenz 一詞説明如下：一言以蔽之，對海德格來説，
> Existence 並不是事物的存在屬性，而是活生生的人的活動屬性；
> 嚴格言，Existence甚至根本不是人類的一靜態的、可待觀察的屬
> 性，而是實踐中的、和行動中的人的生命現象本身。爲求與一般
> 意義的「存在」辨別，我們在漢語中，可以把海德格此中所謂
> Existence 叫做「存活」。[9]

---

[5] 如洪耀勳，〈今日に於ける哲學の問題〉，《臺灣教育》，1934年1月
號，頁68-76。

[6] 日本學界有一個譯本，題爲《有と時》，參見拙作，〈從中日韓三國的
「有與無」到海德格的《有與時》〉，收入蕭錦華編，《中日韓三國之
融合與分歧》（香港：天地圖書有限公司，2017年），頁129-161。

[7] 海德格著，陳嘉映、王慶節合譯，《存在與時間》（北京：三聯書店，
1987年），頁52。

[8] 陳榮華，《海德格哲學》（新北：輔仁大學出版社，1992年），頁7。

[9] 關子尹，〈海德格論「別人的獨裁」與「存活的獨我」──從現象學觀
點看世界〉，《鵝湖學誌》，第六期，1991年。

有別於「存在」或「生存」，「存活」強調人的「活生生」、「活著」或「活動」等意味，頗有創意；但問題是，在漢語裡「存活」通常解作生物學上的生存，如禽畜的「存活率」或癌症患者的「存活率」等。把「Existenz」譯作「存活」，恐怕未見其利先見其弊。

本文的主要目的，並非探討海德格哲學翻譯問題，而是探討「實存」這個日韓哲學界定譯背後的思想，特別是九鬼周造（1888-1941）的實存哲學。九鬼是「實存」這個譯語的創造者，並著有〈實存哲學〉和〈海德格的哲學〉（收入1939年出版的《人與實存》）等論文討論「實存」問題。九鬼的哲學提供了不少資源讓我們重溫歐陸哲學在東亞的發展，亦可以讓我們反思「實存哲學」或「實存運動」。

二、九鬼周造的「實存哲學」

海德格在〈從一次關於語言的對話而來──在一位日本人與一位探問者之間〉（Aus einem Gespräch von der Sprache: Zwischen einem Japaner und einem Fragenden）之中，提及了九鬼周造。作為現代日本其中一位最重要的哲學家，九鬼的學習經歷非比尋常──1921年獲得日本政府支助前往歐洲，先後受教於李克特、胡塞爾、海德格等現象學家，並且認識柏格森與沙特等法國哲學家。[10]九鬼較為人熟悉的著作有《「いき」的構造》（1930）和《偶然性的問題》（1935）等，但他亦有一部論文集以《人間と實存》（人與實存）為題。[11]在《人與實存》裡，甚至有一篇題為〈實存哲學〉的文章。九鬼指出，「實存哲學（Existenzphi-

---

[10] 有關九鬼與海德格哲學初探，見拙論，〈海德格與九鬼周造〉，收入《西田幾多郎──跨文化視野下的日本哲學》（臺北：臺大出版中心，2017年），頁175-198。

[11] 以上三冊已有中譯，收入《九鬼周造著作精粹》（南京：南京大學出版社，2017年）。該譯本依照中國大陸慣例把日文的「實存」譯作「生存」，本文一律把「生存」改為「實存」，並對譯文（如人名等）作輕微修正。

losophie）認爲實存是通往一切哲學問題的通道。」[12] 他的具體策略如下：要了解「實存」，便先要闡明「存在」的意義。

首先，九鬼以一種海德格式的取徑出發，主張存在是最普遍、最單純的東西，因此，我們無法對之進行定義。事實上，我們在定義「存在是……」的時候，已使用了「是」這個繫詞。另外，我們平時只會遇上不同的「存在者」（Seiendes），而沒有辦法直接接觸「存在」（Sein）本身。九鬼用了「雨聲」這個比喻來說明「存在」與「存在者」的差異：「落在屋頂上的雨聲、濺在石頭上的雨聲、落在池子裡的雨聲、打在芭蕉葉上的雨聲，這些都很容易聽到，但試圖單純地聽雨聲卻是一件極爲困難的事情。」[13]

九鬼繼而指出，即使我們不能以肯定的方式去定義存在，我們或許可以從否定的角度來規定存在。例如：我們不容易定義何謂「動物」，但卻可以規定動物就是「不是植物的生物」。但是，正如我們以「盲目」來規定「明目」是本末倒置，以「非存在」或「無」來規定存在結果也是徒勞。[14]

簡言之，我們所遇到的困難如下：「存在的概念是最普遍、最單純的東西。我們無法對之進行定義。然而，就算得不到存在的定義，難道就沒有辦法闡明存在了嗎？難道就沒有探討存在的線索了嗎？」[15] 這裡，九鬼參考了和辻哲郎（1889-1960）在《倫理學》中對日語「ある」（有）的分析。和辻認爲，日本語「ある」的意思，取決於助詞「で」（de）或「が」（ga）。九鬼的分析如下：

---

[12] 參考《九鬼周造全集》（東京：岩波書店，1981-1982年），第3卷，頁50，以下將略爲KSZ。另見《九鬼周造著作精粹》，頁251，以下將略爲SW。

[13] KSZ 3: 52，SW 252。

[14] KSZ 3: 53，SW 252。

[15] KSZ 3: 59，SW 256。

「有」（ある）亦即存在有兩種不同的意義，一種是在說到「有用鉛筆畫的三角形（鉛筆で描いた三角形がある）」時的「有」，另外一種是在說到「三角形是用三條線圍起來的面的一部分（三角形とは三つの線で囲まれた面の一部である）」時的「有」。在說到「三角形是用三條線圍起來的面的一部分」時，「有」是將「三角形」這一主語與「用……」這一述語在相對關係中進行規定。與之相反，在說到「有用鉛筆畫的三角形」時，「有」將對象進行絕對規定。[16]

以上引文中的「相對規定」，即主語與述語的相對關係，這涉及「可能存在」概念；而有關「絕對規定」，則涉及了所謂「現實存在」。以傳統的哲學用語來說，「可能存在」是關於本質（essentia），而「現實存在」則關於狹義的存在（existentia）。九鬼借用柏拉圖的「理型」（idea）作出如此闡釋：

理型是永遠存在的東西，各個現實存在依託理型而存在。兩者的關係是原型和摹寫的關係。原型只有一個，而摹寫卻可以有無數個。「用三條線圍起來的面的一部分」這樣的三角形的本質是「一者」（μονάς），而「用鉛筆畫的三角形」、「用粉筆畫的三角形」、「用紙摺出的三角形」、「用石頭砌成的三角形」、「在河口沙灘形成的三角形」、「用一個三等星和兩個四等星連成的三角形」等，這些作為現實存在的三角形可以有無數個存在。[17]

九鬼再進一步指出，「現在，在黑板上用粉筆畫的『某處』的三角

---

[16] KSZ 3: 59，SW 256。
[17] KSZ 3: 62，SW 257。

形，大概不久就會消失。建設在孟菲斯『某處』的三角塔在西元前五千年的時候還沒有出現。『某處』的星座被命名爲三角座，那是因爲其西面有渦狀的星雲。所有『某處』的東西或者之前沒有，或者會消失。」[18]九鬼的結論如下：「總而言之，在說到『三角形是用三條線圍起來的面的一部分』時的「是」即三角形的本質是普遍的東西，那是三角形的理型。既然是三角形，「是」就對任何三角形普遍有效，而在論及『有用鉛筆畫的三角』時的『有』是狹義的存在，那是在談論某時某處的一定角度、一定大小的個體的特殊三角形。因此，可以說本質即可能的存在關乎普遍者，而狹義的存在即現實的存在關乎個體。」[19]

　　在討論「存在」或「有」時，九鬼不記名地批評西田幾多郎的「絕對無」這個說法。正如我們不能定義「有」，我們亦不能定義「絕對無」——當我們說「絕對無是……」的時候，這個「無」已成爲了某種「有」了。有關「無」，我們眞的是無從入手嗎？這裡，九鬼引用了康德在《純粹理性批判》中對「無」的討論。[20]康德認爲，若涉及一般對象，則必須決定它是「有」或「無」。在這基礎之上，才可決定可能或不可能。在決定一個對象是「有」或「無」時，康德根據以下四個範疇去作爲指引，這裡所謂四範疇，其實代表著康德對「無」的四種分析：

　　（一）「無」作爲沒有對象的空概念：「無」是「所有」、「多」或「一」的相反概念，即「沒有」（Keines）。它不能夠從人類的直觀中獲得，它是一個沒有對象的概念（ein Begriff ohne Gegenstand）。既然它不可以被經驗支援，它便不可能透過純粹理性去了解。因此，「無」是正如本體（Noumena）一樣，人類無法認知。它僅僅作爲理性設想之物（*ens rationis*）。

---

[18] KSZ 3: 62，SW 258。
[19] KSZ 3: 75，SW 265。
[20] KSZ 3: 62-64，SW 258-259。

（二）「無」作爲一個概念之空對象：康德指出，現相是「有」，否定是「無」（Realität ist etwas, Negation ist nichts）。所謂「無」，即是指一個空對象的概念（ein Begriff von dem Mangel eines Gegenstandes），正如陰暗、冷。此即是缺乏的「無」（*nihil privativum*）。

（三）「無」作爲沒有對象的空直觀：純粹空間與時間是人類直觀的形式條件（die bloße Form der Anschauung），僅此而已。純粹空間與時間不能成爲直觀的對象，正是因爲它們沒有實體與之對應。實在的時間與空間不可能離開人而獨立存在，因爲它們是人類的幻想物（*ens imaginarium*）。

（四）「無」作爲邏輯上的否定：一個概念的對象如果自相矛盾（selbst widersprichts）是不可能的，所以是「無」。譬如一個只有三角的正方形，它是否定的「無」（*nihil negativum*）。

從上述的分析，康德提出了「『無』的概念」一表：[21]

「無」作爲：

（一）

沒有對象的空洞概念

（Leerer Begriff ohne Gegenstand,

ens rationis）

（二）	（三）
一個概念之空洞對象	沒有對象的空洞直觀
（Leerer Gegenstand eines Begriffs,	（Leerer Anschauung ohne Gegenstand,
nihil privativum）	*ens imaginarium*）

（四）

沒有概念的空洞對象

（Leerer Gegenstand ohne Begriff,

nihil negativum）

---

21 B348。

康德指出，雖然（一）和（四）是空洞概念，也不可能被純粹理性所理解，但（一）並不一定含有任何意義矛盾的成分，因為一個虛構的概念可以是邏輯上可能的。另一方面，（二）和（三）是欠缺內容的概念。它們不可能正是由於它欠缺內容，或只是一種直觀形式。

康德對「無」的分析，及其純粹理性之系統完全符合。人類知識不能離開經驗事實。然而，單純的經驗事實卻絕對不能構成知識。我們如果依從康德的嚴格立場，便能避免理性的誤用，在處理形而上學問題時，能夠防止憑空設想各種幻象。康德嚴格區分現象與本體，並特別以「小島之喻」來提醒人類雖然對超乎現象本身之本體充滿求知的衝動，但他必須嚴守知識的合法原則，否則便陷入幻象之中，其渴望永遠無法得到滿足。[22]康德正視「無」的各種意義，這是一個重大的貢獻。然而，康德的分析卻將「無」視為一個哲學討論的對象去探究。因此，康德對「無」的分析大體上只是在概念層面上對「無」作一個比較有系統的整理。康德尋求知識的可能條件（Möglichkeitsbedingung），但「無」是否只是知識層面上的「不可能性」（Unmöglichkeit）？康德表面上解答了何謂「無」這個問題，但他卻沒有論及「無」與「有」之關係，為什麼我們的生活總是不可完全獨立於「無」？「無」是否只是一個相對於「有」的概念？對於以上的追問，相信康德並未能夠給予我們一個滿意的答案。康德仍然是將「無」當作「有」的相反概念，這種預設根本就必須要重新反省。康德那些對「無」的分析，最多只能在理性的範圍內分析「無」的各種概念，而永遠不能回到真正的「無」本身。

九鬼認為，我們應從「人的存在」作為起點，重新思考何謂「存在」。這裡，他引入了「實存」的討論：

---

[22] B294。

針對可能存在而言，**實存**是指**現實存在**（可能的存在に対して**現實的存在を實存**と云ってもよい）。而且，實存的意義在人的存在中最顯著地體現出來。在人類存在中，存在方式由自己決定，同時也會意識到那種決定。人類存在自覺地支配存在本身，對於如何存在具有自覺的決定力。因此，各種人的存在具有各個獨自的狀態。個體的意義在人類存在當中角度最小。人將現實存在即實存作為真正意義上的自己的東西來創造。因此，人類存在是本質意義上的「實存」（それ故に人間存在が勝義の「実存」である）。[23]

九鬼所指的「人間存在」，重點在於他不是一個「個體」，而是一個擁有世界、擁有社會的存在。他以一個具體的例子來說明：

讓我們想一下作為現實存在的人，例如以豐臣秀吉對作為普遍本質的人進行規定。在這種情況下，作為普遍本質的人由於豐臣秀吉這一個體存在而被個體化。普遍在個體中接受個體的一義性的潤色。因此，存在於那裡的不是「具有肉體和靈魂的人」或者「理性的動物」這種一般的東西，而是作為豐臣秀吉的個體本質的人。而且，既然本質存在由真正意義所規定，那麼豐臣秀吉的個體本質沒有秀吉的存在就無法實現。秀吉的個體本質由於秀吉的存在而時時刻刻在形成。他可以不向朝鮮出兵，但他那樣做了；他可以不建造聚樂第，但他建造了。這就是秀吉的個體本質。秀吉的個體存在每一瞬間都規定著秀吉的個體本質。在這種情況下，作為現實存在的個體不是影子，而是最為本質意義上的「實存」。[24]

---

[23] KSZ 3: 76，SW 265。著重點（本書用「黑體字」表示）為九鬼所加。
[24] KSZ 3: 80，SW 268。

這個關於「實存」的觀點，可以追溯至齊克果（Søren Kierkegaard, 1813-1855）和雅斯培（Karl Jaspers, 1883-1969）的實存哲學。九鬼認爲，齊克果哲學的重點是區分「實存」和「抽象（思維的抽象）」。雅斯培則區分了「實存」和「生命（經驗的此在）」。[25]九鬼的分析如下：

> 像這樣，齊克果將現實存在與思維的抽象對立，雅斯培則將之與經驗的此在對立。實存一方面與思維抽象對立，另一方面與經驗的此在對立。換言之，實存是介於思維的抽象和經驗的此在之間的東西，也就是介於「精神」與「生命」之間的東西。因此，可以認爲實存是將「精神」與「生命」綜合起來的東西。另外，有人說這種「精神」、「生命」、「實存」的辯證法階段顯示了一般現代人以及近代人的内在活動的過程。也就是說，有人認爲在18世紀歐洲各國唯理主義精神哲學的各種體系之後，赫德、哈曼、雅可比的生命的原理興起，在歌德和洪堡那裡演變爲實存的原理。即使在19世紀，德國觀念論的唯理主義被浪漫主義的生活哲學所解構，進而那種生命哲學又被馬克思、費爾巴哈、齊克果的實存哲學所解構。即便到了現代，精神、生命、實存的節奏支配著整個哲學的路徑。特別是在現象學派内部，規定了從胡塞爾，經由舍勒，再到海德格的過程，這一點是許多人都認可的。[26]

從上可見，九鬼認爲胡塞爾、舍勒與海德格哲學的重點分別就是「精

---

[25]「此在」的原文爲「Dasein」，日文通常譯作「現存在」。
[26] KSZ 3: 86，SW 271-272。譯語稍有改動。

神」、「生命」與「實存」。關於這個說法，我們不一定完全同意。[27]
然而，有一點我們是贊同的，即海德格對九鬼實存哲學的影響非常明
顯。關於這點，我們將馬上加以討論。

九鬼的《人與實存》收錄了一篇論文，題爲〈海德格的哲學〉。根
據《九鬼周造全集》的〈解題〉，〈實存哲學〉與〈海德格的哲學〉
本來是一篇長文的前篇與後篇，〈海德格的哲學〉的題目原本是〈實
存哲學的一例：海德格的哲學〉，兩篇初刊於1933年的岩波講座《哲
學》。[28]九鬼的意圖是先介紹實存哲學，然後詳述海德格的哲學，特別
是現象學存在論的三個步驟：「第一步是將此在作爲時間性的東西來闡
釋，也就是說將此在還原爲時間；第二步是基於時間來解釋一般的存
在，也就是說，在時間的視域來構成存在；第三步是基於闡釋時間來破
壞傳統存在論的特殊狀態，還原、構成、破壞，這便是現象學的存在論
的三個步驟。」[29]

上述的說明，涉及了不少海德格哲學的專門用語，九鬼在〈海德
格的哲學〉中的較後部分提及了海德格哲學的翻譯問題：「關於將哲學
視爲現象學的存在論這一點，在海德格那裡，哲學術語幾乎都是作爲存
在現象的事態來被把握，常常回到語源來使用。因此，用其他語言來
論述他的哲學伴隨著特殊的困難。筆者在翻譯這些術語時也費了很大
周折。」[30]然而，中譯文的譯者卻省略了九鬼周造對術語進行說明的部
分，現補譯如下：

---

[27] 以舍勒爲例，他在《人在宇宙中的地位》（*Die Stellung des Menschen im Kosmos*）中指出，人有精神（Geist）及欲求（Drang）兩個不可化約的
部分：精神本來是無力的，而欲求或生命的衝動本來是不能把握理念
和價值的。然而，透過生命理念化或精神化（spiritualization），或精神
的具體化或生命化（vitalization），他們可以融合在一起。參考拙論，
〈「精神」與「非精神」──舍勒的哲學人學與勞思光的文化哲學〉，
收入《中國現象學與哲學評論》第23輯，2018年，頁138-155。

[28] KSZ 3: 438。

[29] KSZ 3: 199，SW 338。

[30] KSZ 3: 265，SW 377。

例如：Entwurf譯作「投企」，是爲了目擊werfen（投）這個存在
現象，Geworfenheit譯作「被投性」便能令全體一致。Entwurf有
被譯作「自由企劃」，但這譯語無法接上現象學存在學及相關用
語的內在關聯。同樣地，Dasein有被譯作「實存」、Existenz譯
作「自覺存在」或「覺存」（注：這是指田邊元的翻譯），這
很難説是充分把握海德格哲學的根本傾向。Dasein從存在現象來
説是Da-Sein，嚴格來説是「其處存在」，但爲了便利，我們可
以把它譯作「現存在」。「實存」這個意譯會覆蓋了上述的事
態。Existenz的根本在於essentia（本質＝可能存在）和existentia
（存在＝現實存在）的存在論基礎分節，我希望把它譯作「實
存」來明確表示與現實存在（日文：現存在）的存在現象系
譜。此外，Zuhandenheit 譯作「歸向存在」是因爲道具常有歸向
（um zu...）其他道具的存在性格，而Vorhandenheit譯作「直前存
在」則是因爲一旦沒有了歸向性之後事物便會抽象地存在於直前
（vor）。「用在」與「物在」是不錯的意譯，但這是否會通現
象學在論的旨趣則是另一個問題。[31]

從以上引文可見九鬼對翻譯的執著，他對海德格哲學的分析在今天仍有
參考價值。儘管如此，他卻提出了一個頗有爭議的主張：海德格的現象
學存在論可被視作「廣義的人學」[32]。我們可以說，海德格的基礎存
在論當然有別於舍勒的哲學人學（狹義的人學），但九鬼的主張是基於存
在論有很多涉及人的現象——只有人才會思考「存在問題」。海德格指
出，存在曾被古希臘人提出並作討論，但西方哲學卻成爲了「對存在的
遺忘」（Vergessenheit des Seins）。形而上學及存在論只是將「存在」
（Sein）作爲「存在者」（Seiende）來討論，因此沒有眞正涉及存在
本身。

---

[31] KSZ 3: 266。
[32] KSZ 3: 266，SW 377。

　　存在這一種現象常常被隱蔽，無法自身呈現。海德格認爲，只有透過現象學存在論，存在才可被彰顯，而當存在得到自身顯現的時候，存在論才有一個穩固的基礎，這即是基礎存在論的意思。[33] 有關現象學存在論，九鬼的分析如下：

> 海德格將他自己的哲學稱爲現象學的存在論（phänomenologische Ontologie）。存在論（ὄντος + λόγος）是關於存在者（Seiendes）的存在（Sein）的學問。那不單單是關於存在者的學問，而且還是將存在者規定爲存在者的關於存在的學問。關於存在者的事情是存在的（ontisch），而關於存在的事情就是存在論的（ontologisch）。存在論的課題是使存在者從存在中浮現出來，以闡明存在本身（ὂν ἦ ὄν）。現象學（φαινόμενον + λόγος）是從自身來顯現自身（τὰ φαινόμενα），從自身來看待自身（λέγειν ＝ἀποφαίνεσθαι）的學問。因此，現象學意味著二種公理。現象學反對一切空虛的構成，反對接受只有外表得到證明的各種概念，反對幾代之間作爲「問題」橫行的各種不可靠的問題，而是主張關注「事態本身」這種公理的就是現象學。因此，存在論規定哲學對象的性質，而現象學則規定哲學的方法。哲學必須是現象學的存在論。[34]

海德格以語源學方法重新對現象學一詞作了一個評析：現象學的希臘文是λέγειν τὰ φαινόμενα，亦即ἀποφαίνεσθαι τὰ φαινόμενα。海德格的解譯如下：「讓人從顯現的東西本身那裡，如它本身所顯現的那樣來看它。這就是取名爲現象學的那門研究之形式上的意義。然而，這裡表達出來的

---

[33] 基礎存在論並非海德格的目的，他的最終目的是追問存在問題。因此，基礎存在論實際上只是一個預備的討論。

[34] KSZ 3: 198，SW 338。

東西無非就是前面表述過的座右銘：『走向事情本身！』」[35]

　　「走向事情本身！」的德文是「Zu den Sachen Selbst」，日本通常譯作「事象そのものへ」（中文可譯作：「回到事象本身！」）。[36]有別於胡塞爾的現象學，海德格的現象學存在論引入了「此在分析」（Daseinsanalytik）。九鬼指出：「可以說哲學是『現象學的存在論』，它始於此在的詮釋學，也就是對『實存』的分析。」[37]有關「此在」與「實存」的關係，九鬼的解釋如下：

> 首先要從對**此在**（Dasein）的詮釋出發。此在具有兩種性質。第一種性質是在此在這種存在者的存在中，它的存在本身每次都是問題的關鍵。最重要的問題並非「是什麼」，而是「如何存在」。因此，此在的本質（essentia）必須從存在（existentia）開始理解。存在比本質更占優勢，因而將此在的狀況特別稱爲**實存**（Existenz）。實存是此在的存在關鍵。與實存相關的稱作**實存的**（existenziell），而與實存的存在論構成相關的則稱作**實存論的**（existenzial）。另外，將實存的存在性質特別稱爲**實存範疇**（Existenzialien），以區別於不是此在的其他存在者的存在規定範疇（Kategorien）。作爲第二種性質的此在的存在，**每次都是我的東西**。因此，在稱呼此在時，必須使用「我」、「你」這樣的人稱代詞。另外，不是問「什麼」，而必須問是「誰」。而且，每次都是我的東西（Jemeinigkeit），那成爲此在能夠獲得的原本性或者非原本性的可能性的條件。原本的（eigentlich）意味著是自己的（eigen），非原本的意味著是非自己的。[38]

---

[35] 引用自陳嘉映、王慶節中譯本，頁43。

[36] 參考《現象學事典》（東京：弘文堂，1994年），頁186。

[37] KSZ 3: 199，SW 338。

[38] KSZ 3: 199-200，SW 339。

這裡，九鬼強調此在作為「世界內存在」（In-der-Welt-sein）的方式呈現。人的存在是身處於一個特定場所，而這場所即是「世界」。「此在是世界內存在，沒有世界的話，單純主觀的東西以往從未被給予過。同樣道理，沒有他者的話，孤立的我也不會被給予。他者在世界內存在中一起此在。即使我是此在最根本的規定，也必須在實存論上對之進行闡釋。」[39] 其後，九鬼進一步分析如下：

> 如前所述，我不是沒有頭以及手腳的主觀的軀幹，我與世界處於不離的關係。我就是世界內存在的意思。此在是世界內存在。不過，我們不能從世界的一方來理解，而要在日常性中從世界來理解我。也就是說，我被理解為常人的自己，那樣理解是不行的。我始終是我自己，不是常人，是獨自的自己。而且，這種自我獨自性在實存論上無非就是先驅的決斷。也就是說，我是自己獨自的，是作為走向死亡的先驅的存在，針對最屬於自己的罪責的事情做出決斷的自我籌劃。[40]

所謂「常人」（das Man，九鬼譯作「平人」），是指此在完全解體為他者的狀態。「這種『常人』的狀態是平均性、平坦性和平凡性。針對日常的此在是『誰』這樣的問題，可以回答是『常人』，而實際上那種『常人』誰也不是（das Niemand）。」[41]

為了進一步說明此在分析，九鬼討論了海德格的主要概念，如：此在的「情態性」（Befindlichkeit）、「被投性」（Geworfenheit）和「事實性」（Faktizität）等。海德格認為，此在永遠處於一定的情態之中。但在日常生活中，此在面對的是恐懼（Furcht），他只是活於一個煩瑣

---

[39] KSZ 3: 209，SW 344。
[40] KSZ 3: 239，SW 361-362。
[41] KSZ 3: 209，SW 346。

的世界。但當在不安（Angst）的時候，此在已經不是懼怕著任何確定的對象，他發現前面一切（包括未來）都不確定，並且毫無把握。海德格在《存在與時間》中論及不安時，指出齊克果是不安分析的先行者。[42] 齊克果與海德格都強調不安不等同於恐懼，兩者處於不同的存在論層面。他們對恐懼和不安作了一個嚴格的區分：恐懼有一特定的對象（例如怪物令人恐懼），但不安卻不涉及某事物，而是對一切存在者都無所把握；不安則與存在者無關，在不安中，此在對一切事物都失去興趣。不安正如不在家中（unheimlich）[43]，任何事情都墜入無所謂，此在無法把握任何事情，存在者整體都溜走。[44]

　　九鬼論海德格哲學，除了參考《存在與時間》，也參考了以下文獻：

> 關於「無」的意義，參考了《形而上學是什麼？》；關於「自由」與「超越」的概念，還參考了《根據的本質》。關於「構成」與「破壞」的概念，特別參考了《康德與形而上學問題》。另外，關於「構成」，還使用了海德格1927年在馬堡大學暑期講義錄《現象學之基本問題》（列印版）中較為詳細的論述。[45]

〈形而上學是什麼？〉於1929年發表，是海德格的弗萊堡（Freiburg）大學就職演詞。這篇文章後來先後加插了〈後記〉（1943）和〈導論〉

---

[42] 詳見SZ, p. 190的註腳。

[43] SZ, p. 187。

[44] 唐君毅先生舉了一個例子：「一個人到了一荒郊曠野，四望茫茫，不見一人；一切東西似乎向空無中消失，而又非單純的消失；在這情況下，他憂慮其赤裸裸的自己，獨自被拋擲於世界。」參考唐君毅著，〈述海德格之存在哲學〉，於《哲學概論》，下編（臺北：學生書局，1979年），頁54-115。

[45] KSZ 3: 263，SW 376。

（1949）。九鬼所參考的，應該是1929的版本。海德格在〈形而上學是什麼？〉指出，當此在真正無聊時，一切煩瑣的事情也退下，世界所有的事物都變得與我無關。這時，真正的存在者整體便呈現。[46]同樣地，在愛之中，存在者整體也可能呈現──此在不是愛某一特定的對象，而是愛著世界，這時他也可以領悟到存在者的整體。[47]

　　然而，當存在者整體被懸擱，一切確定的依靠將會失去，此時「無」便會呈現。例如：此在在不安當中變得無力，被迫後退至存在者的整體之中，而後退的姿勢正是「無」的本質──「虛無」（die Nichtung）或「無自身虛無」（Das Nichts selbst nichtet）。[48]這裡的「虛無」並某種帶有消極意思的「虛無主義」。相反地，「無」被呈現時，此在越過存在整體的界限，這即是超越（die Transzendenz）。若果「無」沒有被顯現，人之存在就喪失其超越性，他不再把握自己的存在，因此亦沒有自由。[49]

　　也許我們會問：「什麼是『無』」？但「無『是』……」（das Nichts "ist" das und das）的回答是無稽的，因為一說的時候無「是」某些東西的時候，它已不是「無」了。海德格認為，真正的問題不是「什麼是『無』？」，而是「『無』是怎麼回事（Wie stehe es um das Nichts）？」[50]有關這個問題，科學與邏輯未能提供令人滿意的回答。科學極力避免對「無」有任何知識（die Wissenschaft will vom Nicht nichts wissen），[51]因此科學對「無」可謂一無所知。邏輯並不能

---

[46] 海德格著，熊偉譯，《形而上學是什麼？》（臺北：仰哲出版社，1993年），頁30-31。以下簡稱為「WM」。

[47] WM, p. 32。

[48] WM, p. 35。中譯為「『無』自己就不」，不能突顯出「無」不同於（邏輯上的）不；而且「不」似乎傾向消滅或否定等意思，容易引致誤解。故參考英文譯法「The nothing itself nihilates」，見 *Basic Writings*, p.103。

[49] WM, p. 36。

[50] WM, p. 28。

[51] WM, p. 28。

解釋何謂「無」，它只能解釋「非」（das Nicht）或否定（die Verneinung）。這裡，海德格提出了一個有關「無」的定義：「無是存在者整體的完全否定」（Das Nichts ist die vollständige Verneinung der Allheit des Seiendes）。[52] 這定義的重點不在於「無」是什麼，而是在於如何解釋存在者整體被完全否定。

海德格強調，「無」比起「非」更爲根本。[53] 九鬼在討論「罪」的時候，亦有申談及「無」與「否定」。「無」涉及了某種「否定」的意思，但「無」與「非」卻不是完全等同。九鬼指出：

> 此在的根本罪責並不是由道德性所規定的。道德性本身已經預料到了這種根本的罪責。不僅如此，邏輯上的否定這樣的事情也是基於此在的根本罪責，也就是基於「無」才形成的。「無」比起「非」或者「否」，是更加根本性的東西。進而，只要神學所說的原罪也是以此在的這種根本罪責或者「無」存在於根本這一點構成存在論的條件，這個問題才能考慮。罪責無非就是此在的有限性，這是有限性所具有的各種意義上的「無」。而且，如果沒有無的根本的顯示，也就既不會有自我存在，也不會有自由。[54]

這個意義下的「無」，並不是「有」或「存在」的否定。相反地，「無」是一切的根據。除了不安與罪，「死」亦會無可避免地涉及「無」。九鬼指出：

> 此在是向死存在（Sein zum Tode）。死亡指此在每次都必須自己接受的存在可能性。在死亡當中，此在面對最屬於自己的存在可

---

[52] WM, p. 30。
[53] WM, p. 30。
[54] KSZ 3: 236-267，SW 360。

能性。因此，與其他此在，也就是與他者的一切交往都因此而中斷。另外，這種最屬於自己的、與其他沒有關聯的可能性是最極端的可能性。此在無法超越死亡的可能性。死亡是典型的此在不可能性的可能性。因此，死亡被闡明爲「最屬於自己的，與其他沒有關聯的無法超越的可能性」。[55]

我們也可以說，「死」也不是「生」或「生存」的否定。相反地，「死」是一切的生存的條件。把「生」看作「有」，把「死」視作「無」，這未能把握「無」的根本性格。「無」並非可有可無，而是了解「存在」的關鍵。海德格指黑格爾把「純粹的有」等同於「純粹的無」，因爲兩者皆爲最空洞的概念，但海德格所指的「無」並非邏輯上的空洞概念，而是形而上學的根本問題。[56]我們也可以說，九鬼不滿西田的「絕對無」，因爲西田並未能清楚回答「絕對無」是怎麼回事，或沒有進一步分析形而上學的根本問題。

　　海德格在〈形而上學是什麼？〉中指出，以往對「無」不作探究或者僅僅將「無」視爲「有」的相反概念，根本不能回到形而上學問題本身。基於此種理解，海德格對「無」的考察並不是分析「純粹的無」，也不是構想另一種「無」的概念；相反地，他是追索「無」與存在的關係。這不是任何關於純粹理性之討論，而是涉及一個眞正的形而上學問題：「爲什麼是存在者存在，而不是無」（Warum ist überhaupt Seiendes und nicht vielmehr Nichts）？這個問題就是形而上學的第一問題，它是形而上學問題的整體的核心。這一問題卻並非海德格首先提出，萊布尼茲在1714年的一篇論文中已整理出這個問題。[57]萊布尼茲

---

[55] KSZ 3: 228，SW 355。

[56] WM, p. 41。

[57] 參考Leibniz, "The Principles of Nature and of Grace, Based on Reason", in *Leibniz Selections*, edited by Philip P. Wiener, New York: Charles Scribner's Son, 1979, p.527。

指出沒有事情是缺乏充足理由的，而上帝就是宇宙一切事物的終極理由；祂在眾多的可能性當中，必會創造出最美好的世界；單子不是偶發地獨自存在，而是處於一和諧之中。問題是：「無」比起存在者更為簡單，但為什麼是「有」而不是「無」？他認為這就是形而上學的根本問題。

海德格非常重視這問題，但他對這問題的處理方法與萊布尼茲完全不同。顯然地，海德格並非預設了充足理由律作為事物的根據，他從現象學入手觸及這個形而上學問題。一般人往往認為形而上學是以理論科學的方式來處理問題，即把現象當作對象來加以分析。這裡，海德格是以一個反對科學主義的立場，強調科學不比其他學科有優先性，科學僅僅將事物當作為現成在手（Vorhandanheit），這種對事物的看法不能回到事物的本源。如果要回溯「無」，則必須將問題放置於一個前科學的場所。人是處於這個前理論學科的場所中提出形而上學問題，而所有形而上學問題必須涉及一個發問者，這些問題不是一些不嚴格的開聊，而是關涉人的存在本身，這個發問者是為他存在本身而去問形而上學問題。所以我們此時此地提出形而上學問題，其實是為著我們本身。

什麼是形而上學？在〈形而上學是什麼？〉的〈前言〉裡，海德格重新提出笛卡兒對形而上學的看法──形而上學作為哲學樹的樹根。這裡的形而上學，已經不是與知識論、倫理學、宇宙論等並列的某種哲學部門，而是哲學本身。我們也許會問：「無中生有是否可能」？在古希臘傳統之中，「無」不可生「有」，沒有事物從無而來（ex nihilo nihli fit）。希臘神話中，宇宙本初並非是空無，而是一片混沌。後來的基督教傳統與古希臘傳統相反，強調從無創生一切存在的事物（ex nihilo fit─ens creatum）。古希臘哲學與基督教傳統對於「無中生有」是否可能這一個問題，表現了兩種完全不同的取徑；然而，他們在論及「無」的時候，並沒有作出嚴格的分析。「無」並不是「非」或「否定」，沒有追問何謂「無」便無法回答上述問題。這裡，海德格提及了他對「ex nihilo nihil fit」的真正意思──從「無」，一切存在作為存在

得以存在（ex nihilo omne ens qua ens fit）。[58]

「無中生有是否可能」是一個為人所津津樂道的哲學問題，但它並不是形而上學的根本問題。如果我們視「無」為某種「存在者」，則這問題只能定留於宇宙生成論的框架之內，如此的話問題根本就是問錯了。如上文指出，形而上學的根本問題在於：「為什麼存在者存在，而並非無？」這不是一個無關痛癢的質疑，它才是真正的哲學問題。

三、偶然性與臺灣哲學

海德格對形而上學的探討，回到了有關哲學始於驚訝的討論。為何會提出哲學問題？疑問是出自對身邊事物（存在者）都感到驚訝（die Verwunderung），因此提問「為什麼（Warum）？」。亞里斯多德在《形而上學》中已指出「為什麼？」不是一個偶發的現象，我們首先對日常生活的各種事情感到驚訝（θάνμάςειν）。由於驚訝，我們便漸漸地透過疑問的方式去探求真相，這展開了哲學活動。[59]

有關驚訝，九鬼在《偶然性問題》中一節題為〈偶然性與驚訝情感〉（日文：偶然性と驚異の情緒），有關論述如下：

> 驚訝的情感就是亞里斯多德所說的θάνμάςειν，笛卡兒所說的
> admiration。笛卡兒是這樣來定義驚訝的：「驚訝是精神上突然
> 感到驚愕，那使人關注精神上感覺異常的事物，並對之進行考
> 察。」而且，「驚訝是一切激情中首要的東西」。驚訝作為偶然
> 性的情感值，是在可能的選言之一被規定的現在這一瞬間，針對
> 規定的絕對理由所抱有的形而上的情緒。柏拉圖在《饗宴》中
> 說，甲和乙「如果偶然相遇，他們會感到驚訝」。那是作為哲學

---

[58] WM, p. 41。
[59] 參見亞里斯多德的《形而上學》，982b-983b。

驚訝（θάνμάςειν）的一個典型例子，哲學其實是在針對偶然的驚訝中誕生的。而且，我們可以認為存在論的情感是從偶然性的驚訝歷經可能性的不安，而向平穩展開。[60]

九鬼應為，「平穩」代表了必然性。為了打破這種必然性，海德格提出了「不安」這種可能性。九鬼雖認同海德格的現象學存在論，但批評它仍然是一種「可能性哲學」。九鬼哲學的目的，就是要以另一種方式來打破必然性，即主張「驚訝」的偶然性。[61]有關「平穩」、「不安」和「驚訝」的關係，可參考下圖[62]：

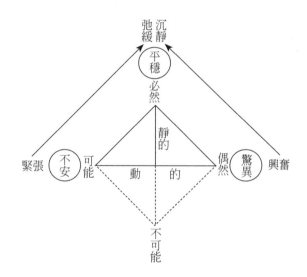

我們在日常生活中，雖有可能出現「不安」，但總算「平穩」地生活，但偶然發生的種種事情，為我們帶來「驚訝」。「例如，在鋪裝好的人行道上行走，有一塊四方形的石板鬆動了，那種觸覺或者運動感會

---

[60] KSZ 2: 216，SW 193。另可參考KSZ 2: 310-311。
[61] KSZ 2: 216。
[62] KSZ 2: 215。

使人略微感到驚訝。就更加複雜的驚訝的原因而言,例如在地方上初次聽說『二·二六事件』,人們一般都會感到驚訝,因爲那是完全沒有預料到的偶發性事件。」[63]此外,九鬼在〈驚訝的情緒與偶然性〉(收入:《人與實在》)中,對「驚訝」的「驚」作出了以下解釋:

> 「驚」這個漢字當中有一個馬字,那原本是指馬受驚。的確,馬經常受驚。源賴朝去相模川參加橋梁上供儀式時,馬不知爲何受驚,源賴朝從馬上摔下來,後來就因此死去了……從生物發生學的角度來看,驚訝與恐懼沒有區別,那或許是根本的狀況。據稱,日語「おどろく」(驚訝)中的「おど」是從「おぢ」也就是「おそれ」(害怕)轉化而來的,而「ろく」是動搖的意義。不論是從生物發生學的角度來看,還是從語言學的角度來看,恐懼是原始的情緒,驚訝是隨著智慧的發展而逐漸形成的情緒,這樣來看大概比較合適。[64]

有關實在哲學與偶然性問題的思考,我們可以從九鬼的《偶然性問題》找到更多的線索。九鬼主張,偶然性是對於必然性的否定,而由於偶然性與「無」有關,因此偶然性問題是眞正的形而上學問題。[65]用海德格的方式去問,就是「爲什麼是存在者存在,而不是無?」用九鬼的方式去問,就是「爲什麼三葉草不是三片葉子,而是四片葉子?」九鬼指出:

> 選言的偶然最終以形而上的背景和展望浮現出來。在選言的偶然最終成立的形而上學的層面,三葉草不是三片葉子,而是四片葉

---

[63] KSZ 3:150-151,SW 308。中譯本欠譯了之後有關「支那事變」的段落。
[64] KSZ 3:149,SW 307、308。中譯把「おぢ」植爲「おじ」。
[65] KSZ 2:9,SW 66。

子這樣的情形嚴格說來是偶然。淺間山既不是斷層山也不是褶皺山，而是火山，這也是偶然。豐臣秀吉既不是出生在京都也不是出生在大阪，而是出生在尾張的中村，這也是偶然。另外，我們可以考慮可能存在包含無數不同的我的無數世界。我們有可能是美國人、法國人、衣索比亞人、印度人、中國人，我們成爲日本人是偶然。[66]

假如我們身處日治時代的臺灣，我們可以問：「爲什麼我們有可能是中國人、日本人，但卻成爲了臺灣人？」日治時期臺灣哲學的根本問題是：「如果臺灣在語言文化上不同於日本，政治上又不歸屬中國，那它到底是什麼？面臨同化又該如何自處？」[67]表面上，海德格和九鬼只在解釋世界，沒有改變世界。但他們的哲學，本來就是一種「實存哲學」。九鬼認爲，「實存哲學是指認爲實存之中有通往各種哲學問題的通道的一種哲學。實存中有通往各種哲學問題的通道，其實這是不言自明的事情。哲學問題是在實存的視域作爲問題被提出來，因此通往問題的通道也必須在實存中開通。通往問題的通道一般而言無非就是通往存的通道。脫離廣義的一般存在，也就不會有哲學問題。而且，只有實存才能開通通往一般存在的通道。因此，哲學在它本身就必須是實存哲學，實存哲學毋寧說是同義的反覆。」[68]

　　總括來說，九鬼認爲哲學應該回應當今世界的問題。九鬼所主張的哲學，就是「實存哲學」。九鬼認爲，「海德格哲學反映了世界大戰後的不安、擔心、憂鬱，我們或許可以這樣來看待。」[69]我們對臺灣的「實存哲學」或「實存運動」的討論，或許可以從這一方向再進一步發展。

---

[66] KSZ 3: 140，SW 303。
[67] 《存在交涉：日治時期的臺灣哲學》，頁17。
[68] KSZ 3: 89，SW 273。
[69] KSZ 3: 270-271，SW 380。

第三章
三木清的生與死

一、三木清與西田幾多郎

　　三木清（1897-1945）生於日本兵庫縣。他天資聰穎，考入了「第一高等學校」。第一高等學校簡稱「一高」，在舊制度之下是兩年制的預科學校，現址爲東京大學教養學部（駒場校區）。就讀一高的時候，三木清遇上了西田幾多郎，這個偶然成爲了日本哲學史上的大事。三木在〈西田先生のことども〉（《婦人公論》，1941年8月號）中如此憶述：

　　1917年4月，西田幾多郎博士來到東京，在哲學會的公開演講會上作了題爲〈種種的世界〉之演講。作爲一高的學生，我去聽他的演講。這是我第一次有幸見到西田教授。雖然我不太理解講座的內容，但它令我留下了深刻的印象。西田身穿和服，低著頭在講臺上從一端走到另一端，說了一番話。他似乎在專心地整理自己的思緒，而不是和別人交流。有時，他會停下來在黑板上畫圈或畫線，但在我看來，他似乎是想找到一種合適的方式來表達自己的想法，而不是向別人解釋。我看到的不僅僅是一個大學教授，而是一個「思想家」。我想，我甚至在那裡看到了一個思想家的苦惱。那段日子一定是他一生中最艱難的沉思期。他的演講發表在《哲學雜誌》上，後來收錄在當年秋天出版的一本劃時代

作品——《自覺中的直觀與反省》，先生本人在序文中稱該書爲「我的惡戰苦鬥紀錄」。[1]

三木下定決心，一高畢業後不留在東京，而是入讀京都帝國大學師從西田。西田弟子之中，三木清的確是出類拔萃。三木的哲學思想深受西田影響，最明顯的例子，應該是「技術哲學」。

二、技術哲學

在東亞，科學與技術是現代化的關鍵課題。野家啟一指出，日本在明治初年已重視學習西方的「科學」，但所謂「科學」其實是指工業技術。他舉了以下事例：

> 1871年，明治政府派遣了一個觀察團前往歐美，成員包括一些政要。從他們的報告書可見，觀察團主要的關心爲工業與技術。在英國，他們訪問了曼徹斯特和利物浦的化學工場及製鐵廠，但忽略了劍橋及牛津。報告書基本上是對很多工業程序的詳細描述，對理論科學卻隻字不提。雖然當時在歐洲已有科學與技術的嚴格區分，但觀察團卻把技術視作科學。結果，日本的東京帝國大學卻創立了全球首個工學部或工程學院。這顯示了日本引進西方科學的一些利與弊。[2]

在現代化的路途上，日本首先不是自我推行一場啟蒙運動，而是積極引入他者（歐美）的各種技術。不久之後，竟然有能力自行研發自己的技術。以鐵道爲例，蒸汽機誕生於英國。1871年，日本由英國引進了首列

1　參考《三木清全集》（以下簡稱爲MKZ），17: 295-296。
2　野家啟一，〈大震災與日本人的自然觀〉，《東亞視野下的日本哲學——傳統、現代與轉化》（臺北：臺大出版中心，2013年），頁208。

蒸氣火車，用於翌年開通的鐵路（新橋至橫濱）。令人驚訝的是，日本在1890年成功在國內製造出了第一列蒸氣火車。日本成功引進外國技術，爲「富國強兵」的國策奠下了穩固的基礎。

　　我們要注意，日本並不是單單從英國引進蒸汽機的技術，而且還展開了思想上的現代化。津田眞道（1829-1903）在1873年指出：

> 英國以擁有眾多的船隻、發達的鐵路網和最好的交通工具而聞名於世。這是該國人民的智慧和勤勞的結果。然而，英國並沒有單純的延伸智慧。我們可以說，這主要是因爲英國的政府不限制他們的人民，給他們自由的權利。[3]

另外，中江兆民（1847-1901）雖然沒有用「全球化」一詞，但他卻明顯提出了一種全球化理論。他在1888年指出：

> 現在鐵路路線和渡輪路線都縮短了，從經濟上講日本不只是一個大房間，地球上的其他地方如歐洲、美國、澳大利亞都有我們家的房間，所以我希望日本的產品不只是坐火車留在日本國內，而是無拘無束地坐渡輪進入其他國家。[4]

明治時期的知識分子早已明白，火車或船舶不僅僅是一種物流工具，而是會改變人們和思想的流動方式。就鐵路技術而言，日本從西方輸入的不僅僅是火車技術，還有現代的自由、生活方式、商業思維等。然而，我們可以問，什麼是技術？有沒有所謂日本的技術？三木清指出：

---

[3]　津田眞道，〈運送論〉，《明六雜誌（上）》（東京：岩波文庫，2008年），頁303。

[4]　中江兆民，〈工族諸君に告ぐ〉，日本科學史學編，《科學と技術》（東京：第一法規出版，1968年），頁210-211。

　　我推測，在東方的自然觀和社會觀下，有一種技術哲學，或者說
　　是一種技術的世界觀。在這裡，道德也可以透過這種技術哲學來
　　構想。把日本的精神和技術分開來思考，是對東方世界觀的一般
　　特徵缺乏了解。揭開這種技術世界觀的意義，不僅有趣，而且極
　　爲重要。[5]

雖然三木有興趣將技術和日本文化（以及東方世界）關聯起來，但他並
不只是將技術還原成神祕的東西。他的技術哲學從質疑技術的本質開
始。我們可以將技術定義爲：它是應用科學知識來改變自然。在這個意
義上，技術被認爲是爲了特定目的的「工具性技術」，例如：樂器、
戰爭工具、手術儀器等。人們還可以觀察到，技術與生產是封閉的關
係。在這個意義上，技術可以理解爲一種「生產技術」。然而，三木拒
絕這些「技術」或「科技」的狹隘用法。對三木來說，技術不僅僅是
「手段」，而是「目的」。

　　爲了理解三木的技術哲學，我們有必要澄清三木的哲學立場，即
「想像力的邏輯」（日文：構想力の論理）。這個概念並不是三木所
創，而是從鮑加登（Alexander Gottlieb Baumgarten，1714-1762）借來。
三木如此說明：

　　我的目標是在想像力的邏輯基礎上形成一種行爲哲學。當我們談
　　論想像力的力量時，我們通常只想到藝術活動。即使是形（ei-
　　dos）也大體上是從理論（theoria）的角度來設想的。在這裡，
　　我的意思是把想像力從這些限制中解脫出來，並把它與一般的行
　　動連結起來。在這樣做的時候，重要的是不要像觀念論那樣把它
　　抽象地設想爲意志的問題，而是要把它看作是創造性的問題。[6]

5　MKZ 7: 315。
6　MKZ 8: 6-7。

三木的立場如下：想像力的邏輯是一種形式的邏輯。形式不是抽象的非歷史的形式（如形式邏輯），而是存在於現實歷史世界中的「想像」。從這個意義上說，我們的思維不僅僅是在抽象的邏輯形式上，而是始終與人的具體行爲相關。三木的思想與他對理性（logos）和感性（pathos）的理解有關。這兩個概念被理解爲兩個對立面：前者是主動的理性或理智，後者是被動的感覺或情感。但三木認爲，在「想像力的邏輯」下，稱理性和感性是一體的。他稱這種「邏輯」爲「原邏輯（Urlogik）」。他如此解釋：

> 除了尋找現代科學基礎的邏輯可能例外，從來的邏輯都可以稱爲形式邏輯。被稱爲完善了形式邏輯的亞里斯多德的邏輯就是一種形式邏輯。它也結合了希臘的存在論，把形或形相來設想實在。然而，當時人們認爲形式是不變的東西，而不是歷史的東西。據說，黑格爾的邏輯學完善了辯證法，他的邏輯學基本上是由形式的邏輯構成的。黑格爾雖然在他的辯證法中加入了歷史的觀點，但他遵循希臘的存在論，重視觀想（按：theoria）的立場而不是行爲的立場。他的辯證法也是一種反省或再思考的邏輯，而不是行爲或創造的邏輯。我所提出的想像邏輯與亞里斯多德和黑格爾的邏輯相通，因爲它是從歷史行動的立場內把握形式的。它的目的不是要排斥形式邏輯或黑格爾辯證法，而是要包括它們。作爲一種原邏輯（Urlogik），想像的邏輯把不同的邏輯從作爲自我反省形態的自我當中引導出來。[7]

在這種想像力的邏輯中，技術的地位是什麼？三木認爲，技術不僅僅是一種理論的應用，而是與「行爲」有關。依照三木的話說，「廣義上，所有的行爲都會創造某種東西，也就是說，所有的行爲都具有製作

7　MKZ 8: 8。

的意思。在這個意義上，想像的邏輯就是製作的邏輯」。[8]

　　創造事物（日文：ものを作る）或製作（日文：制作）涉及了技術的問題。這裡所說的技術，與道具有關。三木曾在歐洲留學，深受海德格的「道具」論影響。所謂「道具」（Zeug），它的本質是「爲了」（um zu）。道具本來是爲了解決某種問題，但在技術的角度來看，它不再是工具，而是一種具有想像力的「創造」。技術不應被簡化爲科學的應用，想像力亦不應被視作沒有邏輯的幻想。

　　在《想像力的邏輯》中，三木表明神話和技術都與想像力的邏輯有關。在技術的部分，三木提到了呪術和煉金術也有「邏輯」，這邏輯的核心是「一即多，多即一」。所謂「一即多，多即一」，表面上就如充滿矛盾的佛教教義，但西田幾多郎早已指出，它可以從「場所的邏輯」或「邏輯的生命」等角度去了解。對西田來說，「邏輯」不是關於推理和論證，而是以超越一切對立的原理，它是有與非有、生與死的終極立場。三木同意西田邏輯的基本方向，但他更強調人類的具體活動，並揭開背後的邏輯結構。我們當然可以質疑，西田和三木的「邏輯」根本不是傳統意義下的邏輯。但是，就技術而言，它不應該被看作是某種理論的應用。正如帕斯卡提出「心有其理」，三木亦嘗試指出「技術有其邏輯」。

　　然而，我們要馬上指出，技術不單有其邏輯，而且也有其歷史背景。三木的《技術哲學》（1941年）最初作爲《岩波倫理學》第10卷出版。當中有兩篇短文：〈技術哲學的理念〉和〈技術與新文化〉。在〈技術與新文化〉的開頭，三木強調日本在東亞的「領導地位」。他指出：「無論我們如何看待東亞新秩序發展所要創造的新文化，科技在其中顯然有著極其重要的作用。現在天皇的部隊無論到哪裡都取得了巨大的成果。我們不應該忽視日本科技發展在勝利中的重要性。沒有科技的

---

[8]　MKZ 8: 7。

發展，就不可能有這樣的戰果。」[9]在書的後記中，三木提到他在去南方（菲律賓）的路上。當時日本正處於戰爭狀態，三木認爲技術的重要性有兩方面：它是摧毀敵人的破壞力，但它也是開發日本以及其他國家資源的建設性力量。他建議日本可以成爲這種「技術建設」的領導者。雖然三木並不支持侵略主義，但他試圖證明日本在東亞的領導地位。「我們擁有卓越的技術，這是大東亞共榮圈發展的絕對要求。沒有我們的技術，就不可能有新秩序和新文化。」[10]三木甚至明言：「無論我們如何看待東亞新秩序發展所要創造的新文化，科技在其中顯然有著極其重要的作用。現在，皇軍的部隊無論到哪裡都取得了巨大的成果。我們不應該忽視日本科技發展在勝利中的重要性。如果沒有技術的發展，就不可能有這樣的戰果。」[11]

　　三木試圖化解技術與文化之間的矛盾，尤其是將技術視爲傳統文化危險的悲觀主義觀點。三木並不同意這種立場，但他並不簡單地同意以機械世界觀爲主導的現代技術觀。三木的計畫是要發展一種「有機」的技術。技術不應該被歸結爲機器，但它總是與人類的文化活動有關。從這個意義上說，現代問題的產生不能只歸咎於技術。哲學上重要的是重新探討技術與人文的關係。這也是三木建議我們不要把日本精神和技術分開思考的原因。

　　如上所述，三木的技術哲學可以從兩個方面來理解。第一，它是關於技術的哲學理解，因爲技術不僅僅是一種手段，它與想像的邏輯有關。第二，它是關於技術與新文化的哲學。三木試圖證明技術是現代化的必要條件。日本在現代化方面的成功，要歸功於她從西方世界引進技術的努力。雖然三木強調科技不應被視爲一種手段，但實際上，它卻是一種手段以支持日本的「富國強兵」政策。三木也同意日本在「大東亞共榮圈」的領導地位，但遺憾的是，他並沒有批評日本在戰爭中對他者

---

[9] MKZ 8: 317。

[10] MKZ 7: 318。

[11] MKZ 7: 317。

行使了暴力。日本的科技發展，結果令他國與自國也帶來了悲劇與苦難。日本的技術哲學向我們上了一課：三木強調技術不是手段，但他不可避免地將技術作爲手段，以證明日本可以帶領東亞對抗西方列強。要擺脫這種日本技術思想的陷阱，談何容易。

三、死亡哲學

上文指出，技術哲學表面上關於「何謂技術」這個普遍哲學問題，但它在東亞有特殊的政治處境。廖欽彬指出：

> 事實上，三木哲學的形成和昭和思潮有緊密的關聯。他參與創設無產階級科學研究所（1929年成立）、組織學藝自由同盟（1934年成立）、加入昭和研究會（1933年成立）。第一個組織主要站在共產主義、馬克思主義立場，第二個組織站在反法西斯主義立場，第三個組織則以國策建言爲立場。三木隨時局及自身所處境遇，在昭和時期的公共言論圈裡進行哲學思考與社會實踐的運動，「從行動者的立場思索，從思索者的立場行動」代表著該哲學的性格。作爲「自由浮動的知識人」之基礎經驗的三木哲學之開展，可於此時期窺見。然而，他在昭和研究會標榜的協同主義哲學，顯然爲日本帝國建立大東亞共榮圈提供了一個理論依據。我們在此不得不說三木的哲學思索與行動完全背離了基礎經驗與邏各斯之間張力下的公共圈言論之可能性。因爲歷史事實（侵華戰爭）決定了他的哲思與行動。而他的「自由浮動的知識人」之基礎經驗，既無法阻擋這一歷史事實所帶來的悲劇，亦無力改寫、開創另一個歷史發展的新方向。這註定了公共圈言論宰制基礎經驗的命運。[12]

---

12 廖欽彬，〈三木清的基礎經驗與公共圈：海德格爾哲學接受的片段〉，《哲學研究》，2020年第5期，頁95。

1935年，三木曾以「日本文化的本質」為題，與西田幾多郎舉行了一場答問會。三木認為當時的日本的確興起了一種強調日本精神和日本民族的風潮；西田沒有明確回應何謂日本，但他基本上認同日本不像東方的國家，特別又不同於中國或印度。到底日本和亞洲其他地方有何不同？1942年1月2日，日本占領菲律賓。三木以「陸軍宣傳班員」的身分被派往菲律賓。三木在〈菲律賓人的東洋性格〉（日文原題：「比島人の東洋的性格」，1943年發表）中，提及了他在當地的見聞：

> 路過小鎮的時候，他經常看到一個菲律賓人在窗外張望，不像是在看街上的人，倒像是在看他們。他們不是在看街上的人，也不是在看天上的風景。他們不是在凝視天空的景色。他不是在凝視天空，也不是在凝視天空的景色，而是在凝視著另一種東西。他在凝視著虛空……菲律賓人是個宿命論者，他們看待宿命論的基礎是一種空虛感。他們獨特的哲學智慧可用塔加洛語「Bahala na」來表達。它的意思近似中國人說的「沒辦法」。作為一種命運理論，他們耐心而安靜，彷彿對不幸和痛苦不敏感……**菲律賓人在長期的叛亂和革命歷史中的許多例子表明，菲律賓人對死亡毫不在意**。這可能是由於基督教賦予他們的烈士精神的影響。然而，我從中感受到了一種基本的東方無常感，一種認命的哲學，一種忍耐的精神，以及在此基礎上的虛無感……[13]

一方面，三木清讚美菲律賓的民族性格，例如：「我們喜歡菲律賓人的一點是，他們喜歡保持乾淨。他們和我們日本人很相似，都喜歡保持自己的乾淨，順帶一提，曾經有民族自豪感的菲律賓人，在美國統治時

---

[13] MKZ 15: 478-481。黑體為筆者所加。有關三木清的菲律賓經驗，可參考平子友長，〈三木清と日本のフィリピン占領〉，收入《遺產としての三木清》，同時代社，2008年，頁304-363。

期，逐漸產生了自己的自卑感（inferiority complex）。這是由於被美國的物質文化所迷惑，導致他們產生了自卑心理。於是，他們喜歡乾淨的傾向逐漸轉變爲喜歡奢華的傾向。」[14]另一方面，他認爲菲律賓本來天生勤勉，但由於受風土的影響，所以變得「遊惰」，他說：「這片土地的炎熱往往會讓人變得懶惰。但這片土地上也有巨大的財富，一年四季都有各種食物，他們不用工作就能得到，不用擔心明天會發生什麼。」[15]用今日的角度來看，三木對菲律賓抱著明顯的文化偏見。我們當然不必苟同，甚至應該嚴詞譴責。但三木主張「菲律賓人對死亡毫不在意」，這涉及了所謂了某種「認命的哲學」。不幸，三木本人亦捲入了一系列政治風波，最後亦不得不認命。

　　早在1930年5月，當時三十三歲的三本清因爲向日本共產黨提供資金，涉嫌違反《治安維持法》被捕，雖曾一度獲釋，但結果7至11月被判入獄，並因此失去了法政大學的教席。1945年6月，三木因爲收留日本共產黨逃犯高倉輝（1891-1986），以治安維持法的罪名被捕，先送往位於巢鴨的東京拘置所，後送往位於中野的豐多摩刑務所。8月15日天皇發表「玉音放送」，事實上宣報投降，戰事結束。但三木並沒有被當局釋放，結果9月26日病死獄中。有關三木清之死，豐島與志雄（1890-1955）作了詳細的憶述[16]，鹿島徹亦訪問了速水融（1929-2019）並作出了詳細的整理。[17]重點是在於，日本雖然已宣布投降，卻沒有釋放思想犯。由於事件受到國際注目，《紐約時報》亦有報導。[18]

---

[14] MKZ 15: 498, 502。

[15] MKZ 15: 507。三木補充，除了「風土」以外，也要考慮營養不良或寄生蟲等引致「怠惰」的原因。

[16] 豐島與志雄，〈三木清を憶う〉，收入《豐島與志雄著作集》第六卷，1965年。

[17] 鹿島徹，〈三木清の再檢舉と獄死をめぐって——速水融氏へのインタビューから〉，フィロソフィア，上篇：104: 1-29（2016），下篇：105: 1-27（2017）。

[18] https://www.nytimes.com/1945/10/01/archives/japanese-liberal-dies-in-jail.html

結果，當時在日本的盟軍總部（GHQ）下令廢除《治安維持法》。

　　三木死於獄中，可以說是現代日本哲學的悲劇。到底三木本人如何思考死亡？在《人生論札記》（1941）中，三木直言：「近年來，我並沒有那麼怕死了。可能是由於我的年齡。」[19]《人生論札記》收錄了三木1938年至1941年發表在《文學界》雜誌上的散文，當時是暢銷書。他指出：「我不經常生病，但當我躺在病床上時，我感到一種奇怪的平靜。這種無法真正感覺到自在、除非是在生病的情況下，這是現代人的一個顯著特點，也是現代人最具特色的疾病之一。」[20]現代人視健康為「康復（convalescent）」。換言之，只有康復的時候，人才會感受到健康。

　　三木之所以被視為一位危險的思想家，是由於當局認為他反對天皇制。在日本，這個立場會為他帶來人身安全問題，甚至性命不保。但唐木順三（1904-1980）指出，三木並沒有懼怕死亡。他從三本的《人生論札記》引用了以下段落：

> 我如何減少了對死亡的恐懼？這是因為我有很多親友相繼去世。如果我可以再和他們團聚──這是我最大的希望──這只會在我死後才可能。即使我能夠活到一百萬年，我也知道今生再也見不到他們了。這個概率是零。當然，我並不能確實得知死後能否和他們見面。但誰也不能斷言這個概率是零，因為從來沒有人從死者之國度回來。[21]

三木無法證明人可以死而復生，但他肯定知道日本的神話裡，曾出現了從死者之國回來的「物語」。根據《古事記》的記述，女神伊邪那美誕

---

[19] MKZ 1: 195。

[20] 同上。

[21] MKZ 1: 198-199。引用自唐木順三，《三木清》，《京都哲學撰書》，第26卷（京都：燈影舍，2002年），頁38-39。

下火神之後死去，前往了「黃泉之國」（yomi no kuni）。男神伊邪那岐思念伊邪那美，並去了黃泉之國尋找伊邪那美。由於伊邪那岐偷看了伊邪那美已枯竭了的肉身（穢），他被伊邪那美追殺。「最後其妹伊邪那美命、身自追來焉。爾千引石引塞其黃泉比良坂、其石置中、各對立而度事戶之時、伊邪那美命言、愛我那勢命、爲如此者、汝國之人草一日絞殺千頭。爾伊邪那岐命詔、愛我那邇妹命、汝爲然者、吾一日立千五百產屋。是以一日必千人死、一日必千五百人生也。」[22] 重點是，伊邪那岐成功脫險，從黃泉歸來。日文的「黃泉帰る」（yomigaeru）與「蘇る」同音，但根據國學家平田篤胤的分析，「黃泉」並非指黃色之水泉，而是「夜見」（yomi）[23]。在日本島根縣的「黃泉比良坂」被視爲「黃泉之國」的入口。從那裡進入「黃泉之國」而成功回來的話，便可以是「死而復生」了。

三本認爲，「死的問題」與「傳統的問題」有密切的關係。「如果不相信死者可以復活的話，會相信傳統嗎？」日本的「黃泉」傳統也好，柏拉圖的「靈魂不死說」也好，看來亦相信死後世界存在。三木認爲，絕對的傳統主義，不是有關生者長生的邏輯，而是以死者生命的邏輯作爲基礎。死者的生命，不是生的相反，是絕對生命。所謂絕對生命即眞理。根據唐木順三的分析，三木對死亡的頓悟，來自他的自己否定。「無法自己否定，便無法通往觀念之國度；無法因罪惡感而產生震慄，便無法通往宗教眞理的國度。」[24]

三木清在豐多摩刑務所期間，可以說是生不如死。由於衛生環境惡劣再加上營養不良，引致患上了疥癬。結果，他瘐死囹圄之中，享年四十八歲。死於非命的他，曾如此論述死亡：「三十多歲的人感覺比四十多歲的人更接近二十多歲的人，四十多歲的人感覺比三十多歲的人

---

[22] http://kojiki.kokugakuin.ac.jp/kojiki/黃泉國③。

[23] 參考〈靈能眞柱〉，《新修平田篤胤全集》，第8卷（東京：名著出版，1977年），頁89-190。

[24] 同上，頁40。

更接近五十多歲的人。四十歲是老年的開始，這說明東方的智慧。這並不意味著僅僅是身體上的衰老，而是精神上的成熟。對於已經到了這個年齡的人來說，死亡甚至可以作爲一種安慰。」所謂三十而立[25]，四十而不惑，五十而知天命。我們可以想像，一位本來身心健康的哲學家，偶然被捕，結果枉死。面對這個悲劇，三木還會說這是只不過是「Bahala na」或「沒辦法」嗎？

談及「沒辦法」，和辻哲郎和《風土》中，提及了香港人的「沒法子」思維。在停泊在香港的郵船上，和辻對水上人作了如此觀察：

> 在這種勞動人民身上，我看出了中國人的本色。他的生活在密切的血緣關係中，甚至在有炮擊的危險下也不分離，周圍還有同樣緊密團結的鄉親作壁壘，他們相互協作相互幫助，但除此之外他們沒有更高超的辦法來保護自己。在中國領海內對付海盜只能憑他的自己的力量，指望不上國家。所以，他們過著徹底的無政府主義生活，根本不依靠國家的保護，這是他們重視血緣關係和鄉土關係的原因。而另一方面，對於超出這種關係的強大力量，他們又老老實實地放棄抵抗，一忍到底，擺出一副「**沒法子**」的態度。儘管是忍氣吞聲，可心底裡卻蘊藏著一股曠達不羈的勁頭，拖家帶口怡然生活在備有火炮的船上便是這一態度的表現。因爲有全家覆滅的危險，才備上大炮，而整天提心吊膽害怕危險是無法過日子的。反正再動用「感情」也絲毫減輕不了危險，無動於衷反倒是最好的防禦法。同時，這種危險必然要帶來豐厚的報酬，賺錢也是一積蓄一種自我防衛的能力。所以冒著危險本身也就是最好的防禦法，沒法子的態度裡總是含有這種打算和不動聲色的意志，這正是無政府保護下的生活的強處。[26]

---

[25] MKZ 1: 197。

[26] 和辻哲郎，《風土》（北京：商務印書館，2006年），頁109-110。黑體爲筆者所加。（原文：WTZ 8: 125-126。）

在日語裡，「沒法子」大概可以翻譯為「仕方ない」或「しょうがない」（沒有辦法）。我們還可以說，人生「無常」，三木清的生命相當「はかない」（短暫或脆弱）。然而，正如唐木順三指出，「はかなし」不同於「無常感」，更不是一種徹底的「無常」哲學。

第四章
唐木順三的無常論

一、はかなし

　　赫拉克利特主張「萬物流轉」（Πάνταρεῖ），這個說法是古希臘哲學其中一個重要的出發點；但另一方面，佛教的三法印（「諸行無常」、「一切皆苦」、「諸法無我」），亦包含了「無常」這個教義。有關「無常」，勞思光（1927-2012）在《中國哲學史》裡如此說明：

> 人之生命永在需求及痛苦中，而人之意欲活動則在一需求滿足時，立即轉向另一需求。譬如饑時求食，得食後又轉而求財富，得財富後又轉而求權力，得權力後又轉而求榮譽之類。大抵人之自然生命過程中，意欲活動永是如此流轉變易，必落至未滿足處；換言之，即意欲本身變異不定，時時落在新需求上，使自身陷於某一「苦」。此種變異即說爲「無常」。[1]

毫無疑問，無常的概念不僅有助我們理解佛教，也有助我們理解東亞哲學。野家啟一在〈大震災與日本人的自然觀〉中指出，「世界各地在災難（2011年的地震、海嘯和核災）發生後都一致讚揚受地震及海嘯影響的災民，認爲他們有良好秩序。有學者認爲他們的冷靜與日本傳統的

---

[1]　勞思光，《新編中國哲學史》，中卷，頁192。

『無常』觀念有關。」[2]野家引用了寺田寅彥（1878-1935）的觀點，來
印證日本人的自然觀與佛教的無常觀關係密切：

> 爲什麼來自遠方的佛教，傳來日本後得以生根成長？其理由在
> 於，佛教的教義適合日本的風土。在我看來，佛教的無常觀與
> 日本的自然觀是相通的。無須引用鴨長明的《方丈記》也可以指
> 出，生活在日本這個地震水患頻生的國家，災禍無法預知，大自
> 然的無常已從遠古祖先的遺傳記憶浸入了我們的五臟六腑。[3]

野家指出，和辻把世界的風土區分爲三類型：季候風型、沙漠型、牧場
型。日本屬於季候風型。這種風土的特徵是潮溼氣候，並且自然災害頻
生，所以人們有一種「受容」及「忍從」的性格。

另外，鴨長明（1155-1216）的《方丈記》開頭已指出，「逝川流
水不絕，而水非原模樣。滯隅水浮且消且結，那曾有久佇之例。世上的
人和事也如此。敷玉灑金般的都城裡，並棟比甍、貴賤人等的住居，雖
幾經世代而延續，但尋究其間眞實，昔日的本家罕見，不是去年被燒今
年新造，就是大宅衰微成了小宅。」他回憶道：「自我懂世事以來，度
過的四十多個春秋裡，看到的世上不可思議的事情，屢屢皆是。」以火
災、風災和地震爲例，鴨長明作出了以下憶述：

> 昔日安元三年（1177）四月二十八日的事吧。那是個風猛刮而聒
> 噪的夜晚。戌時許，由都城東南起火延燒到西北，後又轉到朱雀
> 門、大極殿、大學寮、民部省等處，一夜之間，火到之處皆成灰
> 燼⋯⋯
> 治承四年（1180）卯月（四月），從中御門京極一帶刮起巨大的

2　野家啟一，〈大震災與日本人的自然觀〉，頁203。
3　同上。

旋風，直刮到六條一帶。旋風風頭正猛的三四條街範圍內的家
宅，大的也好小的也好，無一不剩都遭到破壞。有的原地倒
塌，有的光禿禿地只留下桁柱。把門刮飛到四五條街之外，院牆
被刮倒，左鄰右舍連成了一片……

和饑饉約同一時期吧，發生了強烈的地震（元曆大地震，1185
年），那狀況可非尋常。山崩河埋，海水傾斜浸漫陸地。土地
裂開水湧不斷，岩石碎裂滾入谷間。近海划行的船隻，飄搖於波
浪之上，行走著的馬匹四蹄失去了平衡。都城近郊各處寺院神
社的建築物，保持全貌的沒有一處，有的部分崩壞，有的整個
倒塌。[4]

上述的大地震引發了海嘯，災民都感嘆人生無常；但鴨長明留意到，一
年過後，竟無人言及災難了。他認為，我們對於災禍的記憶，會因為時
間而日漸風化；即使成功避開天災人禍，人生亦不一定如意。由於在京
仕途欠佳，他決定搬到京都以北的大原地區，住在只有「一丈四方」[5]
的小屋中，過著與世無爭的簡樸生活。

　　鴨長明慨嘆人生的無常，但卻沒有發展出一套有關無常的理論。
筆者認為，唐木順三（1904-1980）的無常論，可以讓我們深入了解無
常。松丸壽雄在《日本哲學資料集》中指出，唐木是一位與京都學派哲
學家關係密切的批評家。「他（唐木）在整個大正時期更主要的是作為
一個批評家，而不是作為一個受過西方專業訓練的哲學家而活躍。他
在京都大學師從西田幾多郎，一生都在處理京都學派的哲學思想。」[6]
我們應該注意到，唐木並沒有在京都發展他的事業，而是成為了明治
大學的教授。唐木的作品《無常》（1964年）可以說是他對無常的理論

4　鴨長明，《方丈記》（東京：岩波文庫，1989年），頁10-11、22-23。
5　即每邊只有一丈（約3公尺）的正方形。
6　Heisig, Maraldo, Kasulis (eds), *Japanese Philosophy: A Sourcebook*, Honolulu: University of Hawaii Press, 2011: 227（以下簡稱SB）。

分析。這書分爲三個部分，即「はかなし」、「無常」和「無常的形而上學」。

在日語中，「はかない」（hakanai）可以寫成「果敢ない」、「儚い」，通常是形容一些「無法衡量」的事情。它的意思是瞬間的、短暫的、暫時的東西。典型的例子是花、夢和生命。例如「曇花」（日文：月下美人）這種花，開了一晚的花便會枯萎，因此，我們可以從曇花一現感體會到某種「はかなさ」（「はなかい」的名詞）。在日本古典文學作品中，「はかなき」通常會透過夢來表達。在《和泉式部日記》（1002-1003）中，有以下短歌：

　　夢よりもはかなき世の中を嘆きわびつつ明かし暮らす
　　（中譯：相比起夢境　更加虛幻和短暫　人生於在世　悲嘆男女之離合　竟度過朝朝暮暮）

紫式部的《源氏物語》（1008）中，亦有論及生命無常。加藤周一指出，日本在平安時代（794-1192）的主要思想是佛教，但當時的佛教已加入了本土思想。「眾所周知，本地垂跡說，不僅是兼用佛教和神道，還企圖從佛教的立場來說明神道的神，並使兩者融合起來……不僅如此，於六朝興起、唐代繁榮起來的淨土思想，自十世紀以後在日本的天台宗內部盛行，並漸及平安貴族階層。淨土思想的根本，自如下三點構成。第一，厭倦此世，懼怕地獄（厭離穢土）；第二，祈望死後走向西方極樂淨土（欣求淨土）：第三，爲了實現願望而仰仗阿彌陀佛（特別是念佛稱名）。」[7]加藤留意到，紫式部頻繁地使用「前世」這個詞。前世是作爲因，所以有現世之果；現世亦會作爲因，引致來世的果。但加藤作出了以下的評論：

---

[7] 加藤周一，《日本文學史序說》，上卷（北京：開明出版社，1995年），頁138-139。

然而，《源氏物語》給人強烈印象的，既不是佛教思想，也不是「前世」概念所代表的命運的佛教式解釋，更不是理想化了的美男美女的性格。相繼出現了又消失的男女的心靈交流，的確描寫得很出色，一個個場面都頗具魅力，但它們不是決定整個印象的東西。那麼，決定《源氏物語》只能是以其五十四帖的整體來表現的東西，使《源氏物語》必然會寫成巨著的東西是什麼呢？依我個人的看法，那是時代潮流的現實感，是必須使所有人的活動和喜怒哀樂部相對化的時間的實在感，或者是人生的一次性這種作為人的條件的感情表現。[8]

加藤認為，《源氏物語》以下的字裡行間，顯示了人命的有限性和一兩天背後的永恆：

> 人の命、久しかるまじき物なれど、残りの命、一二日をも惜しまずば、あるべからず。（手習1.3.19）
> （中譯：人命本不久長，即使壽命只剩一兩天，也應珍惜才是。）

我們應該注意到，這些微妙的感情是由精英女流作家所寫的，她們在宮中觀察各種不同的人和事，悟出了沒有東西是永恆。唐木指出：「紫式部過著相對穩定的生活，她在觀察宮中男女的情感時，達到了宿世的真理。」

何謂「宿世」（すくせ）？我們可以參考佐藤勢紀子的研究。她指出，在《源氏物語》中，有一段是關於女性「宿世」的描寫：

> 不意に、かくてものしはべるなり。世の中といふもの、さのみ

8　同上，頁181。

> こそ、今も昔も、定まりたることはべらね。中についても、女
> の宿世は浮かびたるなむ、あはれにはべる。（帚木 3.2.18）

「帚木」是傳說中的樹名。該樹遠看似掃帚，近觀卻不然，比喻男女之
情，特別是光源氏與空蟬的微妙關係。但佐藤注意到，在《日本文學大
系》中，以上的「宿世」在現代日語中被翻譯爲「宿命」：

> 女の宿命（運命）などは、（ちっとも当てにならず）浮かんで
> いる状態（男次第で何とでもなるもの）であるのが、如何にも
> 可愛そうでございます。

與謝野晶子（1878-1942）和瀬戸內寂聽亦將「宿世」譯爲「運命」：

> 不意にそうなったのでございます。まあ人というものは昔も今
> も意外なふうにも変わってゆくものですが、その中でも女の運
> 命ほどはかないものはございません。[9]

> 思いがけない縁で、父のもとにまいったのでございます。全く
> 男女の仲というものはこうしたものでして、今も昔もどうなる
> か決まっておりません。そういうなかでも女の運命というもの
> は浮き草のようにただよい、哀れなものでございます。[10]

筆者追查豐子愷和林文月的《源氏物語》中譯本，發現他們也將「宿
世」譯爲「命運」：

---

[9] 《源氏物語》，上冊（東京：角川文庫，1971年），頁60。
[10] 《源氏物語》，卷一（東京：講談社文庫，2007年），頁60。

　　男女因緣，從古以來難以捉摸。女人的命運，尤爲渺茫難知，真
可憐啊！[11]

　　是偶然的緣分促成這樣的。世事真難以逆料，尤其婦道人家的命
運更是如浮萍一般飄移不可把握呢。[12]

佐藤認爲，「宿世」顯然不是命運。她解釋說：「在這裡，『命運』這
個詞被用作『宿世』的翻譯，因爲它表達了一切都難以改變的意思。然
而，它與『不確定（当てにならず）』或『什麼也可以（何とでもな
る）』的意思相矛盾。」[13]

　　這裡有兩個重點：首先，命運是男女共有的，但宿命只適用於女
性。宮廷中的精英女性意識到，在宮廷裡女性總是被男性所控制，在這
個意義上，根本沒有事情可以命運自主。換句話說，女性的宿世不是命
定，任何事情也可能發生。其次，如果「宿世」不是關於必然性（一切
是預先決定的，不能改變），它是與偶然性（沒有什麼是確定的，任何
事情都可能發生）有關。九鬼周造對偶然性作了如下分析：我們在文學
的內容和形式中所發現的偶然性的輸入，在於形上的驚訝和與之相伴的
美學。九鬼指出，人的實存不能用必然性來解釋，而只能用偶然性來解
釋。這種偶然性的哲學，可以說是一種「形而上學」。但唐木即將指
出，「無常感」與「無常的形而上學」大相逕庭。

二、無常

　　唐木所指的「無常感」，存在著性別差異。如果說宮廷內的精英女

---

[11] 《源氏物語》（北京：人民文學出版社，2017年），頁36。
[12] 《源氏物語》，第一冊（臺北：洪範出版社，2000年），頁39。
[13] 佐藤勢紀子，《宿世の思想》（東京：ぺりかん社，1995年），頁1-2。

性有一種細膩的「はかなし」感覺，那麼宮廷外的男性則有一種較爲粗
糙的「無常感」。唐木如此區分兩者：

> 無常感是在宮廷文化脫離了hakanashi的情況下產生的。當失去
> 了hakanashi的微妙意義時，就變成了《今昔物語》的「墓無」
> （haka-nashi）。對於沒有受過良好教育的普通人或當地人來
> 說，精妙或精緻都是沒有意義的，他們只關心戰爭和日常生
> 活，即隨遇而安，算計一切，正視人生。這種無常的感覺對人來
> 說，無非是對死亡的生存恐懼。任何人都可能在戰場上被殺，卻
> 沒有一個合適的墳墓。[14]

在日語中，「墓（haka）無（nashi）」和「はかなし」（hakanashi）
同音。我們可以想像士兵們戰死沙場，無人問津。這種直截了當的無
常感，按照唐木的說法，只出現在男性身上，所以這種男性的「無常
感」微妙地有別於女性的「はかなし」。然而，唐木並不是說，「無常
感」在男性書寫的文學作品中必然是膚淺的「無墓」感嘆；相反地，男
性也可以表現出一種悟透生死的「無常感」，並把它昇華爲一種纖細的
美學。例如，《平家物語》（1240）的開頭已清楚指出，即使是有權貴
也要面對人生的無常：

> 祇園精舎の鐘の声、諸行無常の響きあり。娑羅双樹の花の
> 色、盛者必衰の理をあらはす。
> （中譯：祇園精舍鐘之聲，有諸行無常之響。娑羅雙樹花之
> 色，顯盛者必衰之理。）

戰場之外，有些人能夠以詩人的敏感來表達無常的感覺。唐木提到了以

---

[14] 《京都哲学撰書》26: 299-300。

下男性文人，他們對不斷變化的世界表現了一種無常的美學。以貞慶
（1155-1213）爲例：

> 風葉の見保ち難く、草露の命消え易し。野辺の煙と昇らんこ
> と、今日にあるか、明日にあるか。芒庭の苔に伴はんこと、
> 晨を待つや、暮を待つや。南隣に哭し、北里に哭す。人を送る
> 泪、まだ尽きず、山下に惨へ、原上に惨ふ。骨を埋む土、乾く
> ことなし。
> （中譯：樹葉難留，草露易消。郊外現霧，未知今明會否依
> 舊。庭園裡長出青苔，只能待日出或日落。哭南隣，哭北里，送
> 別的淚水在奔向高山和平原。埋骨之土，還沒有乾。）

蓮如（1415-1499）以下的文字也表達了生命的不確定性：

> 一生過ぎ易し（中略）。我や先、人や先、今日とも知らず、明
> 日とも知らず、おくれ先だつ人は、本の雫、末の露よりも繁し
> と言えり。されば朝には紅顔ありて、夕には白骨となれる身
> なり。
> （中譯：一生易過……不知道我先逝，還是你先亡，也不知有沒
> 有今天，有沒有明天。那些逝去的人，多如露珠雨滴。紅顏早上
> 還在，到了傍晚卻成白骨。）

唐木還提到了「飛花落葉」的說法。例如，心敬（1406-1475）在《心
敬僧都庭訓》寫道：

> 心もち肝要に候。常に飛花落葉を見ても草木の露をながめて
> も、此世の夢まぼろしの心を思ひとり、ふるまひをやさしく
> し、幽玄に心をとめよ。

　　（中譯：心是肝要。看到飛花落葉，或者草本上的露水，就能意
　　識到這個世俗世界的虛幻。要好好待人，並抱著幽玄的心。）

宗祇（1421-1502）在《吾妻問答》中，則以下列方式進一步發展了這
個想法：

　　歌の道は、ただ慈悲をこころにかけて、飛花落葉を見ても、生
　　死の理を観ずれば、心中の鬼神もやはらぎて、本覚眞如のこと
　　わりに帰るべく候。
　　（中譯：詩歌之道，是把心放在慈悲之上，即使看到了飛花落
　　葉，只要明白了生死的眞諦，便能克服心中鬼神，回歸本覺
　　眞如。）

松尾芭蕉（1644-1694）則以俳句來表達這種「無常感」：

　　やがて死ぬけしきは見えず蝉の声
　　（中譯：蟬聲在迴響　畢竟無辦法看到　死亡之景色）

在討論飛花落葉的「無常感」時，唐木主要討論的是男性作家，沒有引用
女作家的作品。以下，筆者會介紹當代歌人俵萬智幾首與花有關的短歌：

　　愛してる愛していない花びらの数だけ愛があればいいのに
　　（中譯：我深愛著他　我並不深愛著他　如果愛的數　就如花瓣
　　之數量　那就太好了）

　　さくらさくさくら咲き初め咲き終りなにもなかったような公園
　　（中譯：櫻花開花了　盛開後不知不覺　櫻花凋謝了　彷彿在這
　　公園裡　從未發生任何事）

やさしいね陽のむらさきに透けて咲く去年の秋を知らぬコスモス

（中譯：感覺很柔和　在太陽的光線下　透出了紫色　對去年秋天的事　一無所知的秋櫻）[15]

俵萬智可以說是一位精英女性，但她也有用花來表現某種無常感。作爲一位單親媽媽，她決心要超越社會的陳規陋習，選擇自己的生活。總而言之，無論是哪個時代、哪種性別，詩人也可以表達自己的「無常感」。

三、無常的形而上學

　　唐木認爲，無常感不應該與無常的形而上學混爲一談。在這裡，無常的形而上學不是對無常的欣賞或美學，而是指道元（1200-1253）的哲學。道元曾入宋求法，回國後開設了日本曹洞宗，於福井縣修建永平寺作道場。然而，唐木提到他有一個童年創傷——八歲喪母。傅偉勳指出：「據一說，道元慈母臨終之時囑他日後剃髮染衣，修行佛道……但據大久保道舟的初步觀察，道元出家的直接動機是在慈母早逝而起的無常觀。」[16]但傅在注釋中強調：「大久保及其他道元傳記專家都說起於『無常觀』，恐有語病。如此幼少的道元不論如何聰慧，充其量祇具『無常感』而已，還談不上諦觀（comtemplate）生滅無常（的理法）的程度，因此應該改說起於『無常感』。」

　　道元在入門懇請書狀中，曾提及「無常迅速、生死事大、時不待人」，但唐木認爲，創傷性的經歷只能爲道元帶來「無常感」。後

---

[15] Tawara Machi and Jack Stamm，《英語対訳で読むサラダ記念日》（東京：河出書房新社，2017年），頁85、142、163。

[16] 傅偉勳，《道元》（臺北：東大圖書公司，1996年），頁7。

來，道元成功地將無常的問題哲學化，並深化爲一種「無常的形而上學」。用唐木自己的話說，在《正法眼藏》中，我們可以看到從無常到無常的轉變，從無常的感覺或無常的美學到無常的激進思想，無常本身就是現實。簡言之，無常不是一個對象或一個事物。用唐木的話說：「無常作爲這樣的無常，本身就包含了自我和心靈。它不是作爲認識對象的無常。它可以稱爲無常的形而上學」。

　　如何理解「無常的形而上學」？這與無常的時間性有關。時間不是一個東西，而是與無常有關。道元在《正法眼藏》指出：

> 六祖示門人行昌云：「無常者，即佛性也；有常者，即善惡一切諸法分別心也。」
> 所謂六祖道之「無常」，非外道二乘等能所測度。二乘外道之鼻祖鼻末雖云無常，而彼等未能窮盡其義，然則無常之親自說著，證著、行著無常，皆是無常。今以現自身得度者，即現自身而爲說法也。此即佛性也。更當或現長法身，或現短法身。常聖者，即無常也；常凡者，是無常也。若是常凡聖者，則不應是佛性，是小量之愚見也，是測度之管見也。其佛者，小量身也；其性者，小量作也。是故六祖道取：「無常者佛性也。」[17]

唐木解釋說：

> 無常和變化的時間並不是以線性的，連續的方式向著一個固定的到達點，向著一個目的地前進。無常的生滅，不斷地產生，不斷地消逝，這就是赤裸裸的時間。時間本來就是一種無目的的，不連續的，瞬間產生和消亡的，瞬間產生的現象。我們可以說，時

---

17 道元，何燕生譯，《正法眼藏》（北京：宗教文化出版社，2003年），頁37。

間的顯形是無意義事物的無限重複。如果我們看到，時間不是指
向目標的進步，那麼它就不會向著虛無、死亡或滅亡的方向前
進。相反地，時間不斷地與虛無相連。在無始無終的不連續的鴻
溝中，虛無的無底深淵在悠悠地流淌。重複的時間就是虛無。這
的確可以稱爲虛無主義。時間是根植於虛無的無意義事物的無盡
重複。人的生命，一切現象，整個宇宙，既然除了時間之外，無
處存在，那麼，歸根結底就是虛無或無意義，而無常就清楚地顯
示出這種虛無和無意義。無常是一個冷酷的事實，是一個與驚
奇、詩意等情感完全無關的事實。[18]

上文提及了所謂「冷酷事實」，我們要作進一步的解釋。它之所以冷
酷，是因爲它沒有意義，但人類會盡力把注意力轉移到其他有意義的事
物上。唐木繼續說：「由於人類無法面對這種冰冷的虛無主義，他們就
會創造出各種崇高的想法。時間是無始無終的無限重複的想法，使我們
稱之爲『現在』的時間點失去了所有的意義和價值。沒有意義，人類甚
至連活下去的勇氣都沒有。他們爲了賦予意義而裝飾時間，把創造意
義的各種方法付諸實施。」舉例來說，一個人可以暗示時間有一個開
始；另一個人則暗示時間有一個結束。還有的人可能試圖透過建造寺廟
和佛塔來賦予時間以意義，這是「一種人爲地裝飾現在的方法。人類透
過相信文明和進步，能夠肯定時間和生命。」唐木最後說，道元一再拒
絕上述對時間的裝飾和意義的賦予。「時間就像它的本來面目一樣，赤
裸裸的，是要正視的。時間無始無終，是要無目的無行動地面對。不眨
眼，我們必須面對瞬間產生和停止、瞬間產生的時間的現實。這是必須
通過的關門。如果沒有參透這點，便沒有禪（ここは通過せねばならぬ
関門である。ここを透関せずして禅はない）。」[19]

---

[18] SB 230。
[19] 《京都哲学撰書》26: 361。

　　唐木沒有進一步解釋「關門」的含義，但我們可以參考《無門關》的第一關。「狗有佛性也無？」人們可能會以爲，答案是「有」或「沒有」。然而，趙州和尚的回答只有一個字：「無」。很明顯，無不是「沒有（否定）」，也不是「非」。在廣東話中，「有」、「冇」、「無」三個字有不同發音：在廣東話中，關於「有」、「冇」、「無」有三個不同的字：

字形	字音	字義
有	yau5	being / affirmation
冇	mou5	non-being / negation
無	mou4	nothing / nothingness

　　同樣地，我們可以說，無常不應該被理解爲冇常（有常的否定）。見下表：

有常	yau5 sheung4	being-permanence
冇常	mou5 sheung4	not-being-permanence
無常	mou4 sheung4	impermanence

　　唐木認爲，從中世紀開始，日本人的無常感一直在變化。唐木看到對存在的脆弱性和不確定性的認識，這與男性在戰場上的「無常感」關聯。作爲佛教思想的基礎，「無常」發展爲日本美學的重要概念。然而，正如我們在上一節所討論的那樣，唐木本來並不是要發展一種審美理論。以花爲例，道元談及了梅花的例子：

　　　上堂示衆云：「天童仲冬第一句，槎槎牙牙老梅樹；忽開花，一
　　　花兩花，三四五花，無數花‧清不可夸，香不可夸，散作春容吹

草木、衲僧個個頂門禿。蕡札變怪狂風暴雨，乃至交衰大地雪漫漫。老梅樹，太無端，寒凍摩挲鼻孔酸。」[20]

老梅樹忽然開花迎春，梅春撲鼻，令人驚豔。但唐木提出了以下事實：「一切無常，詠嘆無常沒有意義。無常並不擁有意義（一切が無常であるというところでは、無常への詠嘆は意味をもちえない。無常ということすら意味をもたない）。」[21]筆者認爲，這種無常的形而上學可以加深我們對當代世界的理解。面對天災人禍、社會動盪，甚至新冠肺炎的爆發，人們可能會有一種強烈的無常感。按照唐木的無常論，只有在這些殘酷的事實中才有無常的詩意表達，是沒有意義的。無常並不是被決定或被壓制的感覺。確切地說，無常本身不是一種感覺。這大概就是禪宗教義的無常眞諦：「生死大事，無常迅速，各宜醒覺，愼勿放逸。」

---

20 《正法眼藏》，頁451。中譯注釋：「語見《如淨語錄》所收《天童景德寺語錄》」。
21 《京都哲学撰書》26: 395。

第五章
新渡戶稻造的平民道

一、新渡戶稻造

　　隨時戰死沙場的武士，大概悟透了某種「無常感」或「人生哲學」。然而，何謂「武士道」？新渡戶稻造（1862-1933）以英文撰寫的《武士道》（Bushido: The Soul of Japan, 1899）是廣為人知的作品，已故的李登輝前總統甚至主張以武士道治國。新渡戶認為，武士道是一套「道德原則」（moral principles）：「它並不是成文法典，充其量只是一些口傳的、或透過若干著名的武士或學者之筆留傳下來的格言，毋寧說它大多是一部不說、不寫的法典，是一部銘刻在內心深處的律法。」[1] 新渡戶繼而指出：「在戰鬥中要堂堂正正！在野蠻人和類似兒童的原始意識中，存在著極其豐富的道德萌芽。這難道不是一切文武之德的根本嗎？」[2] 這裡，新渡戶承認武士道本來是日本封建制度的產物，但它在現代日本仍然一定的影響力。「作為封建制度之子，武士道的光輝亦如是，在其生母的制度死亡之後卻仍然存在，繼續照耀著我們的道德之路。」[3]

　　事實上，新渡戶的家系也可以說是武士世家。父親十次郎（1820-1868）是南部藩士，有開拓三本木原之功績。然而，新渡戶稻造最終無法成為一位武士，因為日本在1868年已進入了明治時代。新渡戶早年曾

---

[1] 新渡戶稻造，《武士道》（香港：商務印書館，2015年），頁4。
[2] 同上，頁7。
[3] 同上，頁7。

上京求學，但結果卻選擇入讀剛創辦的札幌農學校（1876年創立，現北海道大學）。該校的首任教頭爲克拉克（William Smith Clark，1826-1886），是一位來自美國的教育家。他的名句「Boys, be ambitious！」廣被傳頌，但它明顯地帶有十九世紀殖民主義的色彩。北海道後來推行了美式的土地收用法，即強行奪去原住民的土地，之後再進行分配。具體而言，Ainu民族在北海道的土地以「開拓」之名被強行侵占，這可以說是現代日本殖民主義的起點。到了2008年，Ainu才被日本官方認定爲「先住民族」（indigenous people）。然而，「先住」一詞有「先前」或「過去」之意味，令Ainu的原住性和主體性大打折扣。

　　年輕的新渡戶稻造沒有追究明治政府的殖民政策，亦沒有意識爲原住民平權。相反地，畢業後他進入了國家體制之內，並成爲了開拓使御用官。人在官場，新渡戶卻沒有完全放棄學業。1884年，他前往美國留學，三年後更前往德國深造，1890年在哈勒大學（Martin-Luther-Universität Halle-Wittenberg）取得農業經濟博士學位。

　　1895年，臺灣成爲了日本的殖民地，急需治理人才。新渡戶稻造的第一部著作是1898年出版的《農業本論》，主張農業技術的現代化。就是這個原因，新渡戶得到了官場的注意。新渡戶本來因健康理由不願南下工作，但最後受到同鄉後藤新平（1857-1929）的熱情打動，1901年2月前往臺灣出任總督府技師。新渡戶的首要工作是爲臺灣的農業技術現代化制定路向，同年9月他提出了《臺灣糖業改良意見書》，並得到了當時的臺灣總督府採納。簡言之，臺灣的地理條件適合種植甘蔗，但應該種植現代的蔗糖品種，提高產量以推動經濟。結果，臺灣從日本帝國的一片新領土，發展成爲一個可以財政自足的殖民地。

　　對臺灣讀者而言，討論新渡戶還有一重特別的意義。新渡戶出身於札幌農學校（現：北海道大學），認識到農業技術現代化的必要性；後來，他在日治時代的臺灣擔任總督府技師，成功把臺灣的糖業現代化。因此，他在臺灣被稱爲「臺灣糖業之父」。然而，現代化不可只停留在技術層面。新渡戶不僅是一位技術專才或政府官僚，而且還是一位

教育家。一般人對新渡戶的印象是他的「武士道」思想，但新渡戶認爲重視個人修行的「武士道」已成過去，應該重視適用於所有人的「平民道」。這個意義之下，啟蒙不應只限於知識分子或精英階級，而是應該普及於大眾。

二、啟蒙與殖民

「現代」並不是從某一天突然開始，而是穿梭在不同的時空。在歐洲，它包括了十六世紀的宗教革命、十七世紀的笛卡兒哲學，十八世紀的政治革命、十九世紀的工業革命等。但我們可以說，啟蒙運動是現代性的核心，康德在〈答何謂啟蒙？〉（Beantwortung der Frage: Was ist Aufklärung?, 1784）中開宗明義指出：「啟蒙是人之超脫於他自己招致的未成年狀態。」[4] 如要脫離未成年狀態，便要勇於求知（Sapere Aude）。啟蒙時代正是理性的全盛年代，我們不單要有勇氣使用自己知識，亦必須重新認清我們的認知架構。反思人類的認知架構，可從《純粹理性批判》開始。基本上，康德並不是問什麼是知識，而是問知識如何可能。在理性的恰當使用下，每一個人也可獲得知識。康德的批判哲學帶來了知識上的「哥白尼革命」，把人類從獨斷與懷疑之中解放出來。然而，即使人類成功到達「成人」之狀態，「目的王國」和「永久和平」等政治理想是否眞的可以達成？康德引以爲榮的啟蒙國度——普魯士帝國——已不存在。啟蒙了的「成人」之間你虞我詐，甚至以理性之名把各種暴力行爲和戰爭罪行合理化。

筆者認爲，要了解任何一種哲學，不能忽略其歷史文化背景。在歐洲，啟蒙出現之前經歷了一段漫長的醞釀過程；但在十九世紀的東亞，現代化卻是一個急務。即使擁有豐厚的傳統資源，我們已沒有時間

---

[4] 參考李明輝譯，《康德歷史哲學論文集》（臺北：聯經出版社，2002年），頁27。

去策劃一場啟蒙運動。借用夏目漱石的說法，「日本的現代開化是外發的。」[5]在東亞，現代化最優先的課題不是啟蒙，而是如何模仿西方的船堅炮利。然而，即使「富國強兵」偶有成果，也要有政治制度的革命才可以從建立一個現代的共和國。再者，即使推翻了兩千多年來的君主制，結果亦必須進行一場啟蒙運動去推動思維上的現代化。

　　東亞的思想家們如何論述思維上的現代化？所謂現代化，是否只是單純的「從未成熟到理性」或「從野蠻到文明」？黃俊傑在《臺灣意識與臺灣文化》中，談及了福澤諭吉（1835-1901）與內藤湖南（1866-1934）這兩位知名日本學者在十九世紀末年的臺灣論述。黃指出，福澤與內藤最大的問題，就是他們「吸收近代西方的文明演進觀點，並以這種觀點論述日本對待臺灣的立場，終於流為日本帝國主義的意識型態的幫兇而不自知，其情可憫，其事可嘆！」[6]他們不僅主張占領臺灣的領土，亦主張同化臺灣的人民。但是，我們可以說，殖民者日本並非從一開始有計畫地「同化」被殖民者臺灣。正如後藤新平所言，「關於臺灣的改造，日本是處於毫無治理該島之準備下必須面對，而其他國家面對類似的事件，則於事前詳細規劃以面對占領新領土的種種狀況。」[7]我們可以說，在毫無準備之下「占」臺的日本，不得不思考如何「治」臺。

　　黃俊傑、古偉瀛指出：「一般而言，國家民族之認同至少有兩種模式：一種是資本主義發展到成熟階段自然就會產生；另一種則是外力（如政權易手）促成。一八九五年日本據臺時，一方面當時臺灣資本主義尚未發達成熟，自不待言，而另一方面日本的外力所促成的基本上是

5　夏目漱石，《漱石文明論集》（東京：岩波文庫，1986年），頁26。

6　黃俊傑，《臺灣意識與臺灣文化》（臺北：臺大出版中心，2009年），頁69。

7　引用自《日治時期臺灣公民教育與公民特性》（臺北：臺灣古籍出版社，2005年），頁52。

臺民的意識。」[8] 日本曾嘗試以民間的力量來發展地區經濟，例如：把臺東海岸交由「賀田組」開發，但結果並不成功。新渡戶認為「國家直管制度」比較為可行，即使基礎建設項目花費不菲，這樣才可以吸引更多資本投入市場，推動貿易。新渡戶主張「貿易跟隨國旗」（貿易は國旗に随ふ），而他所列舉的例子正好就是臺灣。他指出：

> 二十年前臺灣的商業活動幾乎全部是對中國（支那）進行的，今天主要貿易則是與日本內地之間進行。日本的衣類、醬油、乾貨等大量被消費。正因如此，所以有利令港灣變更，而為了方便與日本交通，所以不在淡水而是在基隆築港，並改良了有關的港口設備。臺灣消費約八千萬円的日本商品，如果有一成是利益，即有八百萬円。[9]

新渡戶成為了日本政界的新星，後來更出任國際聯盟（League of Nations）的事務局次長。我們可以說，新渡戶並非一位單純的技師，而是一位有遠見的政治家。他並不主張剝削或搾取的「殖民」，而是扶育和共贏的「殖民」。事實上，新渡戶見證了日本的「殖民地近代」。

「殖民地近代」這個概念由韓國學界提出，主張東亞的現代化並非「從野蠻到文明」，而是由較「野蠻」的殖民者（日本）反過來開化中國等「文明」大國。[10] 從文學的角度來說，日本人當初到臺灣，發現臺灣並非野蠻之地，而是個擁有深厚漢文教養的地方。廖振富編輯了一些在臺日人所創作的漢詩，並指出：

8　李明輝編，《李春生的思想與時代》（臺北：正中書局，1995年），頁249。

9　新渡戶稻造，《新渡戶稻造全集》，第4卷（東京：教文館，1969-2001年），頁34-35。以下簡稱NIZ。

10　緒方康編，《アジア・ディアスポラと殖民地近代》（東京：勉誠出版，2013年）。

人與土地，空間的交會，碰撞出許多火花，除了影像與實物，
「文字」更是這些火花的具體印記。這些作品在歷史洪流中湮
埋已久，瀏覽本書內容，想像一百多年前這批具有漢學背景的日
本人，作爲短暫的臺灣過客，他們的心境與處境，盡在其中。而
這些作品隱含諸多豐富的訊息，尤其是觀看臺灣的不同視角與在
臺生活的記錄，從殖民觀點到個人的浮沈與哀樂，乃至臺灣風土
觀察與景物之美的針砭或贊誦，堪稱另一段不爲人知的「臺灣記
憶」。[11]

有關日臺的文化交流，高嘉謙認爲：「日據初期日人並無廢除漢文教
育，甚至積極營造日漢的文化交流氛圍，促成了弔詭的遺民際遇。」[12]
事實上，在皇民化開始之前，日治時代曾經有一些措施保留臺灣的
「本土」文化，如尊重孔廟及不急於破壞科舉制等。[13] 然而，日本畢
竟作爲殖民者，很快便要證明自己的文明優位。新渡戶如何理解自己
的特殊身分？我們可以從他的《植民政策學》講義中找到一些線索。[14]
在〈第三章 植民的語源與定義〉中，他區分了日文「殖民」與「植
民」。他指出：

在日本，殖民一詞是非公式的用語，作爲公用語，不會使用殖
民，而是用拓殖。拓殖是開拓（又或者是拓地）殖民之意。開拓

---

11 廖振富、張明權選注，《在臺日人漢詩文集》（臺南：國立臺灣文學
館，2013年），頁339。
12 高嘉謙，《遺民、疆界與現代性》（臺北：聯經出版社，2016年），頁
254。
13 參考《日治時期臺灣公民教育與公民特性》，頁72。
14 收入《新渡戶稻造全集》第4卷。除了《植民政策學》，也可以參考：
Nitobe Inazo, "Japan as Coloniser", in *The Japanese Nation: Its Land, its
People, and its Life, with Special Consideration to its Relations with the
United States*. 1912.

一詞自古已有，但殖民這詞沒有被官方採用，支那也沒有這個用例。支那最古的用例是管仲的「民殖」一詞。它是指人口增加之意，沒有土著之意，與今天日本的殖民一語幾乎毫無關係。但移民或更改住所，是一個自古已有的事實。因此有「徙民」一詞來代表這個意思。另外，移動人民去另外的土地，則有「遷民」這個用例。[15]

要注意，新渡戶不用「殖民」而用「植民」（兩者的日文發音皆爲sho-kumin）。何謂「植民」？新渡戶提及了拉丁文colonia來自colo或cole-re，即耕作之意。因此，colonia本來是指農民的部落。但我們要注意，這些部落的農民並沒有自由。歷史上，也有一些城市以「植民地」來命名，以科隆（Cologne／Köln）爲例，她是昔日羅馬屯兵的地方。[16]新渡戶亦有提及了「植民」的兩種定義，即：

(1)民族的植民（ethnic colonization）：最廣義用法，即人的移居，不包含領土問題，例如：「夏威夷是日本人的植民地（布哇は日本人のコロニーである）」。

(2)本來的植民（colonization proper）：最狹義用法，涉及居住地（settlement），即某國獲得了新的領土，並讓自國人定居該地。

新渡戶本人則使用一個介乎(1)與(2)之間的定義：「我們定義植民地爲新領土。這在科學上可能不太精密，但在政策上，即在實際應用時十分有效。這可以說是一種權宜定義（working definition）」。他繼而指出：「定義要包含兩種要素，即genus（部）及species（類）。植民

---

15 NIZ 4: 49。
16 NIZ 4: 51。

地即領土（genus）中的新東西（species）。」[17] 新渡戶亦提及了希臘文οἰκουμένη一語，即可爲人居住之地。現代化的一個重要成果，就是擴展了οἰκουμένη。他的觀察如下：「近百年來，可爲人居住土地的面積顯著增加，這是因爲學者們的地理探檢所賜。本來是純然的學術研究，卻出現了不少意料之外的占領擴張。」[18] 他更以香港和臺灣的事例來論證從前被視爲寸草不生的鬼地方，經過努力也可以把它改造爲安樂窩：

> 爲了把oikoumēnē成爲先進國的領土，便必須把它成爲適合文明人居住的地方。自然種族（Naturvolk）的oikoumēnē並不足夠，要把衛生狀態看作爲死活問題。先進國必要的食物原料多數是熱帶的農産物，因此很多國家都認爲有必要在熱帶地區植民，數年前大部分都沒有實行，去熱帶必定要送死。但近來卻有了變化，可以在熱帶居住，這是醫學進步所賜。正如香港這個地方，今天是健康之地。英國人初到該地時，曾被視爲white men's grave（白人之墓）。臺灣的瘧疾也大爲減少。[19]

熱帶與亞熱帶地區的風土環境，「殖民」並不容易。但臺灣的風土與日本接近，有利「植民」。日本如何扶植臺灣？新渡戶對這個問題有很具體的想法。首先，酷熱氣候無法改變，但衛生環境卻可以改善。爲了讓臺灣成爲一個可以適合眾人（包括日本人、漢人和原居民）居住的地方，除了臺北等固有城市，要大力建設新都市，如臺中等。[20] 其次，在語言上，新渡戶強調「在地化」的重要性。他指出：「臺灣統治開始時成績不理想，是由於傳譯欠佳。雖然日本統治臺灣，但是日本官吏不知

---

[17] NIZ 4: 57。
[18] NIZ 4: 46。
[19] NIZ 4: 47。
[20] NIZ 4: 130。

土語。然而，英國的印度官吏採用試驗，會涉及印度的歷史、法律和語言。」[21]另外，新渡戶強調日本在臺灣實行「植民地制度」（colonial system）。他指出：

> 簡言之，植民地要重農業，抑制工業發展。這是爲了讓本國商品流通，所謂Colonial System（植民地制度），是以往植民地盛行的政策。以日本製糖業爲例，臺灣的粗糖沒有在臺灣內精製。從臺灣及外國進口的粗糖在內地（即：日本）精製後，一部分會再輸出到臺灣。結果，在臺灣雖然有成立製糖公司的傾向，但事實上卻受到政府的壓抑。這是爲了日本內地的工業的方策，它不是法律上的事情，而是一個事實。[22]

殖民者與被殖民者是競爭對手的話，結果恐怕會引致兩敗俱傷；但植民的目的本來就不是爲了競爭，而是爲了擴大經濟圈。新渡戶成功令甘蔗成爲了臺灣最重要的農產物，具體地說，臺灣的歲入爲三千萬円，一半以上是砂糖消費稅。[23]然而，隨著稻米價格上昇，結果出現了蔗田不足的情況。耕地持續不足，便會減低砂糖消費稅的收入，這對臺灣的財政來說是相當大的打擊。要解決這個問題，最簡單的做法就是奪去原居民的土地來種植甘蔗。但新渡戶認爲，原住民的土地不應隨意改歸國有，亦不應無故把他們虐待殺害。他指出：

> 臺灣的原住民（原文：生蕃）在清國統治時，視日本人爲兄弟。但日本在領臺後曾虐待他們，引起了大規模的反抗。對於原住民，如果不施以友愛之情，便難以讓他們心服。即使是猛

---

[21] NIZ 4: 38。
[22] NIZ 4: 35。
[23] NIZ 4: 142。

> 獸，除了鬣狗以外，也能馴服，何況原住民亦人也。如果出現
> 了原住民統治困難，母國人要負上一部分的責任。威廉・賓恩
> （William Penn）移居費城並取得土地時，特別重視印第安人的
> 人格，與他們進行對等的協議。自此以來，印第安人從來沒有對
> 賓氏一派進行反抗活動。[24]

我們要指出，新渡戶不應以鬣狗來比喻原住民，而美國白人對待印第安人亦非想像中友善。但這裡的重點是，新渡戶並沒有把臺灣人等同於「漢人」，而是有肯定了「原住民」的主體性。他分析了不同的原住民政策，並列舉了一些可能的方法：

(1)完全消滅原住民（Extinction）

(2)原住民的奴隸制（Slavery）

(3)給予少數權利，半奴隸制（Half-slavery）

(4)隔離（Segregation）

(5)把原住民移到別處居住（Transplantation）

(6)其他特殊處理

(7)同化原住民（Assimilation）

日治時代出現了不少打壓原住民的事件，如七腳川事件、噍吧哖事件和霧社事件等，太魯閣等地亦曾出現了大規模的抗日戰爭。另一方面，日本對原住民實施了一些同化政策（如強迫原住民學習日語），但山地原住民還可以保有自己的語言。山地原住民在日治時代歷盡辛酸，但「光復」後的「山地平地化」同化政策才令原住民的生活徹底被破壞。

　　植民的目的不是要消滅他者，也不是同化他者，而是要施以友

---

[24] NIZ 4: 139。

愛，建立互信與尊重。一方面，新渡戶引用了俾斯麥（Otto Eduard
Leopold von Bismarck, 1815-1898）的說法：「我不是殖民者（Ich bin
kein Kolonialmenschen）」[25]；另一方面，他引用了亞當·史密斯的名
言：「商人是最差的統治者」[26]。新渡戶亦有論及當時的人類一元論
（Monogenesis）與人類多元論（Polygenesis）論爭，並嘗試反駁法國人
類學家戈比諾（Joseph-Authur Gobineau, 1816-1882）的白人中心主義。
他引用了德國人類學家鮑亞士（Franz Boas, 1858-1942）的主張：「人的
智能在文化程度上無異」。在特定的歷史時空之中，人種或民族之間明
確存在著強弱之分，但這不能表示我們應該以任何方式來排除弱勢的人
種或民族。

三、平民道與武士道的山

我們可以說，新渡戶的立場是一種「非民族主義的啟蒙運動」。他
在〈民俗優勢論的危險〉中如此論述：

> 我最近再三閱讀《古事記》，懷疑日本古代文化有多少是從純
> 粹大和民族源頭而來。讚賞奈良美術，亦懷疑創作人擁有什麼
> 東西是來自大和民族。有關這問題，其後的天平時代有了確實的
> 證據，但天平以前的作品應該包含了我國祖先以外的創作。到底
> 誰是祖先？從遠古至中古，有數萬至數十萬朝鮮人及支那人歸化
> 日本。他們在日本建設了自己的部落，與一般人民混住，這正如
> Anglo人、Saxon人、Picts人、Briton人等今日在通稱英國這個島
> 上共住和混血，現在他們沒有以自己為一種確定的特別民族自
> 居，反而以吸收他人所長的包容力而自豪。我們不必以人種的

---

[25] NIZ 4: 133。
[26] NIZ 4: 143。

純粹性自誇。另外，國家的興盛也不是因爲人種及血統的單一性。以歐洲諸國爲例，難以找到一個人種統一或純粹的地方。因此，我們的系譜中有朝鮮人及中國人的成分，以此引以爲榮的時代將會到來。[27]

新渡戶的理想不僅是要漢人、和人、原住民可以在臺灣這個島上共存，而是要把日本發展成爲一個多民族的現代國家。要達成這個意義的「現代化」，已不能停留於技術或政治上的層面，而是有必要展開一場啟蒙運動。這裡，我們會發現，新渡戶非常重視教育。新渡戶在臺灣生活的時間不長，但卻曾爲臺灣協會學校等演講。[28]回到日本後，新渡戶先後出任京都帝國大學教授、東京女子大學校長及拓殖大學校監等，甚至與柳田國男（1875-1962）等人發展了「地方學」及「鄉土教育」（Heimat Kunde）。新渡戶曾明確主張：「植民是文明的傳播（Colonization is the spread of civilization）」。[29]他認爲，二十世紀最重要的課題並不是政治的殖民，而是精神的植民（geistige Kolonisation）。他指出：

> 例如：德國的青島大學、美國在四川省興建的協和大學等，當然受到了政治目的嫌疑，但實際上是文化的任務。這些學校所教授的，是國民主義（nationalism）以上的文化。它們的主要目的，是傳播德國思想與美國思想。日本在獲得旅順後，後藤新平曾計畫在當地建設日本的大學，但並沒有得到其他人贊同。[30]

---

[27] NIZ 1: 229。

[28] 參考〈台湾協会学校学生諸君に告ぐ〉與〈台湾学生のために〉，收入《拓殖大学百年史研究》，2000年，頁4。

[29] NIZ 4: 167。

[30] NIZ 4: 167。

崔末順引用了李萬珪的分析，指出日本在臺灣和朝鮮的高等教育政策基本上並無不同，即：「刻意排除高等教育，只實施普通教育和實業教育，吐露出其差別性的殖民地奴隸教育本質，因爲他們（日本）的殖民地教育目標，就在培育下級技術人力。」[31] 但事實上，日本在臺建立了臺北帝國大學，初時設有文政學部、理農學部，後來才增設醫學部及熱帶醫學研究所等，這明顯是爲日本的南方進出提供專門的醫學研究。大學參與了帝國的版圖擴張，自然無法成爲「無條件的大學」（university without condition），但它至少是一個尊重知識傳播和文化交流的地方，爲啟蒙運動提供基礎並培養人才。

今天，如果在大學教授日本文化，大概仍然會參考新渡戶的《武士道》。在某程度上，武士道當然可以反映日本精神的一些面向，但新渡戶認爲比武士更要重的是「平民道」。〈平民道〉一文發表於雜誌《實業之日本》（1919年，22卷10號），新渡戶承認，「昔日歌頌『花爲櫻木，人爲武士』之時代已成過去，視武士爲理想或標準的道德亦不合時宜。」[32] 武士道曾經只適用於少數的武士階級，但武士制度在明治維新後已被廢除，時代也不再尚武。他認爲，「平民道」可以被視爲武士道思想的延長。

「平民道」與民主有密切關係，但民主思想不能只出現在精英階級之中，而是應普及至大眾。我們可以發現，新渡戶非常積極在大眾雜誌發表教養文章。全集第七卷詳細收錄了他的《修養論》與《自警集》。新渡戶被視爲一位人生哲學家，「新渡戶式的人生哲學能教導我們『人生之意義，充實人生的態度』」。[33] 也許，他的思想能令人更了

---

31 崔末順，《海島與半島──日據臺韓文學比較》（臺北：聯經出版社，2013年），頁139。

32 新渡戶稻造，《新渡戶稻造論集》（東京：岩波文庫，2014年），頁217。

33 新渡戶稻造，《更深入發掘自己》（臺北：中央日報出版部，1991年），頁167。

解自我、更有修養、更充實並更有意義。

　　筆者認為，新渡戶最重要的教導，來自一篇題為〈武士道的山〉的短文。該文出自新渡戶1906年在臺南講演的講稿，翌年刊於《隨想錄》。新渡戶指出，武士道是一座山，山分為五個地帶，有五種不同的人居住。粗野匹夫之徒居於山腳，其上是勇敢士兵、學者公吏及軍隊將軍。高居山頂的，是武士的最高者。他們沒有任何軍人的外表，容貌反而類近婦人。新渡戶的具體描述如下：

> 他們不學而教，不恩而保，不說而化，不助而補、不施而救、不藥而癒、不論而服。正如兒童的把戲，天真無邪卻能免罪。他們的微笑可以讓萎縮了的靈魂復甦。兒童作為小孩，有令人羨慕的良心和純潔。他們的哭泣，洗去了人們的重擔。在這個武士所住的地帶，即與基督之徒同在。[34]

　　從上可見，新渡戶所主張的啟蒙思想，並不是要我們從未成熟的兒童階段進化為成年男性的狀態。相反地，啟蒙的本質並不是要進步，而是要包容他者。談及基督教，我們也可把新渡戶稻造與李春生作一個簡單的比較。正如黃俊傑、古偉瀛指出，李春生（1838-1924）是一位堅定的基督徒，他的信仰使他傾向於從「普遍主義」而不是「特殊主義」來思考國家認同等問題。[35]的確，新渡戶深受基督教影響，但他沒有把西方文化與普世價值等同。他的立場，可以說是一種「跨文化日本文化論」──傳統日本文化內部已有他者的存在，現代日本無可避免地要與不同的他者碰撞，但以文化混種為榮的時代將會到來。

　　以上論述了新渡戶稻造的「植民」立場，並論證它可以延伸至一

---

34 新渡戶稻造，《新渡戶稻造論集》，頁121。
35 李明輝編，《李春生的思想與時代》（臺北：正中書局，1995年），頁226。

種「啟蒙」思想。新渡戶反對殖民者以自己的優勢來欺負弱勢的被殖民者，而主張要讓「自我」與「他者」互相尊重及包容。以臺灣的角度來看，日本無疑是一個外來的「他者」，原住民才是最道地的「我者」。新渡戶對原住民沒有偏見，甚至心存敬意，這可見於〈陡峭的道與平緩的道〉（勾配の急な道と斜めな道）一文。他指出：

前年，我攀登阿爾卑斯山時，由於身體不及一般人健康，所以乘坐火車。但是，由於道路陡峭，火車要繞道而爬，速度極慢。坐了三十分鐘，回頭看看剛才的路，看似只是走了約十分鐘的路程。有些登山客寧願自力爬山，也不選擇乘坐火車。我以為火車的速度很快，但遇上這樣的山路時，它比人的腿還要慢，火車根本沒有用。但仔細想想，自力爬山的人裝束輕便，因此也可以順利攀爬崎嶇的山路。火車要運載包括幾百位兒童、婦女和老人，即使在平地上可以快速前進，但爬坡超過二十度時，便不及人類。之後，我去了臺灣，進入了山地原住民的棲息地（原文：山蕃地），經過了一條非常崎嶇的山路，在有些地方要抓住樹根或藤蔓才可攀登。當時，我對一位同行的工程師說：「文明國家沒有如此可怕的斜坡，有的話也會鋪設石梯。原住民的道路是一直向上的，因此道路陡峭難行，但隨著文明進步，道路會較為平坦，彎路也較多。道路的難易可以反映文明的程度。」他笑著說，這很有趣，而且是事實。

如果一個人是聖人或君子，無論多難的山路，都可以攀登，就像阿爾卑斯山的登山者一樣。但當你帶領大量人員上坡時，便必須繞道而上。正如火車載客登山，也要繞道才可爬坡。因此，一個人走陡峭的路，無可厚非；但如果一個人領著一大群人走平緩的坡路，便不應加以非難。帶領眾人登頂，不是很偉大嗎？到底很

多人都能走的平坦路較好，還是只有偉人才能走的山路較佳？[36]

原居民走陡峭的山道，就正如聖人君子之艱險我奮進；但並非人皆聖人，新渡戶亦承認無法自力勇闖高峰。但作為一位學者，他可以開闢道路，讓一般人也可以登山，這即是啟蒙的工程。無論作為聖人君子，抑或平民百姓，上山也是一種成就。所謂「兄弟爬山，各自努力」——早期的新渡戶重視「武士道」的自我修行，後期的新渡戶則強調「平民道」的啟蒙精神。

即使殖民時代過去了，戀殖與反殖的思潮卻沒有停止。不同的銅像被破壞與重建，過去被重新肯定或否定。新渡戶稻造曾經是一位殖民者、一位官僚精英，這些事實不容爭辯；但我們亦有學術自由去解讀他的思想，並且批判地反思這些思想在今日的意義。本文的著眼點並不僅是新渡戶本人，還包括他的思想。他的「武士道」膾炙人口，但我們不要忘記他談「武士道之山」——最成熟的武士反而童心未泯；我們也不要忘記他的「平民道」思想——啟蒙並不是單純地指從未成熟的階段進化為成年的狀態；另外，啟蒙運動往往與民族發展相提並論，但啟蒙不應被視為我者的純化，而是要積極面對文化上的他者。

彭小妍提出了所謂「流動的主體性」之概念，說明自我是流動的，永遠在蛻變當中。我者與他者之間彼此混血，不斷的自我創造與轉化。[37]新渡戶本人沒有使用「跨文化」這個概念，但我們可以從他的理論中找到「混種」（hybridity）的意涵。透過新渡戶在臺灣的經驗，我們確認了文化混血的這個事實——對新渡戶來說，臺灣絕非由單一民族來自界定，不同的「我者」和「他者」已處於糾纏不清的狀態。另一方面，我們亦應該贊同以下主張——權力不應以武力來「同化」異

---

36 新渡戶稻造，《修養》（東京：角川ソフィア文庫，2017年），頁381-382。

37 彭小妍編，《跨文化情境——差異與動態融合》（臺北：中研院文哲所，2013年），頁225。

己，而是要尊重我者與他者的主體性。

　　有關新渡戶的「物語」，可能有人會批評他是一位帝國主義者，即使他的言論如何開明，他的行動仍然無法擺脫他作為帝國主義者的事實。這裡，筆者的目的並不是（亦沒有必要）為新渡戶本人辯護；相反地，筆者認為新渡戶的「物語」是一個很好的個案，去讓我們認識一個被遺忘了的新渡戶。筆者深信，仔細閱讀新渡戶的不同著作和演講錄的話，我們會更全面了解他的哲學。近年，各地吹起了一股民粹主義的風潮，新渡戶的論述向我們展示了混種思想的潛力。新渡戶並沒有向我們提供一些輕浮的口號，反而是透過很多文章來向大眾介紹各種傳統與現代思想。他雖然不是臺灣人，但他在臺灣日治時代的啟蒙運動中應占一席之地。[38]

---

[38] 有關日治時代臺灣哲學的「前啟蒙期（1896-1916）」、「後啟蒙期（1916-1930）」與「成熟期（1930-1945）」區分，參考洪子偉編，《存在交涉——日治時期的臺灣哲學》（臺北：中研院、聯經出版社，2016年）。

第六章
柳田國男的山人論

Chapter 6

一、倫理

　　眾所周知，「ethics」是源自古希臘文的「ἠθικός」，而「ἠθικός」則與「ἦθος」有關。所謂「ἦθος」，是指個人的習慣（habit）或集團的習俗（custom）。今天的倫理學顯然已並不是關於風俗或習慣的學問，而是關於「善惡」、「應然」、「價值」或「德性」的學問。另一方面，由於學術專門化，出現了生命倫理學、醫療倫理學、環境倫理學、商業倫理學等部門。

　　在東亞，「ethics」被翻譯為倫理學，這只不過是一百多年前的事。井上哲次郎（1856-1944）在《哲學字彙》（1884）中，只簡單地列出「ethics」是「倫理學，按《禮・學記》：通於倫理，又《近思錄》：正倫理，篤恩義。」[1] 值得留意的是，井上並沒有把「ethics」等同為倫理，而是把它翻譯成倫理學。倫理和倫理學不同——倫理學作為一種「學」，這不是指「logos」，而是指從西方輸入的學問。

　　現代日本的哲學家如何理解倫理學？西田幾多郎（1870-1945）的處女作是《善的研究》，但該書的前身為《倫理學草案　第一》（1904-1905），其中有以下之論述：「何謂善之問題即是倫理學的根本問題。」[2] 然而，西田哲學發展至晚年，沒有一本倫理學的專書，他

---

[1] 井上哲次郎，《哲學字彙》（東京：東洋館，1884年），頁41。
[2] 西田幾多郎，《西田幾多郎全集（新版）》（東京：岩波書店，2004年），第14卷，頁558。

甚至認爲有一個能包涵善惡的「絕對的善」，這個立場顯然沒有提供解決善惡問題的具體方案。與西田哲學的倫理學貧弱性格相反，和辻哲郎（1889-1960）強調「倫理學」的重要性。在《作爲人間學的倫理學》（1934）中，和辻分析了「倫」與「理」的本來意義，提出了「倫理」與「倫理思想」的區分——前者是關於人的存在的「間柄」，而後者是關於倫理的特殊限定。但和辻的「倫理學」仍有一問題，即他雖然指出「倫理學是有關『倫理是什麼』的問題」，[3] 但他同時提出「『倫理』與充分意義下的『人倫』全然同義。」[4] 問題是，倫理不應與倫理學混同。爲什麼殺人是一種惡？這不是一個倫理或人倫的問題，而是一個倫理學的問題。

筆者相信，倫理學的論述不應只限於狹義的哲學，而是包括文學與人類學等思想。柳田國男（1875-1962）通常被視爲「日本民俗學的創始者」，[5] 但他的著作範圍極廣，包括詩作、物語、宗教學、日本學、新國學、民俗學、文化人類學等。本文嘗試指出，柳田的思想可以被詮釋爲一種「倫理學」，在此意義下的倫理學並不等同於有關道德的諸種哲學理論（theories of moral philosophy），而是包括了多層的面向：第一方面，它可以是一種關於民俗的學問，即「民俗學」；第二方面，它可以被視爲一種「經世濟民之學」；第三方面，它可以被解釋爲「山人的倫理學」。以下將論述這三方面的倫理學，並指出柳田思想在今天的意義。

---

3 和辻哲郎，《和辻哲郎全集》，第9卷（東京：岩波書店，1977年），頁7。

4 和辻哲郎，《和辻哲郎全集》，頁12。

5 例如：河出書房新社編集部編，《柳田国男：民俗学の創始者》（東京：河出書房新社，2014年）。

二、柳田的倫理學

（一）民俗學

倫理學作爲一種從西方輸入的學問，這是東亞倫理學的歷史處境。柳田的研究，基本上就是從以上的歷史處境出發，反思日本的文化，包括各種民俗與風土。關於這點，我們可以參考和辻哲郎以下的評論。

1941年，太平洋戰爭爆發，柳田卻獲朝日新聞社頒發「朝日賞」，而和辻則發表了一篇演講表彰柳田對日本民俗學的貢獻。[6] 和辻認爲，日本民俗學對日本文化研究非常有意義。所謂文化研究，其對象通常是文史哲的著作和藝術創作等，這些作品都是文化精神的體現；然而，文化現象不應只限於精神層面，而是包括了具體的文化活動。和辻列舉了三個例子，即衣食住的道具、口傳的語言藝術、鄉土人的情感與思考事物的方法。這些東西都是重要的文化財產，但在現代化的處境下，往往被受破壞、忽略或遺忘。柳田的貢獻，就是精確地把握這些文化資料，並且對民俗學的研究方法作深入的探討。

我們可以說，倫理學亦應該如此。當今的倫理學研究往往偏重於文獻的分析與論述，但是倫理學本來就不應只限於精神層面，而是包括具體的「民俗」；而在分析這些「民俗」之前，有義務保存與保育傳統的文化資源，包括書寫文字並沒有記錄的口傳資料。柳田自費出版的代表作《遠野物語》（1910）不單記錄了日本東北地方過去的生活文化，亦重現了被遺忘了的世界觀及價值觀。野家啟一指出，「人作爲『物語動物』，是指以『物語』來堵塞無情的時間流動，在記憶和歷史（共同體的記憶）的厚度之中來確認自我的動物。」[7] 所謂「物語」，即敘事

6　和辻哲郎，〈日本民俗学の創始者〉，收入《柳田国男：民俗学の創始者》，頁88。

7　野家啟一，《物語の哲学》（東京：岩波現代文庫，2005年），頁18。

或說故事。「物語」強調說故事者與聽故事者的互動關係，而非單方面的文獻記錄。柳田擔心，現代印刷技術急速發展，結果會引致「口承文藝」的衰退。柳田的民俗學重視對傳統文化的保育，這顯示了一種倫理學的態度。

　　要注意的是，柳田所開拓的領域爲「民俗學」（folklore），而非「民族學」（ethnology）。[8]和辻的演講亦特別提及「民俗學」與「民族學」之分，後者是指西歐學者們以田野考察爲基礎，對亞洲及非洲等地的「未開發民族」所作的實地調查。這些調查的目的，往往是爲了協助殖民者認識被殖民者，以便進行統治。這些研究不單涉及權力與支配的問題，而且亦包括認知他者是否可能的根本問題。事實上，即使學者們花數年實地考察，往往亦未能完全了解異他民族的文化內涵。和辻認爲，柳田所開創的民俗學比民族學更精確，這是因爲民俗學是「由自國人在自國」（自国において自国人によって）所進行的研究。這種民俗學，又稱爲「一國民俗學」。

　　小熊英二指出，柳田的民俗學提出了一種全新的民族觀，即日本民族並不是建基於「從上而下」的天皇制，而是由「從下而上」的日本民俗而構成。[9]然而，「一國民俗學」頗具爭議，它排斥他者（非自國人）理解我者（自國人）的可能性，亦缺乏比較人類學的廣度與深度。事實上，日本雖爲島國，但風土條件可謂「南轅北轍」。所謂「百里不同風」，「一國」容易把多元混雜的日本文化單一化。[10]然而，我們卻可以嘗試作一種跨文化的解讀──不同的民族各有不同的倫理觀，而一個民族的內部亦有多樣的價值觀。倫理學既然是一門涉及倫

8　兩者的日文發音皆爲min-zoku-gaku。
9　參考小熊英二，〈柳田国男と「一国民俗学」〉，收入《柳田国男：民俗学の創始者》，頁152-153。小熊在《単一民族神話の起源》中批評柳田是少數從混合民族論轉到單一民族論的論客，參考小林敏明：《柄谷行人論：〈他者〉のゆくえ》（東京：筑摩書房，2015年），頁140。
10　例如：柳田甚少言及Ainu族。參考赤坂憲雄，《東北学／忘れられた東北》（東京：講談社，2009年），頁283。

理與價值的學問，它的基本立場就是要認同他者的存在。民俗學亦不能只顧自國民族，而無視異他民族的存在；同樣地，從倫理學的立場來看，我者不應忽略他者，倫理關係本來就涉及我者與他者的互動，純粹的我者並不存在。柳田嘗試打破日本作爲單一民族的神話，這是民俗學的重要貢獻，有助我們反思何謂東亞、何謂倫理學。

（二）經世濟民之學

上一節指出，柳田的倫理學是一種涉及民俗的學問。我們可以追問，倫理學作爲一門「學」，其意義何在？柳田非常重視上述的問題，他的求學動機，本來就不是爲了沉醉於純粹的理論探究，而是要回應當今世界的具體問題。

哲學從來就不是紙上談兵，思想亦不離我們的生活世界。柳田並非哲學系出身，他在青年時代的關心是文學。柳田能熟讀漢文，他的抒情詩亦有定評。[11] 詩人島崎藤村（1872-1943）從柳田交流中得到了〈椰子之實〉的創作靈感，更是日本文學界的佳話。[12] 然而，柳田並沒有成爲一位詩人。他所身處的世界，正是日本現代化的全盛期，但同時亦是戰爭與災難頻生的時期。

對柳田來說，在眾多人生的苦難之中，饑饉體驗最爲難忘。「提及饑饉，我個人亦曾經歷饑饉的慘事。這經驗是引導我通往民俗學研究的理由之一。必須滅絕饑饉，這情感是驅使我追求學問，並進入農商務省

---

11 例如：柳田（本姓松岡，1901年入籍柳田家）的少作〈夕ぐれに眠のさめし時〉（1895）：「うたて此世をはをぐらきを／何しにわれはさめつらむ、／いざ今いちどかへらばや、／うつくしかりし夢の世に」，是他最初的新體詩作品。引自野村純一等編輯，《柳田國男事典》（東京：勉誠出版，1998年），頁22。然而，柳田拒絕把他的詩作收入《定本柳田國男集》。

12 佐谷眞木人，《民俗學・臺灣・國際連盟》（東京：講談社，2015年），頁87。

的動機。」[13] 柳田1897年入讀東京帝國大學法科大學政治科，1900年畢業後加入農商務省農務局。他選擇了農政學，而不是詩。[14] 這決定可以說是反映了當時流行的「反文學」思潮，正如福澤諭吉（1835-1901）在《勸學篇》（1872）中指出：

> 所謂學問，並不限於能識難字，能讀難懂的古文，能詠和歌和做詩等不切人世實際的學問。這類學問雖然也能給人們以精神安慰，並且也有些益處，但是並不像古來世上儒學家和日本國學家們所說的那樣可貴。自古以來，很少漢學家善理家產、善詠和歌，而精於買賣的商人也不多。因此有些具有心機的商賈農人，看到子弟全力向學，卻擔心家業中落，這種做父親的心情是可以理解的，這就是這類學問遠離實際不切合日常需要的明證。所以我們應當把不切實際的學問視爲次要，而專心致力於接近世間一般日用的實學，如學習伊呂波四十七個字母，練習寫信記帳，學會打算盤和使用天秤等等。[15]

福澤認爲，世上有各式各樣的學問，但有一些學問較有「實效」，「例如地理學介紹日本國內及世界萬國的風土情況；物理學考察天地萬物的性質並探究其作用；歷史是詳記年代研究古今萬國情況的典籍；經濟學是從一身一家的生計討論到國家世界的生計的學問；修身學則闡述合乎自然的修身交友和處世之道。」[16] 這裡的「修身學」並不是倫理學或道德哲學，而是一種由國家指導的「國民教育」；其「課程綱

---

[13] 柳田國男，《故鄉七十年》，收入《定本柳田國男集》，別卷第3（東京：筑摩書房，1971年），頁23。

[14] 「詩より農政学だ！」參考河出書房新社編集部編，《柳田国男：民俗学の創始者》，頁60。

[15] 福澤諭吉，《勸學篇》（北京：商務印書館，1984年），頁3。

[16] 同上，頁3。

要」，基本上是要國民犧牲自我、忠君報國。福澤期望：「如果大家不分貴賤上下，都愛好這些學問，並有所體會，而後士農工商各盡其分，各自經營家業，則個人可以獨立，一家可以獨立，國家也就可以獨立了。」[17]

表面上，柳田與福澤的立場無異，兩者同樣強調「啟蒙」；但是爲了「救亡」，更應該大力支持實學。然而，他們之間有著根本的差異。柳田沒有盲目地崇拜實學，亦沒有完全排斥文學；相反地，他從來沒有忘記文學的力量。1896年三陸大海嘯，爲東北沿岸帶來極大的破壞。柳田1920年走訪東北，便從仙台出發經石卷北上。當時他已辭去了貴族院書記官長的職位，而是以《朝日新聞》客員的身分視察災區。他發現唐桑濱等地仍有海嘯過後的遺禍，但令他痛心的是，各地的災難記念碑上刻著恨綿綿的漢文，卻無人問津。借用野家的說法，「人是『物語動物』，但同時亦可以是『善忘動物』（忘却する動物）。」[18]文學本來具有無比的力量，但被遺忘了的文學卻是無力的。柳田辭別官場，重返人文世界，這證明他並沒有忘記初衷。學問畢竟並非可有可無的學術遊戲，而是「經世濟民之學」。

不用多說，經世濟民並非柳田所創，而是可以追溯至德川儒學。借用柄谷行人的分析，與其說柳田的思想接近本居宣長（1730-1801）的國學，柳田其實與儒學者荻生徂徠（1666-1728）更接近。[19]民俗學與農政學，兩者的目的皆是徂徠再三強調的「安民」之學。徂徠精通漢文文獻，是提倡古文辭學的主要人物之一；徂徠學則被視爲日本儒學的代表學派之一，但其內容則與法家思想極爲相似。[20]在《辯道》

---

17 同上，頁3。
18 同上。
19 柄谷行人，《柳田国男論》（東京：インスクリプト，2013年），頁27。
20 H. Gene Blocker, and Christopher L. Starling, *Japanese Philosophy* (New York: State University of New York, 2001), p. 102.

（1717）中，徂徠指出：「世非唐、虞，人非聖人。」[21] 人不可成爲聖
人，因此很難單憑道德良知的自覺來克服惡。明顯地，徂徠學反對宋明
理學「存天理、去人欲」的思想，既然潛伏在人性內部的惡根本無法克
服，那麼唯有以一個外在的手段來克服惡。徂徠的立場影響了太宰春
台（1680-1747）及海保星陵（1755-1817）等儒學者。春台著有《經濟
錄》（1729），[22] 他認同告子的人性無善無不善論，他指出克服社會的
諸惡，法治主義比德治主義更爲有效。星陵的立場更爲激烈。江戶時代
的經濟發展實際上已改變了舊有的農村社會，在經濟活動中人是自我中
心的，行善並沒有福蔭的保證，但作惡卻往往帶來或多或少的利益，與
其拘泥於儒學的仁義道德，倒不如訂立新的社會制度來配合新的社會
變遷。

　　「儒」作爲亡國遺民，他們本來就被投擲到一種政治情景。孔孟嘗
試投身政治，主張德治主義或民本主義，但並不成功。在日本，「民爲
貴」、「易姓革命」等政治思想難以被無條件接受，但朱子學卻成爲
了德川時代的「官學」，國學者反被建制拒諸門外。另外，日本沒有
科舉制度，但儒家思想在道德教育亦有其影響力，例如：武士道中有
關「忠」與「義」的道德育成，儒家的倫理價值觀確實占著重要的角
色。明治維新以後，日本政府之內亦有一批文人官僚，森鷗外（1862-
1922）、新渡戶稻造（1862-1933）便是當中代表人物。

　　柳田在官場的時候沒有只顧眼前的事務，而是經常親臨各地「現
場」；他甚至在家中成立「鄉土研究會」，分享他在各地的見聞。[23]
橋川文三指出，「成爲了柳田生涯學問的民俗學，是結合無盡的讀書

---

[21] 吉川幸次郎等校注，《荻生徂徠》，收入《日本思想大系》，第36卷
　　（東京：岩波書店，1973年），頁21。
[22] 〈天下国家ヲ治ルヲ経済ト云。世ヲ経シテ民ヲ済フト云義也〉。見賴
　　惟勤校注，《徂徠學派》，收入《日本思想大系》，第37卷（東京：岩
　　波書店，1972年）。
[23] 佐谷眞木人，《民俗學‧臺灣‧國際連盟》，頁67。

癖與旅行體驗而成。」[24]柳田的著作中，有不少是紀行文學，如《海南小記》（1925）、《雪國之春》（1928）、《秋風帖》（1932）等。柄谷認爲，現代日本文學的根本思想是「風景的發現」，柳田眼中的「風景」並不只是自然環境，而是包含了「民」。「要注意的是，對他（柳田）來說，『民』在作爲『風景』的『民』之前，是儒教的『經世濟民』的『民』。」[25]柳田紀行文學的目的，就是要記錄那些沒有被記錄、甚至被遺忘了的民俗思想。

　　現今的國家官僚，大概不會視「民」爲首要課題。柳田卻非常關心平民的生活文化。筆者認爲，柳田探索「民」之旅可以被理解爲「巡禮」（pilgrimage）。所謂「巡禮」，這是來自筆者對和辻哲郎《古寺巡禮》（1919）的解讀。明治政府推行神佛分離令，出現了廢佛毀釋等文化破壞；身爲帝大教官的和辻卻走訪了奈良與京都等地的寺院，並出版其「旅行記」。巡禮作爲一種實踐活動，其意義就是要讓那些被遺忘的歷史與文化甦醒，對抗國家與政治的打壓。日本的山嶽文化的影響深遠，但卻被現代人所遺忘。透過巡禮，柳田發現了「山人」。曾被遺忘了的「山人思想」，可以被解釋爲一種「山人的倫理學」。[26]

（三）山人的倫理學

　　柳田曾在九州旅行，與當地人進入深山。他憶述：「去九州南部旅行，我深感九州一般被視爲自古已開拓的地方，但其南半分到後代就好像東北或北海道一樣，擁有新開發之地或殖民地的樣子。（中略）在古代，九州的山中有頗爲獰惡的人種居住。從歷史可見肥前的基伊郡、豐後的大野郡、肥後的菊池郡等地，被山地包圍便會築城，這便是爲了防

---

[24] 河出書房新社編集部編，《柳田国男：民俗学の創始者》，頁64。

[25] 柄谷行人，《日本近代文学の起源》（東京：講談社，2009年），頁44。

[26] 有關巡禮思想，參考本書第九章。

備山地蠻民而成的隘勇線。」[27] 在日本各地，亦有不少與「山人」有關的傳說。柳田嘗試從物語等口傳資料中，尋找一些有關山人的線索。在《遠野物語》中，柳田有提及「山男」和「山女」：

> 群山深處有山人。櫪內村和野有一個名叫佐佐木嘉兵衛的人，現在大概已七十多年歲，依然在世。這位老翁年輕時進深山打獵，遠遠望見岩石上有個美麗女子正梳理黑色長髮。其面色白皙。男人膽大，當即舉槍射擊，女子應聲倒下。奔向前去看，只見女子身材頎長，解開的黑髮更長於身量。為留作日後證據，割下女子一縷頭髮，綰好放入懷中。歸途中睡意難耐，於是往陰涼處小息。正當半夢半醒之間，恍然見一高大男子走來，將手伸進自己懷中，取走了那縷綰好的黑髮，男人嚇得睡意頓失。據說那就是山男。[28]

吉本隆明（1924-2012）在《共同幻想論》（1968）中指出，這些「山人」往往與死者有關。因此，平地人通常對「山人」抱有恐懼。吉本指出，這些恐懼有三層面：第一，是對山人的恐懼；第二，是未能分辨山人的出現是真實抑或夢境的恐懼；第三，是對山人所居住的世界的恐懼。[29] 柳田直言，「但願講述此中故事，令平地人聞而戰慄。」[30] 這些恐懼，都是居住在平地的村民的心理。在平地定居的人，有較為穩定的務農生活，較難理解為何要住在深山，因此把山人差別化，這可以是把他們神化為「天狗」或「山姥」，成為被敬畏的對象；也可以把他們獸

---

[27] 佐谷眞木人，《民俗學・臺灣・國際連盟》，頁72。
[28] 《遠野物語》三，引用自柳田國男著，吳菲譯，《遠野物語・日本昔話》（上海，三聯書店，2012年），頁8-9。
[29] 吉本隆明，《共同幻想論》（東京：角川ソフィア文庫，1982年），頁52。
[30] 柳田國男著，吳菲譯，《遠野物語・日本昔話》，頁1。

化爲「野人」，成爲被歧視的對象。

　　柳田曾經主張，山人並非純粹的幻想，他們可能就是日本的原住民／原住民族。他說：「著者相信，山人是曾經這個島國繁榮安居的原住民的子孫。但他們的文明已大大退步。古今三千年間，並沒有一冊歷史記載他們的歷史。」[31] 他認爲現今日本人可能遺傳了山人的血脈，但這說法受到了南方熊楠（1867-1941）的批評。表面上，柳田後來不再多談山人，最晚年的著作《海上之道》與山人思想相距甚遠。根據柄谷的分析，「晚年柳田國男的課題，就是追問日本民族的出自與稻作的起源」，[32] 但是柳田並沒有放棄他早年的山人思想。

　　嚴格來說，山人思想中包含了「山人」和「山民」。前者是農業出現以前，並同居住在山區的原住民，後者則是本來在平地居住，但因爲種種原因而遷居山中的人。兩者皆在山中居住，但他們有著不同的「遊動性」。以遊動式的狩獵民爲例，我們可以區分「定住型的狩獵民」（如：繩文人、Ainu人、臺灣的山地原住民等）與「遊動型的狩獵民」（如：山人）。「定住型的狩獵民」擁有農業技術，但因種種原因而逃往山區；「遊動型的狩獵民」不是那些從平地移居至山區的人，他們是山區的原住民。「山民是現存的，但山人卻沒有被發現。」[33]

　　柳田在宮崎縣的椎葉村發現了一個沒有農業的山區，居住在該地的人們實行一種近乎理想的相互扶助。雖然這些「山民」並不是「山人」，但重要的是他們與「常民」有著完全不同的倫理體系。所謂「常民」是指folk，而不是common people。一般人往往把傳統日本文化與農業掛勾，強調文化（culture）與農業技術（agriculture）的密切關係。農業技術的發明或傳入被視作文化的開端，有利耕作的平原則被視

---

31 柳田国男，《青年と學問》，收入《柳田國男全集》第4卷（東京：筑摩書房，1998年），頁385。

32 柄谷行人，《遊動論：柳田国男と山人》（東京：文春新書，2014年），頁25。

33 同上，頁72。

為孕育文化的場所。但網野善彥（1928-2004）認為，「瑞穗國日本」只是一種虛像。[34] 把「百姓」等同於「農民」，這是農本主義、農民中心史觀的結果。的確，農業社會與「儒家倫理」有一定的關係，但我們沒有理由把東亞倫理學還原或化約為「儒家倫理」。儒家文化圈的農業社會強調互酬性（reciprocity），但在農業社會出現之前，山人亦擁有一種與平地人完全不同的倫理體系──一種強調非互酬性的倫理學（ethics of non-reciprocity）。

邁向二十一世紀，我們必須思考「共生的倫理學」。我者與他者如何互相了解，並且建立各種關係？這裡所指的關係不單涉及倫理，而是還涉及倫理學。我們重申，倫理不同於倫理學，前者是指人與人有什麼關係，而後者是指人與人應有什麼關係。儒學有所謂「己所不欲，勿施於人」。[35]「己所不欲，勿施於人」是否蘊涵「己之所欲，亦施於人」，我們暫時把這個問題存而不論，但單憑「己所不欲，勿施於人」亦給我們一個善惡指引：「己所不欲不施於人」是「善」，而「己所不欲施於人」是「惡」。這個引句具有普遍性，它有潛力成為倫理學的「金律」。當然，「己所不欲，勿施於人」能否適用於全世界，這仍留我們的檢證。柳田向我們展示了一個事實，即農業社會中心的倫理學不適用於非農業社會。因此之故，我們必須重新認清儒家倫理學的適用範圍，特別是在多民族、多文化、多語言的東亞地區。

三、啟示

臺灣中央研究院院士許倬雲院士在《我者與他者》中指出：「中國的歷史，不是一個主權國家的歷史而已；中國文化系統也不是單一文化系統的觀念足以涵蓋。不論是作為政治性的共同體，抑或文化性的綜合

體，『中國』是不斷變化的系統，不斷發展的秩序，這一個出現於東亞的『中國』，有其自己發展與舒卷的過程，也因此不斷有不同的『他者』界定其『自身』。」[36]筆者認爲，以上的分析亦適用於臺灣——臺灣文化不能以單一文化系統的觀念來涵蓋，臺灣不斷有不同的「他者」來界定「自身」。這個「他者」，包括了從中國大陸漢族人口，亦包括荷蘭和日本等殖民統治者。眾所周知，日清戰爭之後滿清政府把臺灣割讓予日本。正如佐谷眞木人在《民俗學‧臺灣‧國際連盟》中指出，「臺灣是日本最初獲得的殖民地，亦成爲日本國內的異文化。」[37]日本如何面對臺灣這片土地上的「我者」——原住民？臺東卑南族人Paelabang Danapan（孫大川）在《夾縫中的族群建構》中指出：

> 日本據臺的五十年當中，對原住民歷史敘述的方式有一個新的發展，即殖民地政府社會對原住民社會田野調查的全面展開。原住民逐漸成爲人類學家筆下的存在，其歷史敘述也充滿人類學式的修辭，體質、考古、語言學、工藝技術、親屬制度、生命禮俗、宗教儀式、族群識別等等，彷彿一層層分類有序的多寶格，將原住民一一「安放」在那裡。鳥居龍藏以下日本歷代的人類學者或田野工作者，挾其旺盛的求知慾，上山下海，爲原住民存留了寶貴的歷史、文化資料。但也由於他們大都只是觀察者、研究者、記錄者，有關原住民自身歷史建構的問題非其關心之所在，因而在他們筆下，原住民頂多只能是「學術的存在」。[38]

引文提及的鳥居龍藏（1870-1953），是日本最初的人類學家之一，他曾深入臺灣的「蕃界」作詳細的田野考察。他視原住民爲研究或調查的

---

36 許倬雲，《我者與他者》（香港：香港中文大學出版社，2009年），頁2。
37 佐谷眞木人，《民俗學‧臺灣‧國際連盟》，頁8。
38 孫大川，《夾縫中的族群建構》（臺北：聯合文學出版社，2010年），頁86。

對象,但原住民卻對日本抱有「好感」。他指出:

> 當時的臺灣,在平地旅行比跋涉山地還要危險,不過,黥面的
> 泰雅族太魯閣群的部落,還是危險地區。臺灣的平地是福建、
> 廣東移民聚居之地,他們不喜歡日本人在臺灣設立總督府統治他
> 們,處處都有土匪出沒,因此平地的調查旅行是相當危險的。
> 但是,山上的原住民恰恰相反,他們過去一直不喜歡漢人的統
> 治,抗爭不止,現在忽然有日本人來到臺灣,他們對新政府寄予
> 厚望。尤其是總督府已經在原住民區成設立撫蕃所,很親切地照
> 顧原住民,原住民對日本政府表示好感,因此我們在原住民的山
> 區旅行,並沒有什麼危險。[39]

1903年,日本曾強行把臺灣原住民(同時亦包括Ainu族、琉球族人)帶
往大阪的「內國勸業博覽會」人類館展示,嚴重損害了他們的尊嚴。[40]
但是,日本在臺灣推行的普及教育卻「促使原住民第一次學習到超越
各民族的共同語言——日語——成為溝通、傳播的新工具。」[41]然而,
「山地保留」政策在戰後改為「山地平地化」政策,這為臺灣原住民帶
來了極大的傷害。「嚴格地說,臺灣原住民母語之迅速喪失,乃是近
四十年來的事。日據時代原住民的社會、文化,固然也有若干深刻的變
化,然而一般說來,當時許多部落的社會結構和風俗習慣等並未遭到徹
底的摧毀。直到一九四九年以後,情況才以制度化的方式全盤惡化。這
當然和國民黨的原住民政策有關。」[42]比較日據時代與國民黨政府的時
代,兩者的差異非常明顯:

---

[39] 同上,頁146。
[40] 佐谷眞木人,《民俗學・臺灣・國際連盟》,頁49。
[41] 孫大川,《夾縫中的族群建構》,頁166。
[42] 同上,頁10。

不同於日據時代，國民黨政府的原住民政策採取的是一個比較積極的輔導（干預？）手段。從民國四十二年，臺灣省政府頒布「促進山地行政建設計畫大綱」起，歷年來頒訂的政策和方案，內容雖有增修，但始終不離『山地平地化』的總方向……尤其嚴重的是和文化發展有關的政策，其目的不在幫助原住民認識、整理自己的文化，反而是教導他們脫離自己的傳統，學習迅速地融入所謂的平地社會。這是典型的「同化」（assimilation）。[43]

對臺灣而言，日本這個他者應該是「恨」的對象，但筆者在透過與一些臺灣學者，包括原住民的交流之中發現，臺灣對日本這個他者有一種「愛」，這可以是一種浪漫主義——比較後來的國民黨治臺，日治／日據的殖民時代反而令人懷念。從原住民的角度可見，同化政策沒有成功令原住民投入社會，反而造成了更多對原住民的歧視。臺灣最本土的「我者」，卻成為了最被歧視的「他者」。Paelabang Danapan指出：

許多跡象顯示，臺灣四十年來的進步、發展，並沒有幫助我們更進一步了解原住民的真實情況。一般來說，主流社會對原住民的印象總是停留在「落後」、「懶惰」、「散漫」、「酗酒」、「淫亂」、「沒有知識」、「沒有計畫」、「沒有時間觀念」，以及「純樸」、「老實」、「健壯」、「大眼睛」、「比較浪漫」、「比較自然」、「比較樂觀」、「有歌舞的才華」、「五官輪廓深」等等粗糙的認識上。這些不顧上下文的浮面評價，不論是正面或負面的，都構成大家彼此真實相遇的障礙。[44]

---

43 同上，頁10-11。
44 同上，頁52。

赤坂憲雄指出，現今是「境界喪失的時代」。[45]男與女、生與死、現世
與地獄等界線，亦已變得模糊不清；曾劃分平地和山地的「隘勇線」已
不復見。「隘勇線」和「生蕃」等用語，今天已是歧視語，但平權運動
仍然有待發展。在臺灣，特別是戰後的「山地平地化」政策，不單令山
地的傳統文化消失，並且對原住民族帶來極大的傷害。

　　如何認眞地思考臺灣原住民的人生觀、價值觀、甚至倫理學？柳田
非常留意臺灣的原住民，1917年他得到民政長官下村宏（1875-1957）
的邀請前往臺灣，除了走訪臺北、臺南及高雄等地市，亦特別去了原
居民所居住的霧社，這次巡禮經驗可以說醞釀了日後的山人思想。[46]在
訪臺的時候，柳田已有批評「同化主義」。[47]後來，《民俗臺灣》創
刊，這雜誌表面上是收集臺灣舊有的各種傳統，實質上亦是爲了對抗日
治／日據時代的同化政策。[48]可惜的是，1930年霧社發生了被稱爲「霧
社事件」的大規模反日運動，柳田的個人努力未能加深民族之間的互相
了解。

　　然而，柳田的思想重視境界的可能性，這不僅是一種倫理學的
態度，而且也是今後東亞倫理學的實質課題。雖然柳田本人沒有自稱
爲「倫理學家」或「哲學家」，他的研究表面上亦與倫理學或哲學無
關，但是柳田的學問本來就強調反思習俗、制度與價值觀等。筆者相
信，柳田的民俗學、經世濟民之學、山人的倫理學可以爲我們提供新的
對話資源，以反思跨文化運動背景下之東亞倫理學。這個倫理學，不是
單純的道德哲學理論，而是關於各地的民俗和習慣。這不是一種以單一
思想（例：儒家思想）作爲理論基礎的倫理學學說，而是一種尊重他者
的倫理學。因此，我們可以說，物語或民俗學並非與哲學毫無關係，相
反地，它們提供了豐富的資源來讓我們思考東亞的哲學／哲學在東亞。

---

45 赤坂憲雄，《境界の発生》（東京：講談社，2002年），頁17。
46 佐谷眞木人，《民俗學・臺灣・國際連盟》，頁7。
47 同上。
48 中村哲，《柳田国男の思想》，上（東京：講談社，1977年），頁69。

第七章
柄谷行人的遊動論

一、從批評到哲學

在日本，「思想」與「哲學」之間出現了楚河漢界——「哲學」往往被等同於西方哲學，東亞的哲學傳統被視爲「思想」。曾任日本哲學會會長的野家啟一如此說：「『日本哲學』這個說法，主要是指日本自明治開始接受西洋哲學，並把它咀嚼後的哲學成果。然而，相對於已有學會組織的『日本思想史』部門，很難說『日本哲學』已在日本哲學界確立。實際上，『日本哲學會』這個學會組織雖然存在，但它的構成會員幾乎是研究西方哲學的人。」[1]

哲學界對「思想」視而不見，甚至完全無視「思想」的可能性。「日本哲學」（包括傳統的「日本的思想」與現代的「日本的哲學」）成爲了被邊緣化的學術領域。在歐美哲學主導的情況下，不單中國哲學、日本哲學等「他者」被邊緣化；文學、民俗學等學科亦成爲了哲學的「他者」，被排除於哲學的範圍以外。哲學家們高談「他者」的哲學，但他們卻忘掉了哲學的「他者」。

柄谷在臺灣的〈移動與批評〉演講中，透露了他的出發點並不是哲學，而是文學——夏目漱石論。柄谷如此憶述：「首先要說的是，我本來是一個文藝批評家；我寫了很多文學評論，也結集成書出版。但是在進入八〇年代以後，我不再從事狹義的文學工作。頂多就是擔任文學

---

[1] 野家啟一，〈解說〉，《日本哲学の多様性》（京都：世界思想社，2012年），頁225。

獎的遴選委員。而且在九〇年代末期，連這種程度的工作也完全停止了。從那時候起經過了漫長的時間，近年來在日本，人們甚至忘記了我曾經是個文藝批評家這件事。」柄谷在講稿中甚至提出，1990年以後作為娛樂的文學仍然存在，但文學已走到它的終點。「我從文學批評抽身，就在這個時期。」

雖然柄谷本人已說不再從事「文學批評（literary criticism）」，但我們仍然可以把他視作是一位「批判家（critic）」。借用野家啟一的說法，柄谷應該被視為一位「危機（crisis）的探究者」。[2]柄谷意識到哲學的危機，即「獨我論」（solipsism）。要擺脫獨我論，便要尋求通往「他者」的道路。柄谷認為，我們不應停留在各自的「自白」（monologue），而是要「對話」（dialogue）。「對話只存在於沒有共通語言遊戲的人們之間。而所謂他者，則是那些與我者沒有共通語言遊戲的人。」[3]

在欠缺共通語言遊戲作為基礎的情況下，「對話」如何可能？以大學為例，在學院之爭（conflict of faculties）的處境中，人文學科、自然科學與社會科學鮮有對話；在文學院之內，文學與哲學、哲學與人類學之間的對話更是寥寥無幾。我者與他者即使有對話的意圖，也沒有對話的空間。這不單是哲學（包括日本哲學）所面對的困難，同時亦是現今大學的危機。研究文學的不知道誰是西田幾多郎或和辻哲郎，哲學系的師生們大概亦不會讀柄谷行人或柳田國男。

二、交換模式

柄谷認為，日本在九十年代以後，文學作品已失去了批判性，因此文學批評亦失去了意義。我們不一定認同以上主張，但對柄谷本人來

2　野家啟一，〈危機の探求者──『探究Ⅰ』を読む〉，收入：柄谷行人，《探究Ⅰ》（東京：講談社學術文庫，1992年），頁258。

3　同上，頁262-263。

說，他的興趣從文學批評轉到哲學，這是不爭的事實。他先在《跨越性批判》、《世界史的結構》以及《哲學的起源》等作品中，提出了「交換模式」的思想。這是了解柄谷哲學的重要線索。

傳統的左翼理論一向以「生產模式」（modes of production），但柄谷卻嘗試把焦點放在「交換模式」（modes of exchange）上。柄谷的說明如下：

> 以「經濟下層結構＝生產模式」作為前提，無法說明資本制之前的社會。不僅如此，連資本制經濟都無法說明。資本制經濟本身是築基於貨幣與信用的巨大體系；換句話說，是一種「觀念性的上層結構」。為了說明這一點，馬克思在《資本論》中，從商品交換的次元開始他的考察，而不是生產模式。資本主義式的生產模式——亦即，資本與勞動者的關係——透過貨幣與商品的關係（交換模式）組織而成。然而那些高唱歷史唯物論的馬克思主義者，甚至不去好好研讀《資本論》，只是反覆地把「生產模式」的概念掛在嘴邊而已。所以，我們必須拋棄「生產模式＝經濟下層結構」這個看法。但是，這並不表示我們必須拋棄「經濟下層結構」這個更為普遍的概念；我們只要把生產模式換成交換模式就好。如果交換是經濟的概念，那麼所有的交換模式都是經濟行為。也就是說，如果我們廣義看待「經濟」，「經濟下層結構」決定社會構成體這個說法，一點問題也沒有。舉例來說，國家與國族，分別來自不同的交換模式（經濟下層結構）；將它們看作觀念性的上層結構，和經濟下層結構區隔開來，是不合理的。我們之所以無法透過啟蒙來消解國家或國族，就因為它們各自築基於某種交換模式。當然，它們以觀念性的型態存在；但是根基於商品交換的資本制經濟也一樣。資本主義系統不但不是「物質性的」，根本就是以信用為基礎的、觀念性的世界。正因

爲如此，它始終蘊含著「恐慌」（危機）。[4]

柄谷提出了四種「交換樣式」，即A、B、C、D。首先，A是指家族或共同體內的交換，他們不用貨幣，而是以互酬的方式進行；B是指支配者（國家）對被支配者的再分配；C是通常的交換，以貨幣換來商品。柄谷認爲，一個社會構成體，是由多數的交換模式（A、B、C）組合而成。在現代，則顯現爲「資本－國族（Nation）－國家」的形態。D則是指A被B、C解體之後，在更高層次的回復。它是被視作一種「普遍宗教」，對抗資本主義。柄谷一再強調，D並非只存在於人類的願望或想像中。即使不採取普遍宗教的形式，D也可以出現。他爲D作了以下定義：

> 交換模式D不僅否定由交換模式B所衍生的國家，同時超越交換模式C所產生的階級分裂；換句話說，是在較高的次元回復到交換模式A。它是自由的，同時也是相互的（平等的）交換模式。不過，交換模式D和前面三種交換模式不同，它不是實際存在的；它是對於受到交換模式B與C壓抑的互酬性契機，一種想像上的回復。因此最初，它顯現爲宗教運動。

柄谷指出，C與D是自由，A與B是拘束；A與D是不等，B與C是不平等。他用下圖表示這些關係：

4　柄谷行人，林暉鈞譯，《世界史的結構》（臺北：心靈工坊，2013年），頁40-41。

圖一　交換模式[5]

	不平等	平等
拘束	B——掠奪與再分配 （支配與保護）	A——互酬 （贈與與回禮）
自由	C——商品交換 （貨幣與商品）	D——X

另一方面，柄谷認爲A、B、C、D在歷史上衍生了四種型態，分別是資本、國族、國家和X。如下圖：

圖二　現代社會構成體[6]

	不平等	平等
拘束	B——國家	A——國族
自由	C——資本	D——X

這裡，我們可以提問：這裡的問題是，A、B、C、D是否有預設了一種歷史進步論？表面上，A出現於部族社會，B出現於帝國，C出現於資本主義。這似乎是一種線性發展，暗示D會出然在C之後。然而，柄谷並沒有提出這種歷史進步史觀，而現實之中，有可能出現了「資本－國族－國家」的結合體。此外，我們更應追問：如果柄谷沒有預設歷史進步論，即D曾於歷史上出現，但這有沒有具體的事例？

　　在《世界史的結構》中，柄谷認爲D在古代帝國已有人提倡。他指出：

　　　　在古代帝國的階段，提倡交換模式D的人，將它視爲能夠超越交換模式B與C的理想，同時也把它看作超越傳統共同體——古代

帝國的基礎——拘束之契機。所以交換模式D不單單只是回歸到交換模式A，而是在一方面否定它的同時，於更高的次元回復它。基督教與佛教等普遍宗教在創始初期，都曾經出現共產主義式的集團，就是交換模式D典型的例子；在那之後的社會主義運動，也都採取了宗教的型態。[7]

具體地說，柄谷行人在《哲學的起源》（2012）中提及愛奧尼亞的「平等法則」（Isonomia）思想。「例如荷馬的作品是以愛奧尼亞方言所寫成，希臘的表音文字來自愛奧尼亞，市場自由交換以及鑄造貨幣技術，也是來自於愛奧尼亞；甚至雅典執政官梭倫（Solon）所推行的改革，讓奴隸免除債務，恢復自由，並且授予外國人市民權，也是從愛奧尼亞學到的平等概念。」[8]

如果我們說愛奧尼亞的政治哲學是雅典文化的他者，山人思想則是日本文化中被遺忘了的他者。柄谷在《遊動論——柳田國男與山人》（2014年出版，主要收錄四篇2013年在《文學界》刊登的文章）[9]中，對柳田國男的思想作了一個全新的解讀。一般而言，文化（culture）與農業技術（agriculture）有密切關係，農業技術的發明或傳入被視作文化的開端，有利耕作的平原則被視為孕育文化的場所。「晚年柳田國男的課題，就是追問日本民族的出自與稻作的起源。」[10]但是，早年的柳田卻發現了農耕文化以外的他者——山人思想。

柳田國男1897年入讀東京帝國大學法科大學政治科，1900年畢業後加入農商務省農務局，提倡農民的「協同自助」。但是，柳田在九州

---

[7] 同上，頁47。

[8] 柄谷行人，《哲學的起源》，〈推薦序一〉。

[9] 柄谷說他四十年前已在雜誌連載「柳田國男論」，但稿件一直未有成書。參考《遊動論——柳田国男と山人》（東京：文春新書，2014年），頁197。

[10] 同上，頁25。

南部地方發現了沒有農業的山區也有「相互扶助」。柳田所遇見的是
「山民」，即擁有農業技術，但因種種原因而逃往山區的狩獵人或移種
農民（有別與「常民」）。所謂「山人」，不是那些從平地移居至山區
的人；相反地，山人是山區的原住民。「山民是現存的，但山人卻沒有
被發現。」[11] 山人是被遺忘的他者，山人思想是被遺忘的思想。今天，
我們重提山人及其思想，這到底有什麼意義？根據柄谷的分析，現代人
雖然失去了對山人的記憶，但山人的存在並非幻想。柳田嘗試從物語等
口傳資料中，尋找一些有關山人的線索；但更重要的是，山人並不是日
本過去的歷史，而是關於未來世界的啟示。

　　柄谷強調，山人思想的特點是「遊動性」，而柳田就是一位有留
意「遊動民」的思想家。以遊動式的狩獵民為例，我們可以區分「定住
型的狩獵民」（如：繩文人、Ainu人、臺灣的山地原住民等）與「遊動
型的狩獵民」（如：山人）。今日，我們雖然已不能找到遊動狩獵採
集民的社會，但是卻可以想像遊動狩獵採集民的「交換樣式」。柄谷
指出，「從前，馬克思主義一向以『生產模式』為觀點；具體而言，
就是在問『誰擁有生產手段？』。馬克思主義認為生產模式是『經濟
的基礎』，政治、宗教、以及文化方面的事物，則屬於觀念性的上層
結構。」[12] 柄谷認為，「交換樣式」可以分為四種：A是指家族或共
同體內的交換，他們不用貨幣，而是以互酬的方式進行。B是指支配者
（國家）對被支配者的再分配，C是通常的交換，以貨幣換來商品。
柄谷認為，一個社會構成體，是由多數的交換模式（A、B、C）組合
而成。在現代，則顯現為「資本－國族（Nation）－國家」的形態。D
則是指A被B、C解體之後，在更高層次的回復。它是被視作一種「普
遍宗教」，對抗資本主義。柄谷一再強調，D並非只存在於人類的願
望或想像中。即使不採取普遍宗教的形式，D也可以出現。例如：柄

11 同上，頁72。
12 柄谷行人，《世界史的結構》，中文版〈序〉，頁5。

谷行人在《哲學的起源》中提及愛奧尼亞的「平等法則」思想。愛奧尼亞人嘗試讓奴隸恢復自由、並予外國人市民權。這就是D的具體實現。

柄谷在《遊動論》中嘗試從「交換樣式」的角度了解山人：由於遊動狩獵採集民沒有於某地定居，他們無法（亦沒有必要）把獵物蓄積；因此，他們會把獵物公平地分配給參加狩獵者、客人及其他人。柄谷認為，這就是一種「純粹贈予」。[13] 山人分配獵物，不問回報，亦不求利潤。山人的交換樣式不是互酬（交換樣式A）、再分配（交換樣式B）或商品交換（交換樣式C），而是對抗「資本－民族（nation）[14]－國家」的有力候補（交換樣式D）。

柄谷在《日本現代文學的起源》的中文序言中指出：「Nation 並非根植於血緣和土地，而是根植於相互扶助的感情，進而根植於需要這種相互扶助之社會現實。如果不顧及資本制市場經濟和國家，單純去消解nation 是做不到的。為了真正揚棄nation，必須走出那個資本制=民族=國家三位一體的圓環。」[15] 柳田後來強調「一國民族學」[16]，但他的山人思想卻提供了一些潛力，讓我們對抗單一民族主義、國家主義和資本主義。正如萬毓澤指出：

> 柄谷對生產模式論的批評，某些地方是極具洞見的。比如說，他（在我看來正確地）指出，如果我們只看到生產模式，就難以區分「遊動的」狩獵採集社會，以及「定居」之後發展出的氏族社會，畢竟兩者都是生產資料共有的「原始共產主義」。但他指出，兩者的差異極具理論意義：一方面，前者有共同寄

---

[13] 柄谷行人，《遊動論》，頁182。

[14] 原文為「ネーション」（nation），中文可譯作「民族」或「國族」。

[15] 柄谷行人，《日本現代文學的起源》（北京：三聯書店，2003年），頁6。

[16] 柄谷行人，《遊動論》，頁44。

託（pooling），但沒有互酬制，因爲他們不斷遷徙，無法儲存、積累收穫物，所以傾向於均等地將收穫物分配給成員；另一方面，這種「定居革命」（sedentary revolution）帶來儲存與積累，從而使不平等和戰爭成爲可能，但透過強制的贈與及回報（即互酬制），有系統地壓制了財富和權力的集中。[17]

這裡，我們要特別注意，遊動性不等同於遊牧性。筆者在把〈二種類の遊動性〉翻譯爲英文時，建議把「遊動性」翻譯爲「mobility」。柄谷回覆道：「正如你所說，遊動性是對遊牧論（nomadology）的批判，所以我認爲mobility是合適的。根據上文下理，你亦可以考慮把遊動性譯作travelling等。」遊牧論曾經被視爲對抗資本主義的有力思想，但遊牧民族的跨國性卻被跨國企業利用，成爲了跨國資本主義的一部分。

三、雨傘運動與琉球獨立

柄谷說他的出發點是文學批評，但其實他有另外一個「原點」，即學生運動。「我在1960年4月，進入東京大學就讀。那剛好是『日美安保條約改訂』鬥爭的最盛期。它可以算是現代日本最初的——說不定也是最後的——大型的群眾運動。」柄谷亦有發動NAM（New Associationist Movement），並積極參與保護日本和平憲法和反核等社會運動。

2014年9月，香港發生了大規模的罷課運動。香港專上學生聯會（學聯）在香港中文大學百萬大道宣讀罷課宣言，強烈反對8月31日公布的〈全國人民代表大會常務委員會關於香港特別行政區行政長官普選問題和2016年立法會產生辦法的決定〉。[18] 該文件表示，2017年的香港特別行政區行政長官選舉雖然可以由普選辦法產生，但每一位行政長官

---

[17] 柄谷行人，〈推薦序〉，《帝國的結構》。
[18] http://www.2017.gov.hk/filemanager/template/tc/doc/20140831a.pdf

候選人均須獲得提名委員會全體委員半數以上支持，這被視爲一種有篩選的「假普選」。罷課宣言指出，「中國政府的當權者以天朝自居，冒普選之名，行欽點之實，冒求強推極權國家式的選舉。」[19] 然而，學生們的訴求並非只是「反篩選」，還有「反資本主義」及「反殖民主義」：「未來的民主運動必須立足本土，繼續推進，將反資反殖的精神貫徹於社會各個層面，重奪公民社會每個陣地，展開位置之爭，長遠介入中國議題，匯聚民主力量，以達知己知彼、百戰不殆。如此才能務使港人擺脫中共殖民者與大財閥的控制，真正命運自主，自決前程！」[20]

9月28日，市民在金鐘的政府總部外示威，偶然地占領了附近一帶的道路。警方施放87枚催淚彈，但群眾未有散去。中環、銅鑼灣、旺角等地亦出現了占領運動。學生代表與香港政府代表的對話未見成果。罷課運動已發展爲一個群眾自發，沒有任何組織主導的「雨傘運動」（umbrella movement），爭取「真普選」。之後，不少學生與市民仍在占領區留守，未知何時「退場」。剛才提及學生的「反資反殖」立場，傳媒甚少報導。學生們本來所反對的「資本主義」，特別是指來自中國大陸的紅色資本，這些資本在香港以至臺灣等地引起了各種民生問題（如：房價居高、貧富懸殊等）；而所謂「殖民主義」，則是指大陸把香港殖民化，這引起了各種政治問題（如：打壓異己聲音、民主化停滯不前）。生活在香港，我們要面對的不僅是大陸的紅色資本，而是全球化處境下的資本主義。不要忘記，香港本來就是東亞發展最快和最高度的資本主義大本營。清國於鴉片戰爭敗退，香港成爲了英國的殖民地。1997年，香港回歸中國。香港的《基本法》規定香港會落實一國兩制，資本主義五十年不變，「馬照跑、舞照跳」。2046年之前，我們卻要面對一個回歸前欠缺的想像力：香港即使沒有改變，中國的一些都市（特別是北京、上海、廣州、深圳等）亦變得比香港更資本化。近

---

[19] http://www.hkfs.org.hk/strike-statement/

[20] http://www.hkfs.org.hk/strike-statement/

年，有一些香港人把港殖時代浪漫化，這大概只是一種「怨恨」（ressentiment）：並非是對港英政府年代的肯定，而只是對現時政治處境的否定。

香港是一個很特別的場所——香港不是「國家」，也不是「民族」，但學生們高呼「命運自決」，香港人的命運要由自己決定。土生土長的香港人（native of Hong Kong）有強烈的身分認同，但有不少香港人本來是來自異地，包括1949年前後從中國逃亡或偷渡到港的中國人、在香港生活超過了七年的外籍人士（不包括家庭傭工）等。近年，中、港衝突日漸嚴重，香港出現了所謂「城邦論」的主張，強調香港的本土意識，以對抗語言、文化、政治上的中國化。「香港人」與「中國人」雖有微妙的差異，但純粹的「香港人」並不存在。歷史學家許倬雲指出：「中國的歷史，不是一個主權國家的歷史而已；中國文化系統也不是單一文化系統的觀念足以涵蓋。不論是作為政治性的共同體，抑或文化性的綜合體，『中國』是不斷變化的系統，不斷發展的秩序，這一個出現於東亞的『中國』，有其自己發展與舒卷的過程，也因此不斷有不同的『他者』界定其『自身』。」[21] 同樣地，我們可以說香港是由不同的「他者」來界定「自身」。

如何在香港文化中尋回被遺忘了他者？香港有不少圍村，今天仍然保留了「分豬肉」的習慣（客家文化）；不少宗教團體，多年以來一直向有社會上有需要人士（鰥寡孤獨、弱勢社群、巡禮者等）提供福利與關愛；在「占領中環」（簡稱「占中」）行動期間，不少市民向占領者無條件地提供飲食等物資援助。柄谷認為，「現在先進資本主義國家中運行的，是『資本－國族（nation）－國家（state）』三位一體的系統。它的構造是這樣子的：首先有資本主義市場經濟。但如果放任它發展，必定會導致經濟上的格差與階級對立。針對這一點，國族基於共同與平等的觀點，要求解決資本制經濟帶來的各種矛盾與衝突。於是

---

[21] 許倬雲，《我者與他者》（香港：香港中文大學出版社，2009年），頁2。

國家登場，透過課稅、再分配以及制定各種法規，完成國族要求的課題。」香港人往往被評爲只向「錢」看，但事實上有不少香港人不求回報，不服從強權，也不是爲了經濟上的利益；相反地，他們在實踐「純粹贈予」，對抗高度發展的資本主義。

　　柄谷亦以「純粹贈予」的觀點，提出了他對《琉球獨立論》一書的評論。柄谷指出，日本在沖繩的駐軍，並容許美國在沖繩屯兵，違反了《日本國憲法》第九條，即永久放棄戰爭來解決國際紛爭，並且不保有海陸空三軍，不行使交戰權。他如此說明：

> 本書（《琉球獨立論》）主張「琉球獨立」。例如：蘇格蘭舉行公投尋求從英國獨立，很多日本人一定很驚訝。我眞的不明白爲什麼蘇格蘭要獨立。但更讓人難以理解的是，琉球並沒有從日本獨立出來。琉球原本是一個獨立的王國，1872年琉球處分開始，但和其他國家的外交關係依然存在，直到甲午戰爭後，日本才明確把琉球王國解體。從此以後，琉球人受到了歧視。在太平洋戰爭中，沖繩被作爲對抗美軍的戰場，導致大量死亡，戰後也被美國統治。後來，沖繩被「復歸」到日本，但美軍基地仍在沖繩。目前東亞的政治局勢越來越緊張，琉球群島的獨立似乎越來越不現實。但是，筆者認爲，正是因爲當前的形勢，琉球的獨立才有可能，才具有普遍意義。這其中的關鍵就在於，獨立的琉球會放棄所有的軍事裝備。換句話說，琉球群島將執行日本民族現在放棄的憲法第九條。琉球群島建立的這種外交關係網，將解決中、臺、日之間的緊張關係。這樣一來，琉球群島的獨立就會化解甲午戰爭後形成的東亞衝突地緣政治結構，實現和平。這是本書提出的第一個原則。

　　柄谷在2015的一次訪問中，亦提及了沖繩的基地問題。當時，沖繩面對美軍在邊野古新建基地。他指出，美軍在日本駐軍是違反《憲法》第9

條，但在美日安全保障之下，沖繩不幸成爲了犧牲。獨立不一定能馬上解決所有問題，但如果沖繩把自衛權無條件贈與聯合國，則有機會達成永久和平：

> 我們將在聯合國宣布，我們將給予自衛權。這就是我們需要做的一切。通常情況下，戰爭失敗的國家會投降並放棄武裝力量。日本的憲法是戰後占領時期制定的，所以第9條中的放棄交戰權也被認爲是類似的內容。但是，《憲法》第9條放棄自衛權，是將自衛權「贈與」給聯合國。贈與具有不同於武力或金錢的強大力量。[22]

通常情況下，如果你送出一份禮物，你就會期望得到回報。這是一種互酬的倫理（ethics of reciprocity），例如：孔子主張「己所不欲，勿施於人」，這預設了一種互酬性。如果日本不要軍事基地，那麼沖繩也不應該有軍事基地。這是有條件的非軍事化。但柄谷主張的「贈與」倫理並不是互酬的倫理，而是非互酬的倫理（ethics of non-reciprocity）。所謂純粹贈與，就例如沖繩無條件放棄所有的軍事基地，並且永遠不會保留任何陸海空部隊。這是爲了向世人證明和平憲法應該如何實施。以《聖經》爲例，「如果有人打你的右臉頰，就把你的左臉頰給他。」被人施襲，卻不還手，這就是一種放棄戰爭的態度。

　　當然，我們可以說，目前東亞政治局勢日益緊張，放棄自衛權會馬上被侵略，結果百害而無一利。即使琉球獨立，亦要參與甚至受制於國際政治下的角力。對於沖繩這個受困於「雙重殖民」的南島，她應該如何自處？

---

[22] http://ryukyushimpo.jp/news/entry-199237.html

第八章
吉本隆明的南島論

一、獨立論

　　2019年夏天，筆者在京都訪問了龍谷大學的松島泰勝教授。松島教授生於石垣島，現在是龍谷大學經濟系教授、琉球民族獨立總合研究學會共同代表，主著爲《琉球獨立論》。[1]歷史上，沖繩曾被稱爲「琉球王國」，早於《隋書》已有記載。琉球王國（1429-1879年）曾與明清兩朝有外交關係，因此該島與中國有很強的關聯。事實上，琉球提倡儒家學問，並試圖發展爲「禮儀之邦」。然而，1609年，琉球被薩摩（今鹿兒島縣）的島津藩入侵。明治維新後，琉球被日本收入沖繩縣（部分收入鹿兒島縣）。日本對這事件的說法是「琉球處分」（Ryukyu disposition），但松島認爲應稱之爲「琉球併合」（Ryukyu annexation）。

　　現代日本以「解放」琉球之名，但沖繩縣的成立卻是惡夢的開始。沖繩成爲了太平洋戰爭的戰場，美日兩軍在沖繩展開了殘酷的陸上戰，沖繩人被迫爲日本上戰場，四分之一人口犧牲，那霸被「焦土化」，琉球王國的大部分文化遺產被破壞。二戰的結束並沒有爲沖繩帶來和平，日本本土即使在60年代成功復興，沖繩卻一直被美國占領到1972年。即使沖繩「復歸」了日本，由於美日安保同盟的存在，沖繩島繼續成爲美國的軍事基地。冷戰期間，沖繩島曾儲存了1500多枚核彈。雖然日本憲法第九條規定日本永遠放棄戰爭作爲解決國際紛爭的手

---

[1] 松島泰勝，《琉球獨立論》（東京：バジリコ，2014年）。

段，沖繩卻成爲了美國對越南、伊拉克、阿富汗等戰爭的基地之一。基地不單帶來了噪音和水源汙染等民生問題，亦帶來了軍機墜毀和軍人犯罪等事件。[2] 例如：2012年8月一架美軍軍用直升機墜入沖繩國際大學的校園、2016年12月一架魚鷹運輸機在沖繩縣海域急降時墜毀等。

　　事實上，美國在日本的軍事基地約有75%位於沖繩，約占日本領土的0.6%。[3] 日本自衛隊在沖繩也有基地，例如：那霸國際機場由日本航空自衛隊共用。[4] 2009年，時任日本首相鳩山由紀夫主張把高度危險的普天間基地遷往沖繩縣外，但結果無功而還。琉球如果要獨立，具體的方法是參考卡塔尼亞自治區和東帝汶等地的經驗，但小國的獨立往往被視爲是一種只會在居酒屋出現的空談。此外，日本多年來的同化政策，大大減弱了獨立的可能性。以北海道的Ainu人爲例，經過了多年爭取，終於被日本承認爲「先住民族」，但卻沒有得到應有的平權。即使2020年日本北海道白老地區會有新建的國立設施來「保育」Ainu文化，但Ainu民族卻因而失去了自身敘事權。沖繩人的悲哀，是日本至今仍然不承認他們是原住民。有學者甚至主張日琉同祖論，把沖繩「回歸」日本合理化。的確，日本與琉球有一些共通的語言和文化傳統，但同祖論的理論基礎薄弱。戰前京都帝國大學曾有人類學學者研究沖繩人的骨骼特徵，盜取及保管了不少遺骨，京大至今亦拒絕返還，松島教授等現正嘗試以訴訟的方式來對抗學術殖民主義。[5] 他坦言，自己受到了不同方式的言論打壓或人身攻擊，但會繼續以和平、理性、非暴力的方式來對抗同化。

---

[2] https://japan.kantei.go.jp/constitution_and_government_of_japan/constitution_e.html

[3] http://dc-office.org/basedata#p1

[4] "Editorial: Sixty years after Miyamori Elementary School plane crash, the dangerous conditions have not changed." *Ryukyu Shimpo*, 30 June 2019.

[5] 松島泰勝，《琉球 奪われた骨——遺骨に刻まれた殖民地主義》（東京：岩波書店，2018年）。

二、南島論

　　學術殖民主義畢竟是殖民主義的副產品，學術結果成爲了權力底下的犧牲品。和辻哲郎認爲「天皇的本質是權威，而不是權力」[6]，這明顯不合乎事實。例如：琉球被併合之後，展開了新的同化歷史。琉球最後一位國王尚泰（1843-1901）被明治天皇封爵，實質貶爲臣民，失去了一國之君的身分地位。廢藩置縣之下，琉球王國變成了沖繩縣。然而，我們即將指出，日本在把琉球這個「他者」同化爲沖繩之前，本來已有大量琉球文化參與了日本這個「我者」的建構。其中一個最好的例子，就是日本的天皇制。

　　2019年是平成時代的結束，令和的開始。在一系列的天皇皇位繼承儀式和典禮中，其中最重要的是「大嘗祭」。據宮內廳的公告，大嘗祭是「新登基的天皇陛下向皇祖和神靈獻祭的大儀式」，並已於11月14日至15日舉行。[7]由於大嘗祭是閉門舉行，公眾無法了解其實際內容，但從每年舉行的「新嘗祭」來推敲，我們可以說大嘗祭形式上接近於收穫祭，天皇將新收割的稻米獻給皇上的祖先和天地神靈。

　　眾所周知，稻米在大和文化中占有重要地位，宮廷文化與民間的收穫祭異曲同工，並非毫無道理。但問題是，「大嘗祭」是不是宗教儀式？如果是宗教儀式，由國家預算撥款舉辦的大嘗祭便明顯違反了《日本憲法》第二十條，即「國家及其機關不得進行宗教教育或任何其他宗教活動」。[8]換言之，我們面對以下的兩難：如果我們承認大嘗祭是一種宗教活動，那麼國家的參與是違憲的；但如果我們認爲大嘗祭不是宗教活動，那麼向皇室祖先獻上新收割的稻穀將會毫無意義。

　　根據吉本隆明（1924-2012）的南島論，大嘗祭明顯是一種宗教儀

---

[6]　WTZ 4: 288-289

[7]　http://www.kunaicho.go.jp/kunaicho/koho/kohyo/pdf/syogishiki-j-e.pdf

[8]　http://japan.kantei.go.jp/constitution_and_government_of_japan/constitution_e.html

式。吉本被認為是戰後日本最重要的哲學家之一。和日本當代許多思想
家一樣，他也參與了1960年的反安保社運。他指出，無論是大嘗祭或新
嘗祭，它是地方的稻田祭的濃縮版，例如：能登半島的稻田祭。吉本明
言：「整體來說，作為神道組織的祭祀只有新嘗祭和大嘗祭兩種。」[9]
換言之，民間宗教和繼位祭之間具有連續性。另外，「大嘗祭」與琉球
王國聞得大君（女祭司）的就任儀式「御新下」相當類似。兩個儀式相
似之處之一，就是凡人與神靈共食共睡。正如折口信夫（1887-1953）
指出，大嘗祭的高潮是「眞床覆衾」的儀式，皇室的祖靈透過睡眠進入
即將上任天皇的人體內，令他獲得神格。吉本推測，大嘗祭本質上是某
種與性有關的儀式。在《共同幻想論》中，他指出：「國家是一種共同
的幻想。風俗、宗教、法律也是共同的幻想。建國前存在的各種共同的
幻想，必然是集中在一個中心之上。」[10]

　　我們在談吉本的南島論時，有必要補充其歷史背景。自1960年代
起，日本國內出現了反美日安保條約運動。沖繩在戰後被美國占領，直
到1972年才被「復歸」到日本。作為一位左翼知識分子，吉本試圖將沖
繩從美國的占領下「解放」出來。他們的方法之一是認為沖繩和日本有
一個共同的祖先。

　　根據上述分析，我們不得不承認大祭是一種宗教活動。那麼國家
的參與將是違憲的。我們不能說，「新嘗祭」與「御新下」有宗教意義
的儀式，而「大嘗祭」卻只是一種完全沒有宗教意義的例行公事。避免
違憲的唯一方法，就是把「大嘗祭」去宗教化，只視它為一種世俗人的
「政治表演」。

　　當然，我們還可以提出以下問題：第一，吉本的南島論強調「大嘗
祭」與「御新下」的連續性，因此可以被理解為「日琉同祖論」。但吉

---

[9] 吉本隆明、赤坂憲雄共著，《天皇制の基層》（東京：講談社学術文庫，2003年），頁105。

[10] 吉本隆明，《共同幻想論》（東京：角川文庫，1982年），頁7。

本是從日本人的角度來思考琉球，並從日本的角度來支持沖繩應該從美國占領的狀態「復歸」到日本這個母國。然而，吉本與一眾日本左翼思想家有沒有聆聽過沖繩人的聲音？第二，如果日本與沖繩有一種「同祖」關係，那他如何思考沖繩人作為原住民這個問題（現時，日本政府只承認Ainu人作為唯一的原住民）？第三，在單一民族的幻想下，日本被視作「瑞穗之國」，無論是「大嘗祭」抑或其他類似儀式，也是以「稻米」作為中心。但俗語有云：「一樣米養百樣人」，我們所說的到底是哪種米、哪些人？

三、同祖論

沖繩如何才能實現永久和平？一個建議是實現該島的非軍事化。要做到這一點，沖繩必須擺脫日本，從而擺脫美日安保聯盟。然而，沖繩與日本的分離可能會面臨日琉同祖論的挑戰，日琉同祖論是一種支持日本和琉球有共同祖先的理論。

日本和琉球有共同祖先的說法本身就需要澄清。如果他們真的有一個共同的祖先，那麼這個祖先是誰？這個祖先從哪裡來？科學和宗教等學科對上述問題提供了不同的答案，但在這裡筆者想重點談談日琉同祖論，它有一個具體的論點。它聲稱日本和沖繩有相同的祖先。日琉同祖論受到許多日本重要知識分子的歡迎，其中以柳田國男和伊波普猷（1876-1947）為代表。

柳田國男被譽為日本民俗學之父。作為一位官僚，他曾在宮崎縣的椎葉村、岩手縣的遠野、臺灣山區等地考察，試圖在偏遠地區收集口述歷史。1921年，他以《朝日新報》記者的身分訪問沖繩。柳田最晚年的作品《海上之道》（1961年），可以說是他的沖繩論之集大成。該書更被收入《柳田國男全集》（文庫版）的第一卷，可見其特殊地位。柳田在書中提出以下問題：

　　　直到現在，我還沒有意識到，有太多的問題，我無法得到任何答
　　　案。其中，作爲一個四面環海、獨立生活的島國，對海洋生物的
　　　無知是相當不正常的……比如，日本人是從哪個方向來的？在幾
　　　百個大大小小的島嶼中，不知道他們先在哪個島上登陸，接下來
　　　又向哪個方向移動。[11]

所謂「海上之道」與「陸上之道」不同，海洋道路並沒有在水中爲我
們留下任何痕跡。不過，從海洋學的角度來說，海中有海流，以「黑
潮」爲例，它是指從呂宋島、臺灣到日本列島的海流。柳田引用了日本
海上保安廳的「日本近海之海流圖」，指出有一個稱爲「黑潮」的海
流，它的流動方向是從沖繩流向日本：[12]

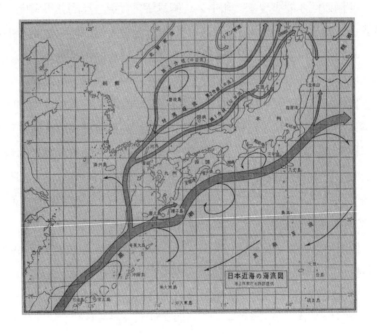

11 《柳田國男全集》（文庫版，以下簡稱YKZ），1: 8。
12 YKZ 1: 8，本圖則引自 https://www.aozora.gr.jp/cards/001566/
　　files/54331_53583.html。

在1897年的夏天，柳田在三河的伊良湖崎（愛知縣）渡假的時候，曾在沙灘發現了從遠方漂來的椰子，後來他把這故事講述給島崎藤村，島崎作了一首新詩來抒發流離之情。柳田認為，現代人對椰子漂來已失去了興趣，但古人曾視之為珍奇之物，會把椰子殼用作酒杯。「在日本，椰子被沖到海邊上岸的事實，千百年來並不是什麼新鮮的歷史，但那些試圖從書本上學習外國知識的人，卻在很長一段時間內對此一無所知。」很顯然，這股海流把很多東西從南方帶到了北方，比如我們現在能找到的海洋垃圾。柳田認為，大海不僅為日本帶來了東西，還帶來了民族和文化。他認為，稻米也是從南方帶到日本的。

> 有無數的問題沒有被人注意到，所以長期以來沒有得到解決，但對於一個一直與鄰國隔絕，四面環海的島國來說，這種對海上生活的無知是相當不尋常的……例如：日本人首先從哪個方向來，又從哪個方向去？我們知不知道，在遠處大大小小的幾百座島嶼中，他們首先從哪個方向登陸，又或者從哪個方向到來。[13]

然而，漂流到日本的不單是「物」，而且還包括了「人」。我們也許以為，汪洋大海令日本為一個孤立的「島國」，但其實海洋不是阻隔，而是提供了流動的動力。我們可以想像，古人正是依靠著海流，成功登陸日本。以徐福為例，日本九州的佐賀縣有一些神社會祭祀徐福，我們亦可以想像日本的確有徐福的後人。歐陽脩曾說：「徐福行時書未焚，逸書百篇今尚存。」徐福帶著三百男女去東方諸尋找靈藥，也許熊野新宮或八丈島就是他們的居所。但柳田卻提出了一個關鍵的問題──徐福在出發之前，到底是否早已知悉他的目的地？他指出：

---

13 YKZ 1: 17。

　　　　雖然似乎沒有人注意到這一點，但我認為徐福帶著數百名未婚男
　　　　女出海的事實很重要。如果這次航行是領取丹藥後快速返航，就
　　　　沒有必要帶這樣的人上船，同時也會被懷疑他有不可告人的目
　　　　的。他們帶著這麼一大群人去進行這樣的航行，一定會被大眾
　　　　理解為是真正的移民計畫，而不是後世的探險隊。在異地上扎
　　　　根，至少亦要得到父母的同意……一般來說，冒險的話是不會帶
　　　　同妻子和女兒出航的。冒險之後，冒險者會回到家鄉，做好一切
　　　　必要的準備和居住計畫，然後再次帶同妻兒漂洋過海，他要具備
　　　　一定的地理知識，心中有明確的目標。即使距離不是太遠，如果
　　　　生活條件沒有很大改善的話，古人也極少在這情況下移居。[14]

對柳田來說，古人如果知道目的地是日本的話，那便是移居或遷民；但
如果他們不知道目的地在什麼地方，那便是冒險。冒險的原因，很可能
是為了尋找寶貝（古時的貨幣）等財富來改善生活。

　　經過畢生的研究，柳田提出了另一個有關海上之道的論述——這
道路為日本帶來了稻米文化。自彌生時代開始，稻米成為了日本文化的
核心，從民間信仰到國家的祭典，稻米的地位不可代替。柳田指出，稻
米在日本有四種灌溉方法，這四種方法分布全國，但可由簡單到複雜
排列。

　　第一種是「天雨」，在一些沒有高山的小島，除了雨水之外，別無
他法，可以說是聽天由命的澆灌法。這出現在沒有灌溉用水，只能依靠
雨水耕種的地區。第二種是「清水掛」，即是把山溪引入稻田。這種方
法的技術要求較低，常見於靠山的稻田。但當缺乏山水時，種植便會有
困難。第三種是「池掛」。這技術是來自朝鮮半島，《日本紀》記述了
古人命令韓國人興建池塘來種植稻米。這方法讓古人即使遇到缺水的時
候，也能種植稻米。第四種是「堰掛」，它是一個大型基礎建設，方法

---

[14] YKZ 1: 38。

是興建堤壩來造田。地理上，要有大面積的土地和鄰近河川才可行，不適用於小島。[15]

以上四項灌溉工程，從技術上來說，是從簡到繁。因此柳田斷定，那些要到下一個島去尋找種植水稻新機會的人，自然會把目標鎖定在山地優良、淡水較豐富的大島；那些知道第二、三種灌溉系統的人，正常來說不會自討苦吃遷往只適合第一種灌溉方法的小島。

出乎意料的是，柳田國男在戰前只到過沖繩一次。1921年1月，他在沖繩島、石垣島和宮古島進行了為期一個月的考察，並在1925年出版了《海南小記》。戰後，柳田試圖在沖繩尋找日本文化的起源，但因為沖繩被美軍占領，所以無法實地考察。因此，我們可以批評，《海上之道》一書的主張欠缺具體的論據支持，以稻米北上說為例，即使沖繩有一些地名（例：久米 kume）與稻米的發音（kome）近似，也有一些古代稻作的痕跡，但柳田的論證欠說服力。

從《海上之道》的字裡行間，我們可以看到柳田對海的執著：「作為一個四面環海的國人，我們實在太忽略了海上之道。如果有一天，我的民族起源理論失去了根據，被徹底打倒，這將是學術界的一個新發展。其實，我是渴望這一天早點來臨。」[16] 柳田的說法暗示了一些額外的東西：如果水稻耕作是從南方傳入日本的，那麼日本的天皇制度（其中有許多與水稻耕作有關的儀式）也會有來自南方的根源。這裡，柳田對騎馬民族（遊牧民族、對稻作一無所知）是日本的祖先的論說表示懷疑：

> 我認為，具有稻米種植習慣的南方民族是經過這個海流（黑潮）來到這個島（日本）的。另外，日本海旁邊的土地更適合種植水稻。我想說明的是，現在有一種趨勢，認為從大陸經過朝鮮

---

[15] YKZ 1: 55。

[16] YKZ 1: 57。

半島穿越海峽到達日本的人，無論是文化還是人都是如此。但是，我明確反對這種理論。除了南方以外，稻米是不可能到達日本的。如果沒有稻米，也就沒有日本這個國家。[17]

柳田將沖繩和日本之間的海上道路連接起來，提供了沖繩（美國占領下）回歸日本的理由。1925年，柳田發表了《海南小記》。同年，他創辦了《民族》雜誌。伊波普猷是其中一位撰稿人。伊波稱柳田為「先生」，柳田稱伊波為「君」，這表明了一種師徒關係。然而，正如荀子所言，青出於藍而勝於藍。石田正人指出：「1921年柳田與伊波見面時，他勸說伊波從看似社會活動家的艱苦生活轉向更專一的學者生活。這構成了伊波於1925年離開沖繩，移居東京的原因之一，此後他可以將更多的時間投入到《おもろそうし》（琉球的歌謠集）和其他琉球資料的研究中。」[18] 有關伊波的基本立場，石田提出了以下的說明：「伊波常說日本語和琉球語是『姐妹語』（shimai-go），還認為沖繩人是『日本人的遠親』（Nihon minzoku no toi wakare）。面對日本的本土人，伊波希望以共同性和平等性為訴求，以贏得他們對沖繩人的尊重；至於沖繩人，他希望他們能夠實現現代化，達到更高的社會和經濟水準──簡而言之，就是要趕上大和人。」[19]

作為一位夏威夷大學的學者，石田注意到伊波對夏威夷的興趣。有意思的是，伊波透過他在夏威夷的經驗，加強了他對沖繩的觀點。在1928年訪問夏威夷群島期間，伊波指出，「日語在夏威夷的消失確實是一個時間問題」，並進一步認為，美國人「最好不要引起對夏威夷工業發展作出巨大貢獻之日本僑民的焦慮；相反地，他們應該等待他們的子

---

[17] 柳田國男，《故鄉七十年》（東京：講談社學術文庫，2016年），頁379。

[18] Ishida, "Ifa Fuyū's Search for Okinawan-Japanese Identity," Religions 2018, 9, 188.

[19] 同上。

女融入社會和種族大熔爐。」[20]按照石田的分析，伊波意識到沖繩語正在走向消亡。不過，伊波並不認爲這是一種失落。「畢竟，語言有它自己的生命。當它的使命完成後，消失也是理所當然的。」石田也注意到伊波對哲學的類似看法。

> 沖繩人，在奴顏婢膝地致力於朱熹的學說幾百年後，突然被引入了許多思維方式。他們現在已經熟悉了活佛，熟悉了王陽明的學說，熟悉了基督教、自然主義等許多新思想。這難道不是一個值得慶賀的現象嗎？[21]

事實上，伊波的立場是，琉球曾經是東亞的文化中心。他在《沖繩歷史物語》的序言中寫道：「沖繩的文明，由於受到日本文化和中國文化的影響，已經成爲一種混合文化。在這個意義上，它是日本文明和中國文明的交匯點」。更重要的是，伊波提出了琉球王國穩定的一個條件。用他自己的話說，「由於儒家思想的輸入，鼓吹了和平思想。」[22]伊波還表示，琉球民族是和平的民族，因爲他們尊重與他們交易的對方。琉球人也有一種開放的心態。琉球王國黃金時代的結束是因爲島津藩的入侵，島津藩強迫琉球人繳納重稅，過著沒有尊嚴的生活。

　　事實上，伊波的日琉同祖論是受1666年被任命爲琉球王國首席顧問的向象賢（1617-1676）啟發。尚氏從實用主義的角度出發，主張日琉擁有同一祖先。伊波解釋說：「即使是一個小國被大國吞併，如果前者意識到自己與後者有著相同的祖先，而且他們都信仰同一個神，就會減少一半的痛苦。這就是向所關心的問題。」[23]尚氏還推廣插花、茶道等

---

20 同上。

21 同上。

22 伊波普猷、眞境名安興共著，《琉球の五偉人》（那霸：小澤書店，1916年），頁11。

23 同上，頁82。

日本文化活動。按照伊波的說法，尚氏的目的是為了防止琉球人只作為島津藩的稅奴而生活。[24]

　　尚氏的思想對蔡溫（1682-1762）影響很大。蔡氏祖籍中國，後遷居久米村。他曾在清朝學習，1728年回琉球任三司官。作為振興儒學的關鍵人物，蔡氏被批評為「蓋學朱子而未純者」。然而，筆者認為，蔡氏不僅是一位讀書人。他並沒有把儒家思想看作是一種純粹的理論，而是一種改善琉球人生活的實踐。事實上，蔡氏對琉球王國的主要貢獻是他對森林資源和農耕制度的改革。蔡氏在推動教育方面的努力（如編輯教科書），甚至受到薩摩官員的讚賞。一言以蔽之，蔡氏的思想可以說是一種「行動儒學」（engaged Confucianism）。正如太宰春台（1680-1747）所提出的，儒學應該是一種「經世濟民之學」。換句話說，它不是關於「什麼」（例：什麼叫德？），而是關於「如何」（例：如何成德？）。

　　日琉之間，或多或少存在著某種連續性；但實際上，是否也有一些非連續性？曾在琉球大學任教、現為明治大學教授的合田正人寫道：

> 以日本的地理環境為例，沖繩確實是在周邊，比如說，在天氣圖上，沖繩有時會被框起來，單獨處理。但是，如果你看一張正確顯示沖繩位置的圖形，雖然沖繩位於日本的周邊，但你可以看到，沖繩也是東南亞、中國和日本的中心。也就是說，沖繩位於幾個不同地區的交界處。然後你就會發現，沖繩——日本的邊緣，其實所處的位置，可以很方便地和其他地區聯絡。事實上，沖繩在歷史上就像一個連接日本和亞洲其他地區的網路樞紐一樣。[25]

合田的出發點與石田的立場相似，他認為沖繩是一種混合文化樞紐。

---

[24] Ifa 1948, 120。
[25] https://english-meiji.net/articles/229/

但合田並不贊成日琉同祖論。沖繩的文化與日本的文化有本質上的不同。合田提到了伊波的作品，他認為沖繩的音樂和生活方式都有獨特的韻味。合田寫道：「沖繩文化與日本文化有本質的不同。」合田認為，人類是有節奏的動物：在一種節奏下潛意識地過著私人生活——起床，吃早餐，並參與社會、社區或其他任何群體建構的活動等。這些節奏有文化意義。例如：居住在東京的人們到沖繩旅遊時，常常會感覺到時間在沖繩有不同的節奏，這是因為沖繩在吸收各種外來文化的同時，建立了自己的節奏。以音樂為例，沖繩三線有獨特的停頓和節奏，它在沖繩給人一種輕快的感覺，而在繁華的東京，則有令人放鬆的效果。

在這裡，沖繩不僅是東京人感到陌生的地方，也是日本人無法理解的異域。這種陌生感是由於節奏的不可通約性，這亦是日本和沖繩之間難以互相深入理解的主要原因。正如諾貝爾文學獎得主大江健三郎所言：「我想去沖繩深入了解他們，但我清楚地認識到，深入了解他們意味著他們會溫柔而堅定地拒絕我。」[26] 雖然大江認為，不是沖繩屬於日本，而是日本屬於沖繩，但他不可能做到對沖繩的深刻理解。了解不等於同情，知道不等於治癒。一個人越是想了解對方，就會受到越多的阻力。即使最終知道了沖繩的情況，也可以無動於衷。確切地說，我們缺乏理解與同情、知與行的統一。

沖繩問題的關鍵在於，日本政府終於承認Ainu是「先住民族」，但沖繩民族至今仍未獲承認。官方將沖繩人視為日本人，按照日琉同祖論的說法，兩者屬於同一民族。因此，沖繩人不存在所謂的「先住性」。但在同化的暴力中，沖繩人曾面對不少國家暴力。以沖繩語為例，過去沖繩人如果想用沖繩語說話，需要出示「方言札」，否則會被視作間諜。今天，有形的「方言札」已不復存在，但遺憾的是「方言」正在無聲地消失。事實上，Ainu語被聯合國教科文組織列為「極度瀕危」（critically endangered），八重山和與那國的語言亦被列作「嚴

---

[26] 大江健三郎，《沖繩ノート》（東京：岩波新書，1970年），頁14。

重瀕危」（severely endangered），奄美、國頭、沖繩和宮古的語言亦已「肯定瀕危」（definitely endangered）。[27]

　　沖繩人要從過去的創傷中恢復過來並不是一件容易的事，但他們能在未來實現永久的和平嗎？答案之一就是自決或獨立。獨立論者松島泰勝認爲，沖繩人建立可持續發展的經濟是可行的，但更重要的是，琉球應該被承認爲擁有自決權的國家。現時，他正在起訴京都大學，在未經當地人同意下盜取及保管沖繩人的遺骨。無論獨立論是否可行，我們也可以問，爲什麼沖繩人還要繼續遭受美日軍事基地的暴力。當然，這裡面還有哲學問題需要解決。我們是否有一個包括子孫後代的倫理道德？我們是否有可以爲戰爭辯護的理由？我們如何才能實現永久的和平？對我們所有人來說，實現沖繩永久和平的第一步，不僅是認識沖繩或思考沖繩，而且是呼籲立即採取行動，停止在沖繩建設任何新的軍事基地。

　　2015年2月，筆者應邀去了沖繩參加一個關於「邊界」的研討會，走訪了邊野古的反對基地運動。2019年12月，筆者帶領了一些香港學生前往沖繩巡禮，視察了被視爲世界上最危險的普天間海軍陸戰隊基地，和遠東地區最大型的嘉手納空軍基地。以普天間爲例，美日決定把它遷到邊野古，但這意味著邊野古的珊瑚海灘會被填海，而用作填海的泥土可能還夾雜沖繩戰死者的遺骨。巡禮的目的，就是要揭露戰爭與和平並不是一個單純的理論問題，而是一個現實問題。

　　當然，由於筆者並非沖繩人，所以會被質疑有什麼話語權或資格去討論沖繩問題？然而，筆者嘗試在此反問，是不是只有廣島人或長崎人才可以反思廣島和長崎的悲劇？「巡禮」作爲一種哲學實踐，就是要打破這種「當事者」謬誤。換言之，作爲「巡禮者」走訪古寺、災區或戰場遺址等地，我們已不再是無關心的他者。藉著「巡禮」，我們可以一起對抗遺忘。

---

[27] http://www.unesco.org/culture/languages-atlas/en/atlasmap.html

第九章
和辻哲郎的巡禮哲學

一、古寺巡禮

　　和辻哲郎（1889-1960）是與西田幾多郎（1870-1945）齊名的現代日本哲學家，他的早期著作包括《尼采研究》（1913）、《S.齊克果》（1915）及《偶像再興》（1918）等。曾於東洋大學（1920-25）、京都帝國大學（1925-34）及東京帝國大學（1934-49）任教。和辻的研究對象以西方哲學爲主，但他在京都帝國大學的博士學位論文題目爲《原始佛教的實踐哲學》。筆者認爲，除了從「風土」的角度來思考日本與臺灣，我們亦可以從「巡禮」的角度來重新認識臺灣與日本。這裡所指的「巡禮」，是來自和辻的早期著作《古寺巡禮》（1919）。

　　現在，和辻哲郎的《古寺巡禮》是岩波文庫的暢銷書，但它曾一度絕版。和辻在該書的〈改版序〉（1946）中如此介紹：

> 此書是筆者與幾位友人在大正七年（1918）五月觀摩奈良附近古寺的印象記。從大正八年（1919）初版發行以來，已過了二十七年，期間遭遇關東大地震，紙版被燒毀，因此在翌年的大正十三年（1924）又出了新版。當時雖然也想趁機重寫，但旅行時的印象不宜事後篡改，只好以並非學術書的藉口，繼續保持原樣……數年之後，應該是昭和十三四年（按：1938-1939）左右，收到出版社的通知，說是重新編排的時機到了。筆者便決定借機修訂，並讓他們提出了需要加筆潤色的地方。筆者認爲，即

使旅行印象無法事後修改，亦可以用註釋認識補充自己現在的思考。然而，工作卻沒這麼簡單，最初的印象記雖然有幼稚，卻具備有機的關聯，局部的修改非常困難，所以需要重寫的地方過了幾年還是原封不動。期間，社會局勢的變化也讓此書的重刊變得不合時宜起來。最終，相關部門間接告訴我，《古寺巡禮》還是以不再重版爲好。彼時離絕版已經過了五六年，換言之，迄今爲止此書已經絕版七八年。[1]

如果只是一冊關於奈良的「印象記」或「遊記」，何以《古寺巡禮》在戰時會被視爲「不合時宜」？關於這個問題，我們馬上會跟進。這裡，我們可以先把焦點放在奈良這個地方。讀者會發現，該書的第一章至第三章基本上是與奈良無關，到了第五章才涉及位於奈良的寺廟（新藥師寺）。第一章談阿旃陀的壁畫，更可以說是明顯的「離題」。和辻並沒有親身前往印度的佛教石窟群巡禮，而是在友人家中欣賞摹寫品，並花費了大量篇幅談去鋪陳一個無關痛癢的事實：神聖的洞穴中，竟然有一些以女性身體作爲題材的壁畫。他提出以下疑問：「拋棄了官能享樂，在山中寺院裡追尋眞理與解脫的出家人，又爲何要日夜親近這樣的畫作？」[2] 表面上，這涉及了宗教藝術的演化——宗教本來強調視覺享樂的元素，後來才發展出一種排斥藝術的立場。筆者認爲，和辻希望引出一個更深刻的問題——原始佛教傳入中國，再經朝鮮本島傳到日本，這無可避免會出現文化上的碰撞與交融。出現在日本的佛教，不可能只有日本這個「我者」，而是混雜了各種文化「他者」。日本人對原始佛教的藝術觀感到新奇怪異，反映了他們對原始佛教的遺忘或無知。

---

[1] 參考《和辻哲郎全集》第2卷（東京：岩波書店，1989-92年），頁3，以下簡稱WTZ；中譯：譚仁岸譯，《古寺巡禮》（上海：三聯書店，2017年），頁17-18。

[2] WTZ 2:15、中譯34。

　　第二、三章基本上亦與奈良無關，而是交代和辻回到位於姬路的老家探親，再造訪位於京都的南禪寺。這裡，和辻公開了父親瑞太郎對他的訓斥。「昨夜父親說：你現在在做的，於道有何益？對救贖頹廢的世道人心，能有多少貢獻？我無言以答。若是五六年前，也許馬上就反駁了，但是如今，我卻不得不對父親發出此問的心境表示由衷的敬重。」[3]和辻的父親是一位醫生，強調醫術即仁術。和辻沒有繼承家業，反而投身學界，未有正職的他，爲學而不問道，只顧自我滿足，無法貢獻社會，這可以說完全辜負了父親的期待。和辻之所以無言以對，是因爲他也承認自己並沒有安守本分做好哲學研究，而是以「巡禮」爲名欣賞古美術。他的解釋如下：

> 實際上，我自己也認爲古美術研究乃是旁道。這次的旅行，無非是想通過享受古美術之力，來洗心革面、豐富精神而已。本來，鑑賞也是需要一些研究的。寫一些印象記，給同胞傳達古美術之美，也不是沒有意義的事情。但是，這些顯然不是能夠滿足我的根本欲求的工作。雖然興致勃勃，但還沒到可以下定決心把它作爲自己的唯一事業、第一志業的程度。[4]

和辻似乎在爲自己的「離經叛道」辯護。這工作並不只是爲了自己的享樂，而是爲了啟蒙大眾。而且的確，《古寺巡禮》可以被視作介紹古美術的指南，但我們還可以作另一重解讀——佛教美術本來與宗教不可分割，但作爲宗教的佛教當時卻受到了國家的打壓。《古寺巡禮》的字裡行間描繪了南禪寺與若王子一帶的幽靜美：「早晨，我穿過南禪寺，往位於若王子的F家走去。天空晴朗漂亮，F氏的房子隱現在楓樹鮮明閃耀的嫩葉之中，彷彿浸泡在綠色裡面……離電車道不到十町的地方，竟

3　WTZ 2:18、中譯41。
4　WTZ 2:18-19、中譯41-42。

然隱藏著如此幽靜的場所。這就是京都的傳統優點，在文藝裡面也可以覓出其顯著的影響。」（中譯47）然而，如果我們透過「巡禮」實地視察，便不難發現南禪寺在明治維新之後曾經受到了打壓，寺內一些土地更被改作「琵琶湖疏水」的用途。

和辻在第四章終於帶領讀者從京都前往奈良：「從京都到奈良的列車，甚是髒亂，而且搖搖晃晃，令人心情不快。不過，相對於此，沿途的景色卻可以補償有餘了。從桃山到宇治那一帶，竹林、茶園、柿子樹很多的柔和斜坡，都帶著安詳和平之色……抵達奈良時，已是黃昏。在房間裡放鬆坐下，隔窗眺望錢茅原對面的若草山一帶的新綠時，整個人漸漸陷入了一種迥異於京都的心境。是的，奈良更加顯赫，更加張揚。怪不得從悄然隱藏在若王子深處那個房子待了兩夜過來的 T 君，說總覺得奈良的景色無法讓人寧靜。確實，《萬葉集》與《古今集》的不同，從景色裡也可能體會得到。」（中譯58-59）眾所周知，日本在奈良時代引入了不少中國文化。《萬葉集》是奈良時代的詩集，以漢字（萬葉假名）來記錄詩歌；後者則是平安時代的和歌集，有假名序和真名序。和辻提及在酒店的飯堂裡看到不少外國人，特別是一位中國女性和她的兩位女兒，其中姑娘的脖子特別長。「我以前只在畫裡見過，看到真人還是第一次。——本是為了古寺巡禮而來到奈良，卻對這番國際風景看得津津有味，也許會讓人感到奇怪，但是我自己的心情並沒有絲毫的矛盾。」[5] 和辻馬上為「巡禮」下了如此定義：

> 我們試圖巡禮（按：中譯本把這裡的「巡禮」譯作「巡迴禮拜」）的是「美術」，而非救濟眾生的佛陀。即使我們在某尊佛像面前，衷心俯首，被慈悲之光感動得淚水漣漣，恐怕也是因為被發揮了佛教的精神的美術之力量所擊敗，而不是因為在宗教上皈依了佛教吧。[6]

---

[5]　WTZ 2:27-28、中譯60。
[6]　WTZ 2:28、中譯60。

和辻否認自己皈依佛教，這可能只是爲了轉移視線。和辻本來的意圖，就是旨在說明沒有宗教意味的佛教藝術並不存在。筆者認爲，和辻有意圖地避免直接指控國家對佛教的打壓，而是選擇以「巡禮」來婉轉地批判國策。由於這個原因，和辻後來才會被勸告不要把《古寺巡禮》重（再）版。

在奈良巡禮的意義，並不在於巡迴或禮拜，而是在「脫亞入歐」的風潮下，重新認識被遺忘了的奈良歷史。事實上，奈良的歷史不單被遺忘，文化財產亦受到了相當嚴重的破壞。所以，和辻才會在第五章以「廢都」一詞來形容奈良。他如此寫道：

> 我們從中午開始前往新藥師寺，漸漸臨近郊外的寂寥之處時，只看見在石頭散落、凹凸不平的道路兩旁，不斷延續著破敗的瓦頂泥牆。簇擁在牆頭之上的茂密新葉，更加補襯托出廢都獨特的滄桑。我因爲是看慣了這類泥牆，更是多了一層從追憶裡生出的淡淡哀愁。[7]

新藥師寺位於奈良市中心的東面，本堂相當精緻，但論規模，雄偉的東大寺和法隆寺會肯定更加引人入勝。本來打算觀賞的香藥師像，結果因爲被偷去了所以緣慳一面。和辻有意無意選擇前往新藥師寺，目的就是要走訪遠離市中心的寺院和神社，例如春日大社。和辻的記述如下：

> 返程的時候，我們穿過了春日公園裡面那條寂寥的道路。那裡的古森林，無論何時觀看，都是令人著迷的。漂亮的嫩葉，現在都長得差不多了。彷彿太古以來就一直聳立在此的巨杉和絲柏，在嫩葉之中尤其惹人注目。藤花盛開，紫色甚至蔓延到了高高的樹梢上。試圖在此實現鹿野苑之幻境的古人之願望，似乎至今還飄

---

[7] WTZ 2:29、中譯63。

蕩在這個森林裡面。但是，一步踏出，進入外面的大路時，便是
完全不同的、「觀光地」特有的平民遊樂光景了。[8]

春日大社是緣起如下：「距今1300年前，奈良建都之時，爲了實現日本
國家繁榮、國民幸福，春日大社從鹿島神宮迎接武甕槌命神像來到神山
御蓋山的山頂浮雲峰。」[9]但根據興福寺的說明，興福寺曾一度掌控了
春日大社，並成爲了大和國的眞正統治者。「明治初期，頒布神佛分離
令，興起廢佛毀釋風暴，導致興福寺與春日大社脫離，寺產也大部分遭
到沒收，此舉令興福寺受到重大打擊。在此之後，雖又幾經災難，但終
得復興，至今成爲法相宗大本山之一。」[10]在現代日本，各地出現了廢
除佛像的情況，更有僧侶被迫還俗，即使神道亦受到國家的介入，各地
不少神社被統合或廢除。雖然和辻並沒有用「頹垣敗瓦」來形容興福
寺，但他對該寺院已失去了興趣。「我們也進了興福寺的金堂和南圓
堂，但是因爲身體疲勞，沒留下什麼印象。」（中譯68）

　　第六章提及淨瑠璃寺，今天屬於京都府木津川市。和辻把重點放在
奈良北部的「原風景」：

　　　　一到奈良北部郊外，馬上就是山城。這不僅是名義上的區別，實
　　　　際上氣氛也確實不同於奈良大和皇朝了。跨過奈良阪，景色便忽
　　　　然改變。道路穿過小山腹部，而此山覆蓋著薄薄的紅色沙土，極
　　　　其瘦瘠，除了莖部顏色漂亮的纖細赤松之外，幾乎沒有像樣的樹
　　　　木。即使如此，赤松也僅是一群群長在道路下方的山麓，其他地
　　　　方就只有不足三尺的雜木或小松不均等地扎在山上，稀稀疏疏
　　　　地，連山坡都沒法完全覆蓋。[11]

8　WTZ 2: 31、中譯67。
9　https://www.kasugataisha.or.jp/ch-h/about_ch-h/
10　https://www.kohfukuji.com/zh-tw/
11　WTZ 2: 32-33、中譯71。

和辻雖然並非生於奈良縣，但卻認定這裡就是他的桃源之鄉。他嚮往的顯然並不是奈良市或京都市這些文化和政治中心，而是與世隔絕的村落與寺廟。筆者認爲，和辻是希望透過「巡禮」來喚起日本人對奈良的記憶。

由於「巡禮」名義上是關於佛教美術，因此和辻特別參觀了奈良博物館，「一天之內看了不計其數的藝術品。」（中譯87）然而，和辻對這種走馬看花的活動不甚滿意，因爲他認爲較理想的做法是「一次最多看兩尊或三尊雕像，而且要以寧靜的心情，一直看到它可以滲透至心底。」（中譯87）和辻把未能平靜欣賞的理由，歸咎於博物館的管理不善。他指出：

> 眞的希望博物館的陳列方法能有較大的改善。因爲有經費等限制，也不能完全怪罪當事人，然而這樣的方式卻幾乎沒有考慮作品賦與觀賞者的印象。若像N君那樣慢悠悠地看，可以在某程度上克服這些困難，但是並非所有人都有這麼寬裕的時間。如果能考慮一下陳列的順序和方法——至少應該讓一個個佛像互不干擾，可以留給我們獨立的印象——的話，對於只能短時間觀看的人而言，也許就能獲得更完整、更強烈的感受。從理想狀態來說，像美術館這種指向公共享受的地方，完全可以更加奢侈一點。這與私人的奢侈不是一回事。入口正面的陳列臺上，雜亂地排列著幾個完全可以爲他們特別設置一個陳列室的傑作。參觀者因此枉受了多大的損失啊。如果用當事者容易理解的話來說便是：「這樣的事情實在是日本的恥辱。正因爲存在這樣的狀況，西洋人才不會尊重日本人。」[12]

由於篇幅所限，我們無法介紹《古寺巡禮》的所有內容。總括來說，我

---

[12] WTZ 2:42、中譯88-89。

們現在去奈良一遊，大概會感受到當地對文化傳承的重視，特別是各寺
院的保育和保護。但是奈良曾經出現了文化遺產的破壞，佛像被遺棄街
頭，博物館管理欠佳。如果沒有相當的文化或宗教設施來讓國民鑑賞國
寶，這即是抹殺了國寶的意義。和辻亦有要求我們透過「巡禮」來重新
認識日本文化的多樣性。奈良的特點是吸收了很多外來文化，並成功把
外來文化本土化。以上文提及的「假名」爲例，和辻認爲：「……假名
文字不是漢字的日本化，而是利用了漢字的日本文學的發明。」他繼而
論之：

> 換言之，這些變遷都應該視爲我國人在外國文化基礎上的獨特發
> 明歷程，不是固有的日本文化包容、攝取了外來文化，而是我們
> 國人在外來文化的氛圍之中培養了自己的個性。這種方法，在視
> 外來文化爲培育基礎這點上，不同於把外來文化看做移植之物的
> 觀點。從此立場來看日本人的獨創與外來文化並非互相對立，而
> 是從外來文化之中誕生出來的。[13]

有關日本文化的模擬問題，牽涉了文化哲學的根本關懷所在。勞思光的
文化哲學強調，現代化的過程中並不一定有一個主導的文化精神來決定
一切（黑格爾模式），而是往往有很多外在因素反過來影響文化精神
（柏森斯模式）。黑格爾模式仍然有一定的有效性，特別可以用來解釋
文化的「創生」（initiation）；但文化仍有另一活動，即所謂「模仿」
（imitation），這是難以用黑格爾模式來說明的。勞思光經常以日本作
爲「模仿」的典範例子。例如：

> 我們現在就舉一個文化史的例子來看。日本當初的漢化運動，並
> 不是先清算自己的傳統。從中國吸收進來的東西與它原有的，譬

---

13 WTZ 2: 113-114、中譯212-213。

如像武士道的精神，仍然可以共存，這當然有個改變內部傳統的
過程，可是這不叫「脫胎換骨」，是慢慢發展的。明治維新西
化時，情況也很類似，西方文化對它雖有影響，但這種影響是
「長成的過程」，不是「代換的過程」。先模擬後調整。[14]

勞思光重視「內化」與「模擬」，日本當然是一個值得參考的例子。但
我們應注意，在談論日本時，並不應只看今天的日本版圖。佐谷眞木人
在《民俗學、臺灣、國際連盟》中指出，「臺灣是日本最初獲得的殖民
地，亦成爲日本國內的異文化。」[15] 正確地說，日本最初的殖民地應是
沖繩與北海道，而臺灣亦不是日本外部的「他者」，而是日本帝國版圖
內的「他者」。

二、臺灣巡禮

何謂臺灣？這不僅是臺灣本身的問題，而且也是日本思考及面對
「他者」時的一個不能逃避之問題。在臺灣的日治時代，我們可以找
到大量的「內化」與「模擬」成分。1895年至1945年，臺灣從清朝的
周邊，變成了東亞的其中一個最早面對「現代性」的地方。以筆者所
知，和辻本人並沒有論及日治時代的臺灣哲學，亦未曾到過臺灣，但
柳田國男（1875-1962）卻曾在臺灣「巡禮」。1917年，柳田得到民政
長官下村宏（1875-1957）的邀請，走訪了臺北、臺南及高雄等主要城
市，亦特地去了一些山區視察。刊於1917年4月8日的《臺灣日日新報》
的〈南遊詠草〉，記錄了柳田的行蹤與感慨：[16]

---

[14] 勞思光，《思辯錄》（臺北：東大圖書公司，1996年），頁176。
[15] 佐谷眞木人，《民俗学・台湾・国際連盟》（東京：講談社，2015年），頁8。
[16] 柳田國男，《山人論集成》（東京：角川ソフィア文庫，2013年），頁395-396。

日月潭

海知らぬ　島びとこそは　あはれなれ　山のはざまを　おのが
世にして

（沒見過海的　島民才會感受到　如此的悲哀　把山嶺間的狹谷
視作吾人的世間）

霧社歸途

時のまに　とほ山まゆと　なりにけり　わらひさやぎし　えみ
し等のさと

（短短一瞬間　遠處那山峰彷彿　成爲了蠶繭　那蝦夷等的故鄉
禁不住會心微笑）

濁水溪

みなもどを　清むる道は　さもあらば　あれ海にまじらば　あ
とはとどめじ

（那濁水源頭　如果開出了一條　清淨的水路　溪水流入大海裡
一去便不再回頭）

阿緱

つばくらめ　猶ふるさとに　あらねばや　来てはたちゐの　い
そがしげなる

（如果燕子們　也擁有故鄉的話　牠們大概會　來也匆匆不停留
去也匆匆不回首）

打狗

窓の火の　水ににほはぬ　宿もなし　心とまりの　春のゆふ
ぐれ

（窗外的火的　水沒有任何氣味　我無處投宿　心也好像停頓了
正如春天的夕暮）

いかばかり　安けかりつる　浪路かも　をさなき者が　夢に訪
ひ来し

（這裡的烏賊　那麼容易就上鉤　即使風浪大　在年輕人的夢中
也沒有什麼所謂）

再（西）菴

大きみは　神にしませば　民ぐさの　かかる思も　しろしめす
らし

（大和的大君　即使是神靈也罷　草民的所思　以至百姓的所想
大概不會知道吧）

含笑花

くにびとの　かざしの花の　花ゑみに　ゑめて向へば　こと問
はずとも

（國民的花朵　含笑展現花之美　花開不全放　對花微笑但不問
含笑之花爲誰開）

除了含笑花，上述地點現時分布在南投縣、雲林縣、高雄市和屏東
縣，其中「再（西）菴」即「西來庵」，1915年發生了「西來庵事
件／噍吧哖事件」。柳田在《故鄉七十年》中憶述了爲何創作了與有關
短歌：

第一首是在臺南或臺中，去了一個叫做西螺街的地方時，當地有
很多原住民（按：原文爲「生蕃」）因爲叛亂而被殺，這讓我留
下了很深刻的印象，正好有機會讓我分享這悲哀，所以吟誦了
「大和的大君　即使是神靈也罷　草民的所思　以至百姓的所想
大概不會知道吧」這首短歌。在場的人聽畢，鴉雀無聲，其實這
就是我本來的目的。說起來有些失禮，但我們這些身在東京的人

很清楚大正天皇根本不知道這裡發生了什麼事情，所以我才詠了這首短歌。當時我很年輕，很意氣軒昂。[17]

康豹（Paul R. Katz）提出了以下問題：「噍吧哖事件先被日本殖民政府形界定爲『土匪事件』神話，後來更被國民政府形塑成『抗日革命英雄』神話。但1915年發生的噍吧哖事件，如果是依循孫中山先生的革命概念而發展，事件發生十五村莊的農民應該會發展出『革命』的台語來溝通，並有當地相關史料被保存下來。」[18]康豹認爲，很少人嘗試去了解農民是出於什麼原因才敢與一個殖民政權對抗。歷史沒有他們的故事，但我們卻可以從巡禮找到一些被遺忘了的物語。筆者的立場如下：我們可以說柳田嘗試透過「巡禮」去發掘一些被遺忘了記憶，這與和辻《古寺巡禮》背後的理念互相呼應。

　　如何整理日治時代這段被遺忘了記憶？以魏德聖的《Kano》（2014）爲例，該電影把嘉義農業高校棒球隊的一段被遺忘了的歷史搬上銀幕，描寫日本人教練如何成功融合漢人、日本人和原住民，結果球隊日漸取得佳績，甚至打入甲子園的全國高校棒球決賽，並幾乎取得冠軍。另一方面，電影中插入不少場景，提及日治時期在臺灣的日本人做了很多基礎建設（如：八田與一在當地興建嘉南大圳），某程度上把日治時期美化爲一個令人嚮往的年代。

　　但魏德聖之前的兩部關於日治時期的作品──《海角七號》（2008）和《賽德克‧巴萊》（2011）──卻描述了日治時期的黑暗面。《賽德克‧巴萊》描述了「霧社事件」，泰雅族的抗日運動受到了日軍的暴力鎮壓。《海角七號》是關於日本人與臺灣人之間的愛慕，但「光復」卻令他們永遠分離。讓我們想像遣返船上的情境：日治時期

---

17 柳田國男，《故鄉七十年》（東京：講談社學術文庫，2016年），頁250。

18 http://research.sinica.edu.tw/ta-pa-ni-incident-paul-r-katz/

結束，日本人離開臺灣這個令人眷戀的殖民地，無奈地返回陌生的故鄉。對於他們來說，到底眞正的故鄉是日本抑或臺灣？我們可以說，凡出生於臺灣的人（包括日本人）都可以把臺灣視作故鄉，但日人離臺後，土生土長的臺灣人卻要面對新的主人——國民政府。其後，臺灣成爲了不少「外省人」的目的地，他們亦因爲各種理由從大陸移居臺灣。

遷移伴隨各種風險，但由於戰亂或政權變化，人們選擇離開自己最熟悉的地方。這牽涉了「離散」這個概念。高嘉謙指出：

> 「離散」（Diaspora）的原初概念始於猶太人的大遷徙，但十九世紀末至二十世紀的規模龐大的流動遷徙經驗，卻不曾在中國境內境外缺席。尤其十九世紀中國周邊的境外流動涉及更多庶民百姓和知識階層。乙未割臺的殖民情境、帝國鉅變引發的改革和暴力，造成文化人跨出境外走向世界。他們的足跡開啟了主體意識的現代體驗。但傳統士人的流動，涉及生存暴力威脅的被迫式散居和遷徙，當中無法迴避的殖民創傷、地域認同和流離的存在感受，改變了流動者的經驗結構。[19]

文化人跨出境外走向世界，表面上是在異域尋找理想國度；但流離在外，自然有思念故鄉之意。在中國，「流離」通常包含了一種地理感覺，即從北方或中原移到南方。王德威指出：

> 十八世紀以來東南沿海華人移民海外已經蔚爲風潮，乙未割臺、辛亥革命，以迄抗戰軍興更讓許多別有政治、文化懷抱的士子文人也參與了這一行列。當神州大陸不再是托命之地，他們四處漂泊、流寓他鄉，成爲現代中國第一批離散知識分子。那是怎

---

[19] 高嘉謙，《遺民、疆界與現代性》（臺北：聯經出版社，2016年），頁24。

樣的情景？康有爲、丘逢甲、邱菽園、許南英、郁達夫……，南
中國海一艘又一艘的船上，我們可以想見他們環顧大海，獨立蒼
茫的身影。比起當時絕大部分南下的華人，這批行旅者曾經接受
正宗傳統教育，對時代的劇變因此有更敏銳的感觸。不論維新
或是守舊，他們一旦被拋擲在故國疆域之外，自然有了亂離之
感。而當他們將這樣的情懷付諸筆墨時，他們選擇古典詩詞作爲
書寫形式。面向一個充滿驚奇與嬗變的世界，他們頻頻回首，感
時傷逝，因此有了朝代的——也是時代的——遺民姿態。[20]

命途坎坷的遺民們擁抱著強烈的「浪漫主義的怨恨」，南下至香港及
東南亞等地。但我們不難發現另一種移動方向，即從南方遷向東北。
例如：明朝遺民朱舜水（1600-1682）於1659年前往長崎亡命，但他在
日本「未聞有孔子之教」，結果客死異鄉。又例如：清末魯迅（1881-
1936）於1902年前往仙台學醫，有幸遇上了恩師藤野嚴九郎先生，結果
卻棄醫從文。嚴格來說，魯迅並不是遺民，但他卻親身體會了亂離之
感，只是他並沒有寄情古詩，而是提倡文藝運動。

　　日治時期，也有一位臺灣書生前往仙台求學，他就是陳紹馨
（1906-1966）。陳紹馨也不是「遺民」，但被遺忘了的日治時期臺灣
哲學卻可以說一種「遺學」。筆者認爲，哲學在臺灣誕生始於日本統治
下的時代，而在這個時代之中，事實上出現了不少哲學討論。關於這些
事實，我們當然可以從學術的角度，整理洪耀勳、曾天從、吳振坤、黃
金穗、鄭發育、陳紹馨、林秋梧等人如何討論哲學。這個計畫的重點在
於，日治時代的臺灣哲學主要以日文書寫，但國民政權上臺之後，禁止
用日語上課。「就國民政府的立場而言，臺灣人說日語、寫日語是一種
奴化象徵，因此，要透過一連串的剛性手段來禁止使用日語，使臺灣的

---

20 王德威，〈序——開往南洋的慢船〉，收入高嘉謙，《遺民、疆界與現
　　代性》（臺北：聯經出版社，2016年），頁3-4。

社會中國化，以改變頗有日本味道的臺灣。」時至今日，這些日文文獻在臺灣和日本也是無人問津。今天，我們談這一段被遺忘了的歷史、閱讀這些被遺忘的文本、被遺忘的思想家的著作時，重點是在於如何反思哲學如何回應當今世界的種種問題，爲當代困境尋找出路。

臺灣這段日治時期的複雜處就是，有各種矛盾之處。有些人覺得日治時期非常完美，有些人覺得日治時期留下了太多的傷痕。以肯定日治時期來否定之後的政權，這只會是一種「浪漫主義的怨恨」。筆者認爲日治時期臺灣哲學這個計畫，不應受浪漫主義影響把日治時期完美化。最重要的是，這是一個被遺忘了的時代，有很多文獻的確就是沒人閱讀。現在，我們重新批判地閱讀日治時期臺灣哲學的文本，當中的主要目的就是爲了對抗遺忘。

在《存在交涉：日治時期的臺灣哲學》中，筆者負責介紹陳紹馨（1906-1966）的思想。陳生於臺北，1929年入讀位於日本仙台的東北帝國大學（現稱爲「東北大學」），1932年畢業後曾於同校出任助教（相當於現今的助理教授），1936年返臺。他的早期研究主要是黑格爾的市民社會論，及戰後臺灣的社會文化。他被視爲「臺灣第一位社會學家」及「臺灣社會學界的先驅」。他提出了以下問題：臺灣是一個日本化的社會，抑或是一個中國社會？陳指出，臺灣社會在1920年代的特點如下：「交通發達，人民的流動性增高，農產加工品的生產增加，生產力提高，人民日常生活中的消費量也略增。人民的態度開始改變，漸願意採取各種新生活方式，漸多用機械（腳踏車、汽車之類），西醫人數超過中醫，初等教育也漸普及。」換言之，日治時期臺灣成功進入了日本模式的現代化。

陳紹馨並不是從一開始便研究臺灣社會，他在東北帝國大學鑽研黑格爾的市民社會論，並且曾在該校的《文化》雜誌（1933 年創刊）發表了一些論文談市民社會論。這一部分筆者認爲極其重要，因爲不少學者論及「家」和「國」的關係，特別是如何從「家」推展到一個更大的集體組織（即「國」），但他們往往忽略了中間一個極爲重要的人倫

組織，即「市民社會」（civil society）。黑格爾在《法哲學原理》中討論了三種人倫共同體，即：家族（family）、市民社會（civil society）及國家（state）。當中，家族是市民社會與國家的基礎，而國家則是倫理理念的實現。陳引用黑格爾的原文來說明家族的特徵：「家族以自然的方式，而且本質上以人格的原理分爲眾多的家族。這些家族分別是一般獨立的、具體的人，因此互相對峙。……這產生了差別的段階。」在「家」、「市民社會」和「國」這三種人倫組織之中，「市民社會」的角色很重要。當家族擴大後，人們要接受一些非家庭成員，與他們組織一個共同體，但同時在這組織內會容許一定的個人自由，實現例如言論及出版自由。黑格爾特別指出，警察很明顯不屬於家庭，但絕對不應屬於國家，不應被國家利用，而是市民社會的構成一部分。又或今天的環保問題、性別平權問題，這些超出了家庭的範圍，並且應該與國家行政保持距離，所以需要一個比家庭大、比國家小的人倫組織來處理。市民社會比較關心貼身問題，同時亦可以對國家進行批判。

　　臺灣其實有很多「市民社會」，譬如宗親會就是一例。宗親會以同鄉這個關係出發，聚集了很多家族以外不同姓氏的人。陳紹馨強調，家族以內和國家之間應該有一個特別的人倫組織，這個組織的重要之處就是，有不同的人亦可參與其中。陳紹馨在日本的東北帝國大學留學及工作，帝國大學雖然是國家建制的一環，但該校的理念是「門戶開放、研究第一」，不論出身於什麼家庭或國家，也可以在學術領域上互相切磋。很可惜陳紹馨無法留在日本發展，否則筆者認爲他會帶來一個很有意思的跨文化哲學運動。

　　筆者在介紹陳紹馨文章的結論中指出：「陳紹馨思想的根本態度就是跨越各種學科偏見，要回到現象本身。單看這一點，亦充分點出了他的思想在今天的意義。很多社會學（或社會科學）所關心的問題，本來就涉及了一些具有普遍意義的哲學問題。陳的哲學思想含有一個非常重要的訊息，即學問本來就不是抽象的理論，而是與當今世界的種種問題絲絲入扣。」今天重讀陳紹馨的一些論述，筆者也覺得其思路非常清

晰，並且到今天仍有一定意義。他之所以被遺忘，是因爲日治時期這個
標籤。吳叡人指出：

> 日語世代的臺灣人應該被理解爲一種被剝奪聲音的「底層階
> 級」（subaltern）的類型，因爲在國民黨政權壓制下，他們生命
> 的後半處於完全無法公開發聲的瘖啞狀態……「用前一個殖民
> 者來批評後一個殖民者」是連續殖民情境中被殖民者特有的武
> 器。不過我們必須注意，在這種反殖民抵抗策略之中，同時包含
> 了兩個成分：首先是「親日」做爲「策略」的自覺；其次是，前
> 殖民統治所加的價值或其一部分，確實已經構成了行動者自身主
> 體的一部分……欲操作此種抵抗策略，雖然不必然，但確實可能
> 遭遇批判了後一個殖民者，但卻又陷入前一個殖民者羅網之中的
> 陷阱。因此，**我們必須要有另一個高於前殖民者的尺度，做爲衡
> 量、檢證、評價，以及「取捨」前殖民統治遺產的標準，才能建
> 構被殖民者眞正的主體性。**[21]

日治時期這一種遺民，尤其一群被遺忘的思想家。他們在政權壓制下無
法發聲，或被遺忘。重談他們是可以的，但很容易會有這一種心態，就
是用前殖民者來批判後一個殖民者。如果有這一種講法、策略的話，我
們就要非常小心，閱讀這些文獻時，可能無意識地出現了一種親日的論
述，這是我們要自覺的。另外，前殖民意識所講的價值，應該理想化
後，用它用批評後一個殖民的意識。用這一個方法來建構主體，筆者認
爲會出現問題。所以吳叡人建議，似乎與其用其中一種殖民政權來做一
個絕對的標準價值，我們不如再接受一個更爲普遍的尺度，去取捨，方
可建構一種被殖民者的主體性。

　　臺灣哲學家們花了很長時間了解歐美或日本的哲學思想，但現在

---

21 吳叡人，《受困的思想》（臺北：衛城出版社，2016年）。

或許是時候建構某種「臺灣哲學」。筆者暫時仍在揣摩這個哲學運動的
走向：一方面，如果過度強調臺灣主體性，便有可能出現一種排他的傾
向，但以筆者的觀察，臺灣近年除了主體性的建構之外，還是跨文化的
方向。擁抱文化多元的臺灣，即不只談儒家或中國哲學，而多談不同民
族、讓不同的聲音被聽見。另一方面，如果過度強調去中國化，可能會
為臺灣帶來一些始料未及的變動。以語言平權運動為例，「國語」獨
大令其他語言群組受壓，讓臺語、客家語和原住民的語言享有與漢語
相同等地位，是大勢所趨；讓少數族裔的聲音可以被聽見，應該得到
支持；然而，筆者聽到了另一種的聲音，譬如筆者從一位臺大教授得
知，在推行語言平權時可能會放棄使用漢字來教授客家語和臺語，出現
了客家語和臺語的羅馬字化。中文的羅馬字化在日治時期沒有推行，即
使在文化大革命也做不到。如果它真的要在臺灣發生，最好還是參考越
南的文化經驗。再補充一點，就是日治時期除了哲學之外，文學也有很
重要的地位。詩人常有一種時不我與、亂世之中無法而接受，這種是漢
詩傳統中常常使用的論述。在日治時代的臺灣，日本人作為殖民者看不
起臺灣人，但他們在臺灣發現了臺灣文人善於古典文學，在文化上被殖
民者反而處於優位，出現了文化位置的交換或顛倒。

　　以上簡述了日治時期的臺灣哲學，筆者的出發點是流離與遺民的
問題。現在，我們可以追問：日治時期的臺灣哲學主張建構某種臺灣的
主體性，這對於身處香港這個場景的我們有何啟示？在香港，有沒有機
會出現一種新定位下的香港哲學或香港文學？這是我們今後繼續思考的
問題。

三、哲學的民俗學轉向

　　筆者借用和辻的《古寺巡禮》發揮了一套「巡禮哲學」（philoso-
phy of pilgrimage）。這意義下的「巡禮」不是宗教意義上的「朝聖」
或「聖地訪問」，而是一種讓被遺忘之記憶甦醒的實踐活動。它的貢

獻，就是要我們重新認識我者與他者。因此，我們走訪戰爭或災難現場，例如：走訪廣島與長崎的和平紀念設施、沖繩的姬百合和平祈念資料館、仙台市若林區的浪分神社[22]等，也可以被視作「巡禮」。

「巡禮」不是我們每一天的例行公事，而是涉及一種非日常性（偶然性）。此外，作爲一種實踐活動，「巡禮」要求我們的身體力行（身體性）。我們不一定要遠赴那些著名的「古寺」或「聖地」，而是可以走訪那些被遺忘了的自然與人文景點。發掘「記憶裝置」非常重要，但我們不應只是「看」，還要「聽」——不應只接收權威們的發言，而是去聆聽那些最微不足道的聲音、甚至是死者的「物語」。巡禮可以作爲一種哲學活動，這種哲學的主要目的是要回到文化的多樣性，重新認識被遺忘的文化與歷史。這種哲學實踐，意味著「哲學的民俗學轉向」（folkloric turn in philosophy）。

所謂「民俗學轉向」，涉及了有關民俗美術（folk art）或工藝（craft）的研究。這些美術品或工藝品是平民的日常生活用品，通常難冠以「藝術」之名。但藝術的「民俗學轉向」就是要重新回到最日常的生活，發掘那些被遺忘了的智慧與記憶。上文提及的柳田國男，亦有注意民間藝術的重要性。日本民俗學家菅豐指出：

> 在20世紀30年代民俗學初創期，柳田國男也曾對藝術表現出興趣，認爲藝術是「有意思的研究課題」，強調相關研究能對「世界的民俗學」有所貢獻。他還以插花、庭園造景、妝容、演藝戲劇、繪畫等等爲例，主張要研究「普通人」或是「無名的常民」——例如「門外漢」、「並非專家的平頭百姓」又或是「剛進小學的娃娃」——的藝術活動，認爲有其意義所在。即

---

22 浪分神社是位於仙台市若林區的一座小神社。元祿時期（1703年）發生了一場海嘯，浪分神社就是建築在這場海嘯的到達線之上。它不僅是一個宗教地標，而且還是一個有關災難的「記憶裝置」。

使以現代美術研究的視點來看，柳田的這一主張亦極具先驅意義。然而，儘管哲學家鶴見俊輔曾在上世紀50年代提出過承其思想的「限界藝術論」，這一主張本身在民俗學視野下卻被遺忘了……再回頭眺望日本的藝術界，各種地區藝術節勢頭大好，現代美術正經歷著「民俗學轉向」（Folkloric Turn）：不再將重心落於前衛的概念藝術之上，而是轉而尋求「風土」、「傳統」等原生民俗文化。對於藝術而言，民俗學的世界已經成為不可忽視的重要課題。在這樣的學術背景之下，我們極需在日本的現代民俗學研究之中復甦藝術這一門類，將之納入研究範圍之內。[23]

如果「巡禮哲學」可以被視作哲學上的「民俗學轉向」，他對臺灣的啟示是非常重要的。第一，它可以把哲學從學院帶回民間，讓不同的人也可以參與哲學活動。第二，它亦可以把哲學的課題從抽象的世界返回我們的生活世界，並重新認識也些被遺忘了的歷史。和辻沒有使用「民俗學轉向」一詞，但事實上他的思想影響了當時的臺灣哲學家。我們對日治時代臺灣哲學的重新閱讀，不應只停留於理論的層次，而是要繼而展開一種巡禮活動，去發掘被遺忘了的臺灣文化，包括臺灣的各種民間宗教，特別是這些宗教如何對待原住民和其他弱勢社群。卑南族學者Paelabang Danapan（孫大川）指出：「強大的『融合力』，一直被視為中國文化的重要特徵之一。我們不但以此自豪，更慣常拿它來印證華夏民族的優越性。這或許有其部分之真實性，然由此而形成的文化自戀心理，卻往往扭曲了我們對歷史真相的理解，尤其嚴重的是，它使我們始終無法站在一個健康的角度面對異己的文化。」[24]日語學界和漢語學界

---

23 菅豐，〈民俗學藝術論題的轉向──從民間藝術到支撐人之「生」的藝術（vernacular藝術）〉，《民俗研究》，2020年第3期（總第151期），山東大學，2020年，頁24-25。

24 孫大川，〈山的文化──台灣史思考的另一個側面〉，收入《久久酒一次》（臺北：張老師文化出版，1991年），頁87。

多年來沒有正視原居民的文化，如何透過巡禮來認識原住民的歷史，這可以說是一個非常急切的課題。

2015年3月，筆者帶了一些香港學生去臺灣遊學，我們的主題是「日本：臺灣文化中的他者」，目的是一種「巡禮」。除了在中央研究院文哲所和淡江大學進行學術交流，我們也花時間參觀了二二八紀念館和一些日治時代的建築。這次遊學未能走訪臺中與臺南等城市，但對筆者來說這只是一個開始。2018年夏天，筆者在臺北參與一次學術研討會之後，與幾位日本朋友去了花蓮巡禮。同年2月花蓮剛剛經歷了地震，但災區迅速得到復興。這次我們特別參觀了吉野地區（戰後改名吉安）的慶修院、吉野神社遺址和一些日治時代的軍用設施遺跡等，也有幸見識了阿美族和太魯閣族的一些文化活動。雖然時間非常有限，巡禮確實讓我們親身體會了臺灣的風土、歷史和文化多樣性。儘管全球由於面對新型冠狀病的大流行，跨越國境的「巡禮」亦無法進行，但筆者所主張的「巡禮」不一定是遠行，因為我們的身邊也有不少被遺忘了的記憶或物語，正等候我們去發掘。

總言之，我們在大學裡，可能已習慣了文學就是文學，哲學就是哲學。民俗學徘徊在文學與哲學之間，既不是純文學，亦不是純哲學。但柳田的民俗學提供了一些線索，去讓我們把哲學和文學關聯起來。所謂「哲學的民俗學轉向」，就是為了把哲學從一個封閉的專門領域，開放到一個更博大，更有意義的空間。擁有Ph.D.（doctor of philosophy）的人，不要忘記自己不是「哲學專家」，而是「希哲之士」。和辻哲郎被視為一位「文人哲學家」[25]，但我們不妨把所謂「文人」（literati）、「學者」（scholar）和「知識分子」（intellectual）轉型為「巡禮者」（pilgrim），這就是《古寺巡禮》在今天的意義。

---

[25] 參考熊野純彥，《和辻哲郎 —— 文人哲學者の軌跡》（東京：岩波新書，2009年）。

第十章
貝爾克論風土的日本

一、風土的日本

在《風土》（1935）中，和辻哲郎（1889-1960）提出了一種典型的文化類型論。他把風土（英譯：climate、法譯：milieu）分為三種，即：

A：季候風型
B：牧場型
C：沙漠型

他主張日本屬於季候風型風土，並藉此解釋日本文化的特質，例如：日本每年都會遇到颱風來襲，因此會產生一種互相扶持的倫理關係。[1] 從日本民俗學的角度來看，風土三類型可以被解釋為以下三種地區，即：以稻米作為主要農作物的地區、並非以稻米作為主要農作物的地區和沒有農業活動的地區。雖然日本可以被視作以稻米作為主要農作物的地區，但有不少地方本來不適合種植稻米，或是以狩獵為主。Ainu族是日本官方唯一承認的原住民，但我們難以用季候風型風土來解釋他們的文化。同樣地，日治時代臺灣哲學的代表人物洪耀勳（1903-1986）曾以〈風土文化觀：與臺灣風土之間的關聯〉為題，探討臺灣的風土與

---

[1] 和辻哲郎著，陳力衛譯，《風土》（北京：商務印書館，2006年），頁116。

文化。[2] 一方面，臺灣與日本有著相近的地理及氣候條件，因此亦有類似的文化風景；但另一方面，以季候風型來掌握日臺的經驗，有可能面對同樣的理論困難與盲點，例如：把文化差異單一化，特別是忽略了原住民的視野，特別是平地原住民與山地原住民的文化多樣性。如何避免以一種稻米中心的文化觀來同化原住民的風土？法文的terroir（風土條件）與西班牙文的terruño（故鄉）或許能夠提供一些線索，讓我們重新思考風土論。

有關風土的翻譯，英語學界通常把「風土」翻譯爲「climate」。[3] 然而，法國人文地理學家貝爾克（Augustin Berque）則把「風土」翻譯爲「milieu」。具體的理據可參考專文，此處僅引用他的一個注腳作爲討論起點：

> 風土這個詞由風和土這兩個漢字組成。在漢語以及日語中，風在這裡不僅是「風（wind）」，還代表著「風俗（customs）」的隱喻，而土則代表著「自然特徵」和「特定的土地」。風土有這兩種意義，但強調在某國家或地區的自然特徵。研究社《日和大辭典》將「風土」翻譯爲「（某地域）的自然特徵；氣候（climate）；氣象（clima）」。它將「風土的」譯爲：「氣候的（climatic）；風土病的（endemic）」。和辻自己在書中第一章的第一句話中，將風土定義爲一個土地的氣候、天氣、地質、土壤、地勢、景觀等；這正是維達地理學（Vidalian geography）中對milieu的定義，顯然不能透過還原爲唯一的氣候。然而，在第五章中，和辻卻提及，赫德（Herder）指出德文的Klima是相

2　參考廖欽彬編，《洪耀勳文獻選輯》（臺北：臺大出版中心，2019年），頁57-80。

3　例如：「My purpose in this study is to clarify the function of climate as a factor within the structure of human existence.」（Watsuji, *Climate: A Philosophical Study*. Tokyo: Ministry of education and Hokuseido Press, 1961, p.v）。

當於風土。現在，我們必須記住，赫德對Klima的概念與文化和歷史有很大關係，不能歸結爲氣象學特徵。進一步說，在日語中，風土fūdo（及其衍生詞）不能與氣候kikō（及其衍生詞）混淆，氣候是自然意義上的「氣候」的意思；而在法語和英語中都不是這樣，在法語中，climat的衍生詞——它本身是矛盾的，就像德語中的Klima一樣——如climate，只有氣象學意義，因此不能表達風土的矛盾性：它們自然會導致確定性的解釋。基於以上原因，我最終將fūdo翻譯爲milieu——《簡明牛津詞典》將其定義爲「環境（environment）、生活狀態（state of life）、社會周圍（social surrounding）」。[4]

筆者基本上贊成貝爾克的立場：風土不是氣候。前者涉及文化與歷史，後者則是一種外在的環境條件。但到底何謂「milieu」？這一點要作一些解釋。貝爾克的《風土の日本》（原題：Le sauvage et l'artifice. Les Japonais devant la nature）中的思想，特別是他在該書指出有關風土的三個自明命題（公理）：[5]

(1) 風土是自然的，同時是文化的。
(2) 風土是主觀的，同時是客觀的。
(3) 風土是集團的，同時是個人的。

更重要的是，他亦提出了有關「風土學（mésologie）」的理論框架：[6]

---

[4] A. Berque, "Offspring of Watsuji's theory of milieu (Fûdo)", *Geo Journal*, Vol. 60, No. 4, Confronting Geographic Complexity: Contributions from some Latin Countries (2004), p.394n.

[5] A. Berque, Le sauvage et l'artifice, Paris: Gallimard, 1986, pp.148-149；日文版：《風土の日本》（東京：ちくま学芸文庫，1992年），頁183-184。

[6] 同上，頁206-207。

場所 lieu	場所的 topique	場所性 topicité
風土 milieu	風土的 mésologique	風土性 médiance
空間 espace	空間構成的 chorétique	空間構成／範圍性 chorésie

例如：「場所」即主客未分的狀態，「風土」即主客並存，「空間」則是或主或客。貝爾克的創意在於，由於milieuïté（milieu的名詞化）太醜，故把風土性意譯爲médiance，風土學意譯爲 mésologique。「Méso-」是中間或中央之意，如Mesopotamia（在兩條河之間）。中間性是風土的重點，因爲風土本質上是夾在場所（lieux）與廣延（étendues）之間的東西。換言之，風土即mi-lieu或mi-étendue。

這裡，貝爾克認爲他不單創造了比和辻更嚴格的風土學，而且還提供了資源讓我們思想一些與風土相關的概念，例如：「風景」（paysage）。貝爾克指出，「風景」一詞相當歧義，但有兩種方向可以思考：當我們說「風景」是單一或獨一無二之時，這種風景是原初的風景，是風土以場所的方向來內在地開展；而當我們說「風景」是複數或可被複製時，這種風景是風土以空間構成的方向來外在地開展。這種複製活動，可以理解爲「空間構成／範圍性」。貝爾克認爲，空間構成來自古希臘語的chora，它的語源是動詞χωρειν，即讓出空間、移動、前進和入侵等意思。所謂「空間構成」或「範圍性」（chorésie），也就是指「前進行爲」（χωρησις），這行爲同時意味著領域的擴張。[7]在日本，「稻田」被視爲「原風景」。但明治維新之後，日本占據北海道，並在那裡複製日本的稻田風景。貝爾克指出：

　　例如：日本社會在北海道創造了稻田，從某種意義上說，稻田是日本在Ainu人的島上複製的風景。這種複製在歷史上是以帝國主

7　同上，頁203。

義和一個（土著）社會被另一個（外國）社會排斥爲前提的。[8]

對於貝爾克來說，「空間構成」涉及了一個普遍現象──由於居住域（écoumène）有限，所以我們會把它擴展至非居住域（érème或anékoumène）。非居住域的希臘文爲「ἔρημος」，即野生或不毛之地（désert）。從和辻風土論的角度，即所謂砂漠型風土。另外，居住域是希臘文爲οἰκουμένη，即可以居之地，以風土論來說即季風型風土和牧場型風土地區。

在日本，貝爾克認爲有一種特殊的「空間構成」現象──居住域（里）是處於非居住域（山）與非居住域（海）之間：[9]

山	（非居住域）
山邊[10]	（境界）
里	（居住域）
磯	（境界）
海	（非居住域）

貝爾克指出：「就日本而言，雙方的領域之間出現恆常的交流。事實上，日本的神會從非居住域移動到居住域，從「森林」移動到「人里」。春天，山神下到人里，成爲田神，秋天則反其道而行之。這種於非居住域與居住域之間的「旅」，象徵自然與文化的周期性。這種定期交替，展現在春秋兩季的「送神」與「迎神」之祭日中。柳田國男在

8　同上，頁200。

9　同上，頁85-86。

10　這裡的「山邊」（yamanobe）即「里山」（satoyama）。簡單來說，它既不是「山」也不是「里」，而是位於「山」和「里」接壤之地。這個地方不是無人地帶，而是有人的活動，例如：種植稻米，設置神社或寺廟等。

《年中行事覺書》中，早有提出了有關觀點：「田神在春天下山保護田地，冬天再上山成爲山神的事實，至今仍被全國各地的人們所銘記，即使是那些不再相信的人，也是如此。住在鎮上的人對節日本沒有什麼印象，因爲每天只要想吃就能吃到稀罕的食物，但在農村，這是一個很好的紀念。」[11] 貝爾克指出，日本文化中，從非居住域到居住域的轉移，即從「晴（ハレ）」到「褻（ケ）」的轉移。根據《說文解字》，晴即姓，「雨而夜除星見也。從夕生聲。」褻即「私服。从衣，埶聲。」《論語》有「紅紫不以爲褻服」之說法，褻在今天通常帶有褻玩、褻瀆、褻言等貶義。然而，在日語裡，「褻（ケ）」並沒有貶義，而是指日常、平常、或普通。非居住域與居住域，分別指向非日常性與日常性的。「祭」作爲非日常性的日子，例如：村裡的人們在喜慶之日會聚在一起吃年糕；但如果舉行葬禮，這也是非日常性，因此是屬於「晴（ハレ）」而不是「褻（ケ）」。柳田指出，在陸中下閉伊地方有如此集俗，女性有一種着物，稱爲「イロ」，這只會在婚禮和葬禮才會穿著，在日常生活不會穿著。

二、Ainu的風土

2019年11月，筆者在國立墨西哥自治大學發表了一個有關「Ainu的風土」的演講。筆者的根本主張如下：根據和辻哲郎的說法，日本屬於「季候風型」風土，但是這種主張是基於日本是「瑞穗之國」作爲前提，忽略了日本許多地方本來不宜種稻米的事實。通常來說，乾旱地區由於灌漑條件欠佳，稻米難以生長；山區開墾梯田付出大、收穫少，不合成本效益；地質爲火山灰或珊瑚石灰的話，由於貯水能力欠佳，難以栽培稻米。柳田國男在《雪國之春》中指出，東北地方是日本的稻米之

---

[11] 柳田國男，《年中行事覺書》（東京：講談社學術文庫，1977年），頁31。

鄉。根據赤坂憲雄的考察，柳田說青森縣下北半島的人們用年糕來慶祝新年；但事實上，由於偏東風（ヤマセ）的影響，該地區根本無法種植水稻。

　　在東北沿岸，除了偏東風帶來的寒害，海嘯在稻田留下了大量鹽分，福島核災遺下的核汙染等天災人禍，亦使稻田耕作不是理所當然。北海道本來亦不適合種植稻米，但由於氣候暖化和品種改良，現已成爲了日本稻米的主要產地，稻田面積和產量僅次於新潟縣。[12] 貝爾克曾在北海道的札幌居住，研究日本的開拓史。明治時期，日本人以「開拓」之名，大量移居至北海道各地。除了漁業，日本人嘗試在北海道種植水稻，但由於氣候寒冷，在科學上被認爲是不可能的。但經過了一百年以上的風土變化，稻田已成爲了現今北海道風景的一部分。我們不要忘記，這片土地本來不單沒有稻田，更不是屬於大和民族。Ainu人才是這個地方的原住民族，他們並不務農，而是主要以狩獵採集爲生。

　　Ainu人是日本人嗎？梅原猛（1925-2019）指出，有一些研究把Ainu人視作高加索人（Caucasian），但他認爲Ainu人的祖先是蒙古人種（mongoloid），因此可以說是日本人的祖先。這是一種典型的「同祖論」。梅原只從日本人的角度理解Ainu人，而忽略了Ainu人是由現代日本以開祖（發展或耕種）名義殖民的事實。1903年在大阪舉行的「全國勸業博覽會」的人類館，Ainu人、沖繩人和臺灣原住民等被「展示」。2007年，聯合國通過了〈聯合國原住民權利宣言〉，翌年日本國會兩院一致通過決議，承認Ainu人爲「先住民族」。但Ainu人的平權活動強差人意，貧困率居高，語言亦頻危。[13] 2017年，筆者曾經訪問「川村カ子トアイヌ記念館」的館長川村兼一（1952-2021）先生，以下是訪談記錄：

---

[12] https://www.hokkaido-kome.gr.jp/about/komedokoro/
[13] http://www.unesco.org/languages-atlas/index.php

問：Ainu語的傳承如何？

答：最近多了年輕人學習Ainu語。日本人通常學外語較多，但通常不知日文也有不少地名來自Ainu語。

問：怎樣看2020年公開的國立Ainu民族博物館／國立民族共生公園？

答：基本上贊成。但私人博物館也有存在價值。當然，私人博物館的財政狀況不太理想，很少日本人和外國人（香港人）來參觀，買紀念品。

問：怎樣看臺灣的原住民？

答：曾多次去臺灣作文化交流，但不了解爲什麼臺灣原住民對日本人有好感。

問：Ainu有條件獨立嗎？

答：曾經有，但現在沒有。

如果Ainu的風土有別於日本的風土，那我們應該如何重新認識「風土」這個概念？和辻認爲，風土的三種型態（季候風、牧場、沙漠），分別適用於以下三種地區：

第一區：印度、東南亞、中國、日本

第二區：歐洲

第三區：中東、非洲、蒙古

我們應該指出，歐洲的風土絕對不可能只用「牧場」來說明。此外，正是因爲各種人類活動（農業、畜牧業、都市建設、工業化等），沙漠化日益嚴重，很多本來可以進行農業或畜牧業的地區，已成爲了不毛之地。和辻後來在《倫理學》中，他加入兩種風土和地域：[14]

---

[14] 參考坂部惠，《和辻哲郎》（東京：岩波現代文庫，2000年），頁113。

第四區：俄羅斯風土

第五區：美洲風土

據以上區分，墨西哥應該屬於第五區。但以筆者的了解，墨西哥的主要農產品爲玉米，但墨西哥每年亦有生產大量稻米，而在一些高原山區或沙漠地帶，不能進行各種農業活動。筆者的意思是，作爲一個多民族國家，墨西哥不可能只有單一的風土，而是有各種風土的混成。以和辻的說法，並不是因爲環境決定了文化，而是自化與文化的互動下，出現了不同的風土。筆者認爲，風土本來不是氣候，而是文化（culture）和耕作（agriculture）。[15] 因此，我們可以把風土分爲以下三類：

D：可種植稻米的地區

E：不可種植稻米，但可以進行其他農業或畜牧業的地區

F：不能進行D或E的地區

和辻論日本的風土時，經常提及「可種植稻米的地區」。關於稻米，和辻留意到消滅雜草是農民的主要工作，在雜草猖獗的仲夏炎熱日子裡，要與雜草進行著無休止的爭鬥；另外，由颱風或暴雨等自然災害會影響稻米的收成，這令農民們產生了一種順從和認命的態度。「人類種植水稻和熱帶蔬菜、玉米和各種寒帶蔬菜，所以這種種植所必需的雨量和日照，影響和制約著人類的生活。颱風破壞了稻穗，所以威脅到人類的生存。颱風與人類的關係。颱風的破壞是無法避免的，但人們可以共同防災。它帶來了接受和關係的思想。」然而，和辻當然亦有留意到，日本很多地區亦有進行稻米以外的農業或畜牧業。他指出，夏天的日本遍地都是水稻和夏草，但冬天的日本，遍地都是玉米和冬草。正

---

[15] 和辻哲郎，《イタリア古寺巡礼》（東京：岩波文庫，1991年），頁259。

如網野善彥指出，史料指出秋田藩（現：秋田縣）76.4%的人口是「農民」，但這所謂的農民（百姓）其實不少是漁民和獵人。

　　日本有長久的狩獵文化。在繩文時代（西元前8000年至西元前300年），繩文人基本上是狩獵採集者。今天，我們在東北地區，仍可以找到一些稱為「Matagi」的職業獵人。這些獵人在打獵時，會使用一些Ainu詞彙。對Ainu人來說，狩獵是他們生活的重要部分。其中，獵熊（iomante或iyomante）更特顯了Ainu的特殊風土文化。渡邊仁作出了詳細的記錄：

> 北海道的熊屬於Ursus arctos，是棕熊的一種。長得很大，性情凶猛。Ainu人獵殺它，並積極地使用Aconitum配製之毒藥製成的彈簧弓箭，甚至用弓箭射殺它。Ainu人很可能是已知的唯一使用弓箭作為獵殺棕熊主要工具的民族。棕熊有冬眠的習慣。在北海道的初春，棕熊逐漸走出洞穴，主要沿著積雪融化較早的山脊，下到較低的山丘和平坦的平原，在那裡可以儘早找到食物。秋天，熊到處去尋找山澗邊大量生長的堅果和漿果。秋天的時候，棕熊長得肥大。到了雪季，這種動物開始向上游，到了山的深處，在那裡進入洞穴冬眠……在北海道，在河流源頭的崎嶇山區，發現了比較多的熊的冬眠窩。Ainu人所知道的冬眠中心與鹿的冬眠地是不同的，即使在同一河谷。這些冬眠中心是在河谷兩邊的低山丘陵地帶發展起來的，這些低山丘陵大多長滿了冷杉，並且位於河谷的兩邊……Ainu人在充分了解自己的獵物情況下，將獵熊場選在那些有冬眠中心的河流源頭地區，並在每個地盤上建有小屋，供獵人每個季節通行。這些狩獵場比獵鹿場離居住地更遠、更內陸。雖然熊的數量要少得多，但在源區之外也能發現熊；如果發現，可能會被追趕鹿的獵人抓住。獵熊活動分春秋兩季進行。在夏季毛皮的時候，沒有定期的獵熊活動。在每一個季節，獵熊者都會組成一個隊伍，去遠離他們家的小屋居

住。春天的狩獵（paikaru iramande），大約在山裡的積雪變得堅硬得可以行走，小熊在熊窩裡出生的時候開始。在春弓狩獵開始之前的早些時候，他們趁著熊還在冬眠的時候，對熊窩進行了突襲。他們築起木棧道封鎖住巢穴的入口後，將巢穴中的成年動物刺激出來，用手弓和毒箭射殺。殺死母熊後，他們把剩下的小熊抓來，帶回家撫養。秋季的狩獵（Chuk iramande）涵蓋了從熊開始冬眠到冬眠完畢的這段時間。在這個季節，春天的弓箭被放置在軌道上，通常沿著小峽谷，那裡有大量的熊之食物，如堅果和漿果。他們也用手弓獵殺動物，有些獵人甚至追到熊的巢穴。[16]

從「川村カ子トアイヌ記念館」的展示照片所見，Ainu婦人會向小熊餵人奶，並且會讓小熊和Ainu的孩童們一起遊玩。可見，Ainu雖然獵熊，但並非把牠們趕盡殺絕。然而，明治維新以來，日本對Ainu民族實行同化政策，剝奪了他們的狩獵權和捕魚權。結果，iyomante不再是一種儀式，而是成爲了取悅遊客的表演。從動物權利的角度來看，iyomante應該被淘汰。無疑，這預設了Ainu的風土應該由狩獵的生活方式，「轉型」爲農業社會或觀光社會。

三、從terrior到terruño

筆者認爲，Ainu作爲原住民族是一個事實，我們應該尊重他們的風土文化。這個意義之下，Ainu既不是博物館中的「陳列品」，也不是促進日本經濟的「旅遊產品」。例如：在北海道大學的校園裡，有一個Ainu人骨安置所，安放在一些以不法手段得來的人骨標本。筆者認爲Ainu人的遺骨應該被安排以傳統的方式重新埋葬，而不是「存放」在大

---

[16] Watanabe Hitoshi, *The Ainu ecosystem*. Washington: University of Washington Press, 1973, pp. 36-38.

學校園或官方設施。由於Ainu是一個民族，我們應該尊重他們對風土的
理解。和辻的風土論，根本沒有面對Ainu的風土。這裡，如果我們以
Ainu的角度出發，風土論將會得出以下的排序：

　　　　G：可以狩獵採集的地區

　　　　H：不可狩獵採集，但可以進行其他農業或畜牧業的地區

　　　　I：不能進行G或H的地區

對於墨西哥的山居原住民來說，他們的風土排序亦有所不同：

　　　　J：可以種植玉米的地區

　　　　K：不可種植玉米，但可以進行其他農業或畜牧業的地區

　　　　L：不能進行J或K的地區

有關風土的翻譯問題，筆者認爲貝爾克把風土譯作「milieu」有
其理據，但法文的「terroir」相當接近風土的原意。該字的字根爲
「terre」，即「土」或「地」。以酒莊的「terroir」爲例，它的意思是
指酒莊內不同土地的特質，但這些土地的特質並非完全由氣候因素決
定，而是受到酒莊的歷史與習俗影響。這個意義下，「terroir」可以避
免如英譯「climate」側重自然因素的誤導，也可以避免「milieu」與土
地脫離的問題。與會者之中，有一些是墨西哥的原住民學者。他們指
出「terroir」的西班牙語是「terruño」，除了「土地」之意，也有「故
鄉」之意。在山區原住民的「故鄉」，其展現的「terruño」並不是純粹
的自然景色，而是有人們參與的風景。簡言之，貝爾克把「風土」譯
作「milieu」雖然充滿哲學洞見，但筆者還是認爲把它譯作「terroir」或
「terruño」更腳踏實地。

　　筆者期待在疫情之後，有機會去墨西哥原住民的「故鄉」巡禮。然
而，筆者大概可以想像，這些「故鄉」一方面樸素優美，另一方面卻未

能提供很多機遇讓他們發展。人們離開熟識的故鄉，搬到異地謀食，往往並非因爲土地不宜耕作，而是由於一些更複雜的家庭或政治原因。風土作爲故鄉（terruño）是一種理想、一種希望，但她亦可能令人感到沮喪、感到幻滅。正如魯迅所言，「我所記得的故鄉全不如此。我的故鄉好得多了。但要我記起他的美麗，說出他的佳處來，卻又沒有影像，沒有言辭了。」[17]

---

[17] 魯迅，《狂人日記》（香港：三聯書店，1999年），頁61。

第十一章
勞思光的臺港論

一、臺灣

　　對勞思光先生（1927-2012，以下省略敬稱）而言，臺灣可以說是一個「異國」。1949年大陸政局不穩，他以一位「外省人」的身分抵臺，但他不滿國民黨政權打壓言論，之後來到另一個「異邦」——英國殖民統治下的香港。1997後勞拒絕留在回歸後的香港，回到臺灣退而不休，並於2012年客逝異鄉。勞的書寫，尤其是其詩作，可被視爲一種「流離／離散（diaspora）」文學。[1]崔末順在探討柄谷行人的文學論時作了如此評論：

> 「獨在他鄉」的詩中情景，描繪身邊乏人照顧的那種孤寂淒涼處境……在這裡重要的不是身體上的病，而是內心的孤獨；內心感到孤獨，意味的是自我同一的崩解，或者說自我認同不足，此爲個人存在危機內化的精神疾病。孤獨雖然是個人啟蒙主體的確立表現，但它同時也壓抑個人內部的故鄉，讓個人飽受孤獨與精神疲勞的內心分裂所苦，可以說，「孤獨」象徵的是現代自我的命運。[2]

---

[1] 參考陳耀南，〈詩藝哲懷兩妙奇〉，收入《無涯理境——勞思光的學問與思想》（香港：中文大學出版社，2003年），頁259-271。

[2] 崔末順，《海島與半島：日據臺韓文學比較》（臺北：聯經出版社，2013年），頁193-194。

1950年，女作家蘇雪林由香港二度前往法國，在異鄉巴黎寫下這樣的一句話：「我臨出國門撲去鞋子上的塵土，中國一日在共產統治之下，我一日不回中國。」[3] 蘇獨在他鄉，卻心繫祖國；勞亦曾揚言不會重返大陸，但回歸後卻多次踏足「一國兩制」之下的香港，甚至回到中大講學、接受榮譽博士學位等。縱使流落異鄉，心頭難免有所歸屬。游勝冠指出：「『流離』與『歸屬』是人類古老的生存體驗，兩者表面相反，實則互相依存，互為因果。一方面，個人或群體的流離，甚至僅僅是流離的危機，呼喚歸屬的需要；另一方面，某些群體強制單一的歸屬，卻令個人選擇流離，或者衍生新的歸屬。因此，流離與歸屬既是個人的際遇，也是集體的文化現象。」[4]

作為一位關心社會時事的知識分子，勞在旅居港臺時曾發表不少「時評」。這些評論文章，通常都是對港臺政權或政局的批評。我們可以從這些文章了解勞對港臺政治問題上的一些基本立場，但臺灣與香港基本上甚少出現於勞的哲學論述之中。作為一位學者，勞所關心的是中國現代文化路向的問題；晚年的文化哲學則處理當代哲學危機的問題，這與港臺的關係更見薄弱。然而，文化哲學的其中一個重要課題，正是要求我們反思東亞的「現代性」，因此之故，香港與臺灣的經驗非常關鍵，應被給予更多的討論空間。

幾年前，筆者參與了「中央研究院主題計畫（2017-2019）：日治臺灣哲學與實存運動」。這計畫的目的有二：「一是梳理日治臺灣哲學文獻，釐清長期被忽視的本土哲學傳統，使前人思想大白於世。二是將二〇年代興起的實存運動連結到近年對臺灣哲學主體性之研究，除了為戰前以來的本土哲學傳統『繼絕學』，更要替當代困境尋找未來出路。」[5] 我們主張重新閱讀日治時期的臺灣哲學，並認為這研究計畫有

3　游勝冠、熊秉真編，《流離與歸屬——二戰後港臺文學與其他》（臺北：臺大出版中心，2015年），頁211。

4　《流離與歸屬》，頁viii。

5　https://twphilo.blogspot.com/

哲學史的重要性及跨越時空的哲學意義；但同時，我們預期這計畫在沒有被充分理解的情況下會受到不少質疑，如：臺灣有哲學嗎？臺灣哲學不就是中國哲學嗎？這是在搞「文化臺獨」嗎？筆者認為，哲學在臺灣誕生始於日本統治下的時代，而在這個時代之中，事實上出現了不少哲學討論。關於這些事實，我們當然可以從學術的角度整理洪耀勳、曾天從、吳振坤、黃金穗、鄭發育、陳紹馨、林秋梧等人如何討論歐陸與日本哲學等。[6] 這些哲學研究並非只限於象牙塔，而是影響了現代臺灣的發展。具體地說，如何建立家庭與國家以外的人倫組織，是一個重要的現代化課題。金耀基曾指出，「市民社會」（civil society）[7] 在臺灣的出現是現代化十分重要的成果。[8] 筆者認為，臺灣的市民社會思想可追溯至陳紹馨如何思想黑格爾的市民社會論。[9]

　　然而，我們幾乎可以肯定，勞思光在其著作中完全沒有論及日治時代臺灣哲學。這是因為日治時期的哲學文獻都是日文，這出現了明顯的語言隔膜。「就國民政府的立場而言，臺灣人說日語、寫日語是一種奴化象徵，因此，要透過一連串的剛性手段來禁止使用日語，使臺灣的社會中國化，以改變頗有日本味道的臺灣。」[10] 但由於戰後大學禁止用日文授課，學界亦不承認臺語的地位，因此對勞而言，他沒有動機去學一

6　有關研究可參考洪子偉編，《存在交涉：日治時期的臺灣哲學》（臺北：中研院、聯經出版社，2016年）。

7　勞指出：「Civil society，有人把它譯翻譯成『市民社會』，也有人把它翻譯成『公民社會』。其實『公民社會』的想法不太符合黑格爾。『公民社會』的想法應該從洛克（John Locke）的思想那邊來講。翻譯成『市民社會』是比較對，因為『市民社會』那個『市』字包含了經濟意義的傾向。」《文化哲學講演錄》（香港：中文大學出版社，2002年），頁12。

8　金耀基，《中國的現代轉向》（香港：牛津大學出版社，2013年），頁107。

9　見拙文，〈陳紹馨的哲學思想〉，收入《存在交涉：日治時期的臺灣哲學》，頁235-250。

10　《存在交涉》，頁315。

種新語言。另外，勞不可能不認識日治時期的臺灣哲學家（如洪耀勳，戰後回臺出任臺灣大學哲學系教授及系主任），亦不可能不知道他們的哲學論著。當然，我們也可以推想勞思光的「外省人」背景，令他較爲忽略臺灣的「本土」思想。「當前臺灣社會所認定的『外省人』，通常是指1945到1956年前後由中國大陸來臺的集體性移民……事實上，『外省人』之間不但有來自各省分民風秉性的不同，還有由世代、社會階層、性別等元素交織而成的身分座標的差異；即使同樣擁有外省血緣乃至文化身分，但是，彼此的生命際遇卻可能有著天壤之別，畢竟，『族群』不是一個具有某種顛撲不破的『本眞性』特徵的團體，成員雖然可能因爲共同的（逃難）經驗與相近的（流亡）心境而自認爲或被認爲是休戚相關的生命共同體，但其間還是存在著各種分類範疇的界線。」[11] 臺灣「光復」後，臺灣人突然要面對大量的他者。臺灣人把這些外省人稱爲「阿山」。黃俊傑指出，臺灣人與大陸人出現了深刻的社會衝突，1946年糧食配給制度廢除，民間米價波動，當時流傳一首民謠：

> 臺灣光復眞吃虧，餓死同胞一大堆。
> 物價一日一日貴，阿山一日一日肥。[12]

然而，不少自稱「本土」的臺灣人，也有各種外省血緣與背景。我們可以說，勞似乎不太關注作爲「亞細亞的孤兒」的臺灣人，也看不起在臺的客家或廣東文化；我們更難以想像，勞會以現今的角度去考慮山地原住民的平權問題。如果我們從原住民的角度出發，甚至可以批評勞帶有明顯的「漢族中心中國史觀」。勞在講授中國文化時，往往視佛教的傳入爲一種文化「入侵」，亦沒有評價回教及景教等「外來」思想的重要

---

11 《流離與歸屬》，頁177。
12 黃俊傑，《臺灣意識與臺灣文化》（臺北：臺大出版中心，2006年），頁134。

性。但正如孫大川指出：「中國文化從夏、商、周三代以迄於今，實是無數族群與文化互動、交流的結果。」[13] 歷史學家許倬雲在《我者與他者》中指出：「中國的歷史，不是一個主權國家的歷史而已；中國文化系統也不是單一文化系統的觀念足以涵蓋。不論是作為政治性的共同體，抑或文化性的綜合體，『中國』是不斷變化的系統，不斷發展的秩序，這一個出現於東亞的『中國』，有其自己發展與舒卷的過程，也因此不斷有不同的『他者』界定其『自身』。」[14] 我者與他者的關係，本來就千絲萬縷。為何現代中國知識分子往往輕視「跨文化」的視野？陳昭瑛認為：「當代儒者因為是奮起於西方列強大軍壓境的時代，因而其所謂跨民族的『文化匯通』其實不出中西文化的領域，這種大而化之的文化研究，既忽略西方文化為多元、異質的存在，也忽略了中國文化本身也是多元、異質的存在。」[15]

　　勞作為一位異鄉人，本來就是一個他者的角色；但他卻反客為主，要在異地重建文化主體。流亡者的悲情，正確來說是一種「怨恨」（ressentiment）。借德國哲學家舍勒（1874-1928）的說法，怨恨有兩種：「背教主義者」（apostate）和「浪漫主義者」（romantist）的形態。這兩種形態的怨恨有著相同的形式結構：「對甲表示肯定、讚賞、頌揚，並非因為甲之內在品質，而是意在否定、貶低、譴責乙這一他者——只是沒有直說而已。甲成了朝乙『打出去的一張牌』。」[16] 反傳統主義者的「背教主義怨恨」否定過去的自我（乙），並希望向外尋求一種新的價值（甲）；傳統主義者則抱著一種「浪漫主義怨恨」，他們不滿足於當時的狀況（乙），希望回復過去出現的黃金年代（甲）。

---

[13] 孫大川，〈山的文化——台灣史思考的另一個側面〉，收入《久久酒一次》（臺北：張老師文化出版，1991年），頁87。

[14] 許倬雲，《我者與他者》（香港：中文大學出版社，2009年），頁2。

[15] 陳昭瑛，《臺灣文學與本土化運動》（臺北：臺大出版中心，2009年），頁317-318。

[16] Scheler 1972: 57（中譯1996: 426）。

　　勞既非「反傳統主義者」亦非「傳統主義者」，而是一位「批判者」。[17] 1949年抵臺後，勞可以說是身處亡命的情況。即使翌年白色恐怖開始，勞仍然有寫時評批判時弊。勞自述：「我寫時評，實際上自五〇年代已經開始」。[18]正如黎漢基指出：「閱讀勞先生的『少作』就會知道他很強調獨立思考，不崇拜資格，更不隨眾恭維權威，甚至在某程度上反抗公認的權威。」[19]表面上，勞的早期思想關懷與政治立場皆與臺灣的本土思想格格不入。1955年，勞發表處女作《國家與國家主義》（與朱世龍合著），但該書以理論爲主，對臺灣隻字不提。然而，勞晚年的文化哲學強調，現代化的過程中，並不一定有一個主導的文化精神來決定一切（黑格爾模式），而是往往有很多外在因素反過來影響文化精神（柏森斯模式）。「依Hegelian Model的想法，人所以創造某文化，必定是先肯定其價值，至於在歷史中的現實阻礙，即所謂歷史的惰性，則只是一消極的干擾而已。」[20]他尤其反對馬克思模型（Marxist model）的文化哲學，把一切的文化活動都還原爲生產或勞動活動。晚年，他日漸了解到黑格爾模式的限制。文化精神可以「外化」到文化現象，但與之相反的「內化」是否可能？勞思光嘗試提出柏森斯模型（Parsonian model）去指出我們實際生活的世界才是唯一的實在，人的需要或社會制度可以「內化」成價值觀念。

　　勞思光認爲，黑格爾模式仍然有一定的有效性，特別可以用來解釋

17　勞指出：「我既非傳統主義者，也不是反傳統主義者，基本上，我可以算是一個批判者，居於這樣的立場，我不會刻意去爲那一方護衛辯說⋯⋯只要中國人好好地整理自己的文化，將其中該揚棄的揚棄，該珍存的珍存，中國文化的未來發展，會是光明的。這是我個人的推測，我也樂意見到這一天的到來。」《思辯錄》（臺北：東大圖書公司，1996年），頁163。

18　勞思光，《家國天下——思光時論文選》（香港：中文大學出版社，2001年），頁xi。

19　《無涯理境——勞思光的學問與思想》，頁246。

20　勞思光，《中國文化路向問題的新檢討》（臺北：東大圖書公司，1993年），頁24。

文化的「創生」（initiation）；但文化仍有另一活動，即所謂「模仿」（imitation），這是難以用黑格爾模式來說明的。勞思光明確指出，文化史上最典型的模擬的例子是日本。他說：「日本從明治維新以來，沒有一個哲學家、思想家理論，主張日本文化要脫胎換骨，要重新改造……日本學得西方的文化成績，是通過一逐步的調整、反應而來。二次大戰以前，日本有若干傳統文化在西化過程中都並沒有改變，中國人因此瞧不起日本，總認為它的西化是表面的、零碎的。其實，倘就學習歷程講，日本的方式才是自然的過程。」[21] 有關日本，勞亦有如此說明：

> 我們現在就舉一個文化史的例子來看。日本當初的漢化運動，並不是先清算自己的傳統。從中國吸收進來的東西與它原有的，譬如像武士道的精神，仍然可以共存，這當然有個改變內部傳統的過程，可是這不叫「脫胎換骨」，是慢慢發展的。明治維新西化時，情況也很類似，西方文化對它雖有影響，但這種影響是「長成的過程」，不是「代換的過程」。先模擬後調整。[22]

勞重視「內化」與「模擬」，日本當然是一個值得參考的例子。以勞的說法，日本人並沒有先把自己的精神西化，才去學西方。相反地，日本雖然是模仿西方的技術、政治制度等，但這些都成功「內化」，成為了現代日本文化中不可分割的部分。勞指出，「學習（或模仿）已有的文化成果，與在文化的價值理念上作一開創發展，完全是兩回事。」[23] 日本現代化的成功，基本上不可用黑格爾模式來解釋。相反地，在日本的現代化歷程中，我們會找到很多柏森斯模型的事例。

---

[21] 勞思光，《中國文化路向問題的新檢討》，頁191-192。

[22] 勞思光，《思辯錄》，頁176。勞認為武士道是傳統日本「原有的」東西，但筆者認為，武士道的核心價值與儒家的「忠」有密切的關係。

[23] 勞思光，《中國文化路向問題的新檢討》，頁191。

　　然而，我們在談論日本時並不應只看今天的日本版圖。佐谷眞木人在《民俗學、臺灣、國際連盟》中指出，「臺灣是日本最初獲得的殖民地，亦成爲日本國內的異文化。」[24] 何謂臺灣？這不僅是臺灣本身的問題，而且也是日本思考及面對「他者」時的一個不能逃避之問題。在臺灣的日治時代，我們可以找到大量的「內化」與「模擬」成分。1895年至1945年，臺灣從清朝的周邊，變成了東亞其中一個最先進的地方。關於臺灣的急劇現代化，我們當然可以說臺灣是模仿日本，日本則模仿歐美，因此只可說「模仿的模仿」（如：臺灣總督府），沒有什麼好談。但日治時代的基礎建設、制度等，已成爲了現代臺灣文化中不可分割的部分。今天，我們或許會以「哈日」來形容那些模仿日本的人，但臺灣之所有「哈日」，並不只因爲日本是一個絕對的他者。相反地，日本已「內化」成爲了臺灣的一部分。

　　勞認爲：「事實上，臺灣已在制度表層上急遽地現代化。在經濟和文化思想方面，更是全無專政式的管制。」[25] 他直指臺灣的現代化運動並不理想，出現了「片斷化」的困局。我們可以說，日本的現代化也有類似的問題。現代日本文豪夏目漱石（1867-1916）在〈現代日本的開化〉中，夏目一針見血地指出：「日本的現代開化是外發的。」[26] 它與歐洲的現代化不同──歐洲的現代化是出自歐洲人自己的理性反省，不是由於他力的推移；日本經歷了數百年的鎖國政策，但突然由於西方列強迫近等歷史因素而必須現代化。夏目直言：「日本人是欠缺創造力的國民。維新前的日本人只管喜歡模仿中國，維新後的日本人又只是專一地模仿西洋。」[27]

24　佐谷眞木人，《民俗学・台湾・国際連盟》（東京：講談社，2015年），頁8。

25　勞思光，《虛境與希望──論當代哲學與文化》（香港：中文大學出版社，2003年），頁201。

26　同上，頁26。

27　同上，頁310。

　　夏目強調，日本現代化的特徵就是欠缺自覺。他認爲大部分日本人，根本不知道什麼是「開化」；不留意這一點的人，顯得虛僞與輕薄。「就像一個小孩子吸菸但搞不清楚味道，亦要厚顏地裝出煙草的美味。」[28]學習過程無法避免模仿，但日本學習西方這卻不是出於自發的模仿，而只是一種盲目的追趕潮流。夏目指出：「英國的女皇頸部受創，沒法子之下以高領裝扮。宮庭的女官員皆仿傚之。今天的日本人即是這些女官員之流。」[29]勞強調，模仿的重點是並不是自覺與否，而是我們有沒有要求把自己變成歐洲人，才去學習西方文化。他以穿西裝作例子說明：「我們穿西裝不是先有西裝比較美的概念，而是先習慣了穿西裝，然後才回頭看我們穿長衫的模樣，覺得不大好看。」[30]

　　這裡，我們可以嘗試從勞的觀點，去閱讀中江兆民（1847-1901）的著作：《三醉人經論問答》（1887）。這作品提及了三位虛構人物：洋學紳士、豪傑及南海先生。醉翁之意不在酒，中江借三人的對話，道出了現代日本的三種不同路向。洋學紳士是一個研究西洋學問的人，他強調文明進化論，支持日本的民主化。他反對戰爭，支持和平；他的理想是日本放棄軍隊，成就人類的永久和平。對於洋學紳士的言論，豪傑作出了嚴厲的批評。他指洋學紳士不切實際，在弱肉強食的社會，大國攻擊小國是自然的事。列強當前，日本作爲一個小國，如何避免滅亡？豪傑認爲唯有先發制人，才能有望得到勝利；戰爭是必要的惡，是達致和平的唯一手段。南海先生批評洋學紳士的民主主義，認爲西洋的哲學理論，未必適合日本的國情；但他亦批評豪傑的侵略主義，認爲日本應與中國修好，互惠互利，方爲上策。洋學紳士和豪傑各走極端，但兩者卻同樣是一種烏托邦思想：「紳士君的議論是歐洲學者在其大腦中醞釀，在其著作和言論中加以發揮，但尚未實現的思想上的燦爛瑞

---

28 同上，頁33。

29 同上，頁12。

30 勞思光，《危機世界與新希望世紀》（香港：中文大學出版社，2007年），頁38。

雲。豪傑君的議論是古代俊傑之士，千百年一次爲之奮鬥，博取功名的
事業，但在今天，是無法實行的政治上的幻戲而已。」[31] 以洋學紳士爲
例，勞大概會作出以下分析：洋學紳士基本上相信黑格爾模式，要求
自己要有精神上的西化，才能全面學習甚至超越西方，但這是不可能
的。日本現代化的成功，正是因爲日本人的價值意識層面不夠穩定，
易被其他文化取代，「這就決定了日本在回應現代文化上遠比中國順
利。」[32] 根據以上思路，我們可以說，臺灣與香港的價值意識層面亦不
夠穩定，易於被取代，因此在回應現代文化上也比中國順利。

二、香港

上一節指出了勞的文化哲學與臺灣哲學的關係，臺灣的日治經驗
實在不應忽略。[33] 如果此分析正確，我們便可以嘗試檢討香港的經驗。
眾所周知，勞對戰後臺灣的社會與政治感到絕望，故移居香港。他先出
任珠海書院講師，後轉往中文大學崇基學院任教。香港因其特殊地理及
歷史因素，成爲了不少中臺學者們的流難之所；但畢竟香港是英國殖民
地，是他人園林。唐君毅在〈中華民族之花果飄零〉（1961）中指出：
「中國社會政治、中國文化與中國人之人心，已失去一凝攝自固的力
量，如一園中大樹之崩倒，而花果飄零，遂隨風吹散；只有在他人園林

---

[31] 中江1965: 93，上譯引用自中江1990: 49。

[32] 《危機世界與新希望世紀》，頁91。

[33] 臺灣被日本殖民（1895-1945）這段時期到底是「日治」（Taiwan under Japanese rule）抑或是「日據」（Taiwan under Japanese occupation）？依我個人見解，兩者的分歧如下：支持前者的認同日本是一個殖民政府，曾實質統治臺灣；支持後者的則主張日本只是強行占據臺灣，在臺的統治並沒有合法性。筆者認爲，日本在臺五十年進行了實質的殖民統治，亦爲臺灣實現了某程度上的現代化，可以說是「日治時期」。英國在香港的殖民期間長達一百五十年多年，這時期可以稱爲「英治時期」，但日軍占港只有三年零八個月，這時期稱爲「日據時期」較爲合理。

之下托蔭避日，以求苟全；或牆角之旁，沾泥分潤，冀得滋生。此不能不說是華夏子孫之大悲劇。」[34] 作為「牆角之旁」，香港註定不會得到新儒家的認同。同樣的鄉愁亦可見於牟宗三身上：

> 牟宗三先生在〈說「懷鄉」〉一文中寫道：「現在的人太苦了。人人都拔了根，掛了空。這點，一般說來，人人都剝掉了我所說的陪襯，人人都在游離中。可是，唯有流離，才能懷鄉。」將這段話與愛德華·薩伊德（Edward W. Said）晚年的回憶錄《格格不入》（Out of Place）相對照，「拔根」即uprooted-ness，「掛空」即dispossession，「流離」即diaspora。兩人都身負離鄉背井的被放逐的命運，牟宗三指認流離為人類生存處境之普遍適用的隱喻，薩伊德卻更強烈地感受著這是個人分裂的遭際，雖然他對知識分子在二十世紀的流亡的常態具有清醒的了解與深切的感受。[35]

香港這片「無根」之地，卻成為了保存中國文化的最前線。1949年成立的新亞書院，創辦者皆與之「無緣」。「手空空，無一物，路遙遙，無止境；亂離中，流浪裡，餓我體膚勞我精。」新亞書院的校歌歌詞表現了「流離者」的悲情，也反映了他們的信念：保守傳統文化。勞不滿新儒家的「傳統主義」，這是眾所周知的事實。但唐、牟、勞卻有一個共通點——他們不是本土香港人，卻見證了香港的現代化；即使流離異鄉，並沒有對這地方漠不關心。例如：文化大革命爆發，香港出現了騷動，勞便撰文分析文革的成因，及探索香港人所面臨的問題。他特別指出：

---

[34] 唐君毅，《中華人文與當今世界》上冊，頁12。
[35] 引用自《流離與歸屬》，頁156。譯語稍有更改。

關心中國前途，即是華人的愛國情操的表現。但是我們考慮中國
前途的時候，首先要明白「中國前途」並非等於「某一中國政府
的前途」。「國家」與「政府」不同，「愛國」不等於「愛政
府」，這是人們應有的起碼政治常識。我們說到國家前途，便應
以國家得失爲標準；用這個標準可以裁斷某一政府是「有利於
國」或「有害於國」。當我們發現一個政府的行動是「有害於
國」的時候，則反對及推翻這個政府，正是主要的愛國工作。[36]

勞強調：「香港華人的愛國心，不能用來盲目支持中共的政府」[37]。他
不滿意港人欠缺對大陸及臺灣時局的了解，亦不滿港人的教養水準。例
如：他發現個別同學不會說，甚至完全聽不懂國語（普通話）。他剖
析：「語言能力問題，反映社會風氣，因此我覺得值得注意。」[38]

　　結局，我們可以說，勞與一眾新儒家同樣在香港只是過客，沒有
什麼地方令他們留戀。「離散之所以爲離散，很重要的特徵就是，離散
者雖然身在此刻的家園，但內心則依然懷抱著對故鄉的深切眷戀。」[39]
香港頂多是第二或第三故鄉，而不是祖國山河。作爲「文化沙漠」，香
港並沒有什麼好談。這主張可追溯至魯迅：

香港一百五十年來，在文化上一直處於中國母國與英國殖民主國
的「邊緣」，它是處於中英二國的文化大傳統之外的，也沒有
「參與」到中英二國本土一百多年的主要文化變遷（中國的新
文化運動與香港沒有關係，英國百年來的民主發展，與香港也
沒有關係）。就是因爲這樣，所以魯迅在一九二七年左右到香
港來，只逗留了三天，十分看不起香港，他的〈略談香港〉雜

36　同上，頁25。
37　同上。
38　同上，頁47。
39　《流離與歸屬》，頁210。

文，對香港極盡嘲弄之能事。魯迅之後，許多的中國學者，從大陸來的也好，從臺灣或其他地方來的也好，基本上對香港文化是很輕視的。「香港文化沒什麼可談的」。[40]

從中原的角度來看，周邊的文化的確沒什麼好談。但香港的一百五十多年殖民經驗，印證了文化哲學的「內化」與「模擬」。在東亞，香港是其中一個最現代化的地區，她的現代化比大陸及臺灣來得更早。梁漱溟在《東西文化及其哲學》中，引述了早稻田哲學教授金子馬治（1870-1937）訪港的見聞：

> 余在十年前有歐洲之行，其時亦得有興味之經驗。歐遊以前，予足跡未嘗出國門一步，至是登程西航，漸離祖國。途中小泊香港，登陸遊覽，乃大驚駭。蓋所見之物，幾無不與在祖國所習者異也。據在座之貴國某君言，香港本一磽确之小島，貴國人以廢物視之，及入英人之手，辛苦經營遂成良港。予至香港時，所見者已非濯濯之石山，而為人工所成之良港。予之所驚駭不置者，蓋在於是。日本諸港大都因天然之形勢略施人工所成，香港則異是，觀其全體幾於絕出人工，非復自然之原物。此余所不得不歎服者。試觀某市街所謂石山者已草木叢生欣欣向榮，皆英人所種也。初雖歷次失敗，然英人以不屈不撓之精神利用科學之方法，竭力經營，卒成今日青青之觀。予在國內時所馴習之自然，此處杳不可見，所接於目者，獨有人力之跡。……知所謂歐人征服自然，而東洋人放任自然之說果不妄也。[41]

―――――――――

[40] 金耀基，《中國的現代傳向》，頁128-129。

[41] 梁漱溟，《東西文化及其哲學》（北京：商務印書館，1999年），頁26-27。

日本哲學家和辻哲郎（1889-1960）在訪歐時，亦曾途經香港。他分析
了香港水上人的「風土」特質：

> 那是昭和二年（1927）左右，我從停泊在香港九龍的船上看見許
> 多中國人的帆船圍聚在外國船穿裝卸貨物。小船上像是住著幾
> 戶人家，四五歲的孩子在甲板上玩耍，很是可愛；還有年輕婦
> 和老太太圍著帆繩戶在幹活，一眼看上去真是一幅和靄相處的
> 情景。可就在同一條船上，竟有幾門舊式大炮裝備在船鋒、船
> 側。這當然是爲了防範海盜，因方海盜也以同樣裝備襲來。也就
> 是說，憑著這條單薄的帆船既要裝貨運輸，還要準備著與海盜交
> 鋒。我方此震驚不已，沒想到有炮戰的運輸非平時可爲，而中國
> 的勞動人民竟當作家常便飯，攜帶妻兒，泰然處之。世上還有哪
> 個國家能找到這種人民呢？[42]

金耀基指出，香港可以說是華人社會最具現代性的城市，經濟上是國際
的資本主義都會，政治上擁有某程度的自由與民主，文化上揉合了中與
西、傳統與現代。然而，香港亦有各種問題，特別是在全球化的風潮
下，在地文化的保育欠佳。所謂「溫故而知新」，關於香港，我們要重
新檢討英殖時代（包括各種成功與失敗的）的經驗；在臺灣，我們亦可
以反思日治時代的文學與哲學。這不是一種「戀殖」，而是有文化哲學
上的重要性。「作爲前殖民地的香港與臺灣，近代以來就被『流離』
與『歸屬』這兩難的身世問題所困擾，中國由晚清下迄二十世紀的前
半，頻繁的戰亂使得逃難成爲日常經驗，大量人口向香港、臺灣的流
離，則不斷深化、複雜化兩地歸屬的困惑。」[43]

---

[42] 和辻哲郎，《風土》（北京：商務印書館，2006年），頁109。

[43] 《流離與歸屬》，頁viii。

勞在2007年回港接受訪問，談及了香港與臺灣。他認為：「對照香港、臺灣，臺灣雖然實現選舉，但過於早熟，在未有基礎時就在制度上推行；香港則處於另一方，具備良好法制、效率，民主已有基礎，但卻是遲來。」[44]他批評（戰後）臺灣的民主化不理想。「他說，臺灣沒有人來培養公民意識，投票人本來應該對公共事務要有負責任的態度，結果他們卻拿投票來當人情，只選跟自己接近的人，對方做什麼並不要緊，既不知道，也沒有興趣去知道……學校裡仍是講權威主義，講黨的領導。」另一方面，他認為香港的情況也欠佳。他指出：「香港本身不是一個自主的地方，是一個『隨變數』（dependent variable）而不是『自變數』，所以，他們在香港講自由主義理論的人，過去都認定『不管時間多長，須是推動中國民主化，才能有香港民主化』。」近年的香港出現了另一個新的變數，即年輕人自認有一股強烈的「本土意識」，不再關心中國大陸的民主發展問題。另一方面，他們反對太多大陸人來港定居，侵占本地教育、醫療、社會福利等資源。然而，香港的核心價值從來都不是文化上的封閉性，而是一種開放性。香港的現代化本來並沒有依賴「民族」或「國家」等大敘事，這有助香港人成為「世界公民」（global citizen）。今天，我們有必要從文化哲學的角度出發，發展一種跨文化的視野，重新認識文化的混種性與多樣性，來對抗民粹主義或民族主義。

三、危機

勞思光多次強調，他晚年的關心已不是中國哲學（史），而是現代中國文化的路向及文化哲學。「所謂中國文化路向問題，基本上就是現代化問題。現代化的意思是說在歐洲出現了一個現代文化，然後大家去學這個現代文化，因此就談現代化，我們先得對 modernity 有一了解，

---

[44] 《信報信報財經新聞》，日期：2007年10月22日。

然後再問modernization 是怎麼一回事。」 [45] 談及現代中國的路向，往往忽略有關臺灣與香港的論述；但港臺並非可有可無的例子，而是兩個極有參考價值的事例。上文提及魯迅的〈略談香港〉，當中引用了一篇用廣東話寫的文章。該文所提及的，正是傳統與現代在香港的「葛藤」現象，現轉載有關主張如下：

> （第一）係中國人要顧全自己祖國學問呀，香港地方，華人居民，最占多數，香港大學學生，華人子弟，亦係至多，如果在呢間大學，徒然側重外國科學文字，對於中國歷代相傳慨大道宏經，反轉當作等閒，視為無足輕重慨學業，豈唔係一件大慨事嗎，所以為香港中國居民打算，為大學中國學生打算，呢一科實在不能不辦，（第二）係中國人應該整理國故呀，中國事物文章，原本有極可寶貴慨價值，不過因為文字過於艱深，所以除曉書香家子弟，同埋天分極高慨人以外，能夠領略其中奧義慨，實在很少，為呢個原故，近年中國學者，對於（整理國故）慨聲調已經越唱越高，香港地方，同中國大陸相離，僅僅隔一衣帶水，如果今日所提倡慨中國學科，能夠設立完全，將來集合一班大學問慨人，將向來所有困難，一一加以整理，為後生學者，開條輕便慨路途，豈唔係極安慰慨事咩，所以為中國發揚國光計，呢一科更不能不辦，（第三）就係令中國道德學問，普及世界呀，中國通商以來，華人學習語言文字，成通材慨，雖然項背相望，但係外國人精通漢學，同埋中國人精通外國科學，能夠用中國言語文字翻譯介紹各國高深學術慨，仍然係好少，呢的豈係因外國人，同中國外洋留學生，唔願學華國文章，不過因中國文字語言，未曾用科學方法整理完備，令到呢兩班人，抱一類（可望而不可即）之嘆，如果港大（華文學系）得到成立健

---

45 勞思光，《中國文化路向問題的新檢討》，頁127-128。

全，就從前所有困難，都可以由呢處逐漸解免，個時中外求學之
士，一定多列門牆，爭自濯磨，中外感情，自然更加濃淡，唔嚕
有乜野隔膜咯，所以為中國學問及世界打算，呢一科亦不能不
辦……[46]

上文的基本主張如下：香港大學是殖民者開辦的高等學府，但香港是
華人地方，因此要作好華人的文史哲研究。然而，這一所以「明德格
物」作為校訓的大學，其哲學系多年只有英美傳統，亦不承認中文的
研究成果；另一所強調「博文約禮」的大學，在國際化的洗禮下同樣
面臨嚴峻挑戰。勞不認同後現代主義（postmodernism）的主張，但無
可否認，知識在後現代處境（postmodern condition）已出現了轉變，哲
學系及文學院事實上面對前所未有的危機。勞曾說中大哲學系是一塊
「癌」，因為他不滿系內某些人事決定。但今天，學系甚至學院已失去
了最終的人事權，一切只能聽從大學高層的決定。李歐梵指出，中大
已成為了一個「龐大的官僚體系」。[47]大學沒有真理，只有各種數字與
統計。學生們只懂GPA（成績），講師們擔心CTE（課檢），教授們忙
做RAE（研究評審工作），大學行政則只在乎UGC（大學教育資助委
員會）。[48]有學者分析，「過分的國際化，大學的教席大部分由外國人
占據，本土學者沒有就業出路，學術思想的命脈斷裂、枯萎，大學失
去地方特色，學術承傳也無法說起，這才是最『攞命』。」[49]該文繼而
指出，「倘若唐、牟二位今天尚在人間，以他們的 publication，恐怕也
只能望大學之門輕嘆。」（經筆者提議，此文在發表時已刪除）在學術

---

[46] 魯迅，〈略談香港〉（發表於《語絲》週刊第144期，1927年8月13
日），收入《而已集》。

[47] 李歐梵，〈一個老教授的日記〉。

[48] 有關RAE與UGC的問題，可參考劉笑敢，〈教資會，你憑什麼？〉（發
表於《明報》，2013年5月27日）。

[49] 黃國鉅，〈因國際化之名——哲學系是重災區〉。廣東話「攞命」即
「要命」之意。

殖民主義的風潮下，勞在今天的香港恐怕亦難以確保教席。但筆者深
信，勞絕對不會只以英語撰寫期刊論文，而是繼續以中文出版學術著
作；他亦會一貫地發表時論批評社會，追尋哲學作為學術遊戲以外的
意義。[50] 事實上，勞早已道出了哲學（系）的真正危機：「目前的哲學
界，正走向過度專業化的困境。哲學漸漸變得與實際人生愈來愈遠。究
竟能不能產生新的而有引導文化作用的哲學思想，這是一個大疑問。當
然，這是哲學家們應當用心的問題，而不是教育界的問題了。」[51]

　　勞辭世不足十年，便以銅像的方式回到古巢。中文大學高層們暫
時放下國際排名、中大醫院、深圳分校等大計，抽空出席揭幕典禮歌頌
勞教授的教學研究成果。然而，我們要樹立的並不僅是另一座無人問津
的記憶裝置，而是勞作為一位公共知識分子的榜樣──批判思考哲學文
化，實踐理性公共運用。

---

[50] Philosophy beyond a game。參考《虛境與希望》，頁31。
[51] 《虛境與希望》，頁56。

第十二章
鷲田清一的災後哲學論

一、臨床哲學

　　有關「臨床」與哲學的關係，筆者首先希望指出當代日本的兩種路向：「臨床哲學」（clinical philosophy）與「臨床倫理」（clinical ethics）。「臨床哲學」是由鷲田清一（Washida Kiyokazu）等所推動的哲學運動，主要針對哲學的專門化和獨白化，嘗試把哲學帶回各種現場（包括醫療、教育和災難等現場）並與他者對話。[1]「臨床倫理」則是以清水哲郎（Shimizu Tetsurō）等展開的哲學領域，主要針對醫療和介護等具體現場，嘗試向醫生、護士、患者和家族等提供有關「關懷（care）」與「生之質（quality of life）」等視野，及開發事例檢討工具紙等。[2]

　　本文將討論前者，特別是從「災後哲學論」的角度探討鷲田清一的「臨床哲學」。鷲田生於1949年，曾任大阪大學教授和校長。他專門研究現象學和身體論，著作包括《梅洛一龐蒂：可逆性》和《顏的現象學》等。1995年，日本的淡路阪神地區發生強烈地震，鷲田反思哲學的意義，強調應回到各種現場。主著《「聆聽」的力量——臨床哲學試論》[3]提倡的「臨床哲學」，重點就是要把哲學從「獨白」轉回「聆

---

[1]　http://www.let.osaka-u.ac.jp/clph/

[2]　http://clinicalethics.ne.jp/

[3]　鷲田清一，《「聴く」ことの力：臨床哲学試論》（TBSブリタニカ，1999年）。

聽」。2011年的3月11日，日本東北地區發生特大地震，亦引發了海嘯和核災。兩年後，鷲田成爲了仙台多媒體中心的館長，推動災後的臨床哲學活動。臨床哲學可以提供一些資源，讓我們思想哲學如何面對當今世界。

長久以來，鷲田的著作沒有被翻譯。近年，《關於穿衣服這件事的哲學辯證》、《京都の平熱：哲學家眼中的京都小日子》、《衣的現象學》、《古怪的身體：時尚是什麼》等中譯本相繼問世，但有關「臨床哲學」的研究仍然在起步階段。廖欽彬在〈日本臨床哲學運動之初探〉中作出了一些介紹，並與臺灣的「人文臨床」作了比較研究。[4]筆者與獨協大學（日本）的林永強教授正編輯《日本哲學：戰前篇》和《日本哲學：戰後篇》，當中《戰後篇》收錄了鷲田清一《「聆聽」的力量——臨床哲學試論》的部分章節和家高洋的〈解說〉。鷲田對臨床哲學有以下的定義：「我認爲臨床在哲學上是一種『場所』。臨床是孕育哲學的場所，也是哲學產生作用的場所。」[5]然而，他並不是說場所是任何地方，而是「痛苦的地方」。他如此說明：

> 從哲學出發〈場所〉究竟是什麼？於臨床哲學的測試，首先能回應〈場所〉的所謂臨床，也可以稱之爲人們「痛苦的地方」。我，爲什麼基於某個特定擁有名字的某個人而關係到另外一個特定的某個人物。哲學性的思考如果不能展示出其特別獨特意思和可取行之處，那麼臨床哲學便沒有其必要性，而僅是臨床行爲便足夠。作爲一個哲學家，不是單止是去配合、適應那個場合，如以家人或朋友身分，或是一位市民的身分，以自己的角色去配合其身處的場合便足夠。作爲履行哲學的人，於配合同時，作爲那

4　參考余安邦主編，《人文臨床與倫理療癒》（臺北：五南出版社，2017年），頁75-93。
5　《「聴く」ことの力》，頁57。中譯引用來自〈第八章　鷲田清一〉，陳寬欣譯，《日本哲學：戰後篇》，未出版。

叫「某人」擁有特別臉孔的他者的個體存在那裡。意思是那尋求
基於矛盾的地方，作爲一種不可避免的東西，即使多麼渺小也應
該存在。如果這不能明確地被確認出來，臨床哲學便失去其存在
意義。[6]

這種「苦」，不是一些概念，而是眞實的人的痛苦。「臨床」的意
思，是與他者在同一時間中，一起「共苦」。這可以說是一種共時關
係。他指出：「在這個共時關係中，哲學性的思考作爲『與痛苦同時在
一起』（sym-pathy）活動所開展的地方的同時，臨床哲學的嘗試便開
始。」[7]

　　作爲一位研究現象學的學者，鷲田清一強調現代哲學自笛卡兒以
來有兩大執迷（obsession）：第一次是「體系性與深度」，第二是「反
省」。現象學曾對這兩種固定觀念作出了回應，胡塞爾仍然繼承了笛卡
兒的安樂椅哲學。他雖然主張回到生活世界來面對歐洲的「危機」，但
他的哲學卻以獨白爲主。[8]

　　當代的哲學基本上沒有對話者和聆聽者，而是一種「哲學學」
（Philosophie-Wissenschaft）。[9]哲學的活動被限定爲專家們對哲學理論
的研究（學），是一種哲學文獻的考究學。這些哲學研究基本上是在自
己的辦公室進行，完全沒有考慮「現場」。在大學專業化的處境下，研
究「哲學學」的學者們封閉於自己的專門領域，參加學術會議發表論
文，之後想盡辦法把論文刊登在國際學術期刊，以獲得更多本錢來爭取
研究經費。這些哲學偶有論及當今世界，但鮮有跳到現場。

　　要推動臨床哲學，便要了解所謂「臨床」的意思。臨床是指作爲哲

---

[6]　《「聴く」ことの力》，頁57-58。

[7]　《「聴く」ことの力》，頁57-58。

[8]　《「聴く」ことの力》，頁27。胡塞爾曾參與了一些跨文化對話，例如
　　投稿到日本的《改造》雜誌。

[9]　《「聴く」ことの力》，頁31。

學的場所，它是哲學生成的地方。而臨床更重要的意思是，人們不可能逃避痛苦。痛苦不單是肉體的痛楚，而且還包括心靈的悲痛。然而臨床哲學並不是要以「治療」的方式來消除痛苦。相反地，這要提供一種關懷，透過聆聽來與他者接觸。鷲田借用了梅洛龐蒂的說法，認為臨床哲學有以下三個特點：一、它是一種「聆聽」的哲學；二、它強調一個單獨或特定的他者；三、它沒有一種普遍適用的原則。[10] 作為哲學活動，回到臨床上面的經驗沒有「必然」，而是往往在「偶然」的情況下遇上了單獨和特異的他者。換言之，我者在與他者的根本的偶然關係中，才能夠成立。[11]

二、哲學與災難

上文指出，臨床哲學並不是一種重視功利計算的倫理學或道德哲學，而是一種共感力的哲學實踐。鷲田在《「聆聽」的力量——臨床哲學試論》的開頭便引述了阪神大地震後的一個情節：

> 在我相識的人所認識的人當中有一位女性，在阪神地震之後，有很長很長的時間，在附近小學的體育館裡為災民提供飯菜。漸漸地她便與一位在避難所生活的災民開始一次又一次地交談起來。這位災民本來有一個正在讀書的兒子，這位母親覺得是自己把孩子親手殺死，那種內疚如同尖銳的長鉗狠狠地插著她心臟、已令她死去。那天晚上，她以為兒子溫習得太累而在大廳睡著，所以沒有像平常般怕他生病而把他弄醒，吩咐他回二樓的房間睡覺。然後，當天還未亮之際，那場地震激烈的震盪，把二樓震落，而正在一樓睡覺的兒子也被壓碎了。在那之後，她因為自

---

[10] 《「聴く」ことの力》，頁108。
[11] 《「聴く」ことの力》，頁109。

己的疏忽令兒子死去感到萬分內疚，一直責怪自己，是一個潰爛了內心的皮囊。然後，有一天她偶然遇上這位義工，接著便不斷重複又重複的說起有關自己這個「不能挽回的過失」。依這個義工的敘述，那時候能夠為這位母親所做的，就只有聆聽她說的話（そのとき彼女にできたことは、ただこのひとの話を聴くことだけだった）。[12]

鷲田指出，在終末期醫療的現場，精神科醫生和其他醫生或護士有著明顯的差異：對精神科醫生來說，他們並不會講一些話來「鼓勵」患者，而是要與患者一起，聆聽他們的聲音。如果患者說：「我不行了，對嗎（わたしはもうだめなのではないでしょうか）。」精神科醫生會說：「我也想，你不行了吧（もうだめなんだ……とそんな気がするんですね）。」[13]雖然鷲田不是精神科醫生，但他得到了一個啟發：哲學以往太偏重獨白，臨床哲學應該強調聆聽。

在災區我們也可以想像我們並不需要專業的診療或輔導，而是成為傾訴對象去聆聽他者的聲音。另外，我們不應選擇一些人去聆聽，而是要聆聽任何人，包括異邦人和陌生人的聲音。這可以說是臨床醫學的重點。臨床哲學接受他者，就如「好客」或「款待」（hospitality、日文原文為「歡待」）。「好客」拉丁文本來的意思就是「客」（hospes），它本來的意思就是對客人接待歡迎。[14]這一意義下的「好客」，通常來說適用於醫療、醫護、社工、旅遊業、酒店業和零售業等服務性行業。然而，哲學亦應該成為一種款待他者的活動。在醫療現場，病人期待醫生的權威；但面對護士，他們更著重關懷。

因此，臨床哲學所強調的，並不是一種「關心」或「興趣」，

---

12 《「聴く」ことの力》，頁9。
13 《「聴く」ことの力》，頁10。
14 《「聴く」ことの力》，頁133。

而是一種對他者的回應（response）。這種回應，正是一種責任（responsibility）。[15]鷲田特別引用了列維納斯的說法，指出我們面對他者痛苦的時候，要儘量避免無關心。所謂關心，並非只對他人的悲慘有一種關注（interest），他者在容易受傷的情況之下，我們的關心不是利害關係，而是一種互相關係（inter-esse）。[16]

臨床哲學並不是關於聆聽的哲學研究，而是以聆聽作爲臨床哲學。在這個意義下，最重要的是了解他者，和他者接觸，並且和他交流，靜心聆聽。離開了聆聽和說話的場所，臨床哲學是不可能的。臨床哲學作爲一個學科，它可以有一些理論層面上的討論，但首先要站在他人面前、置身於社會場所中，才能夠開始。當時，這是一件不容易的工作。

2011年3月11日發生了東日本大地震，位於宮城縣的仙台市是重災區之一。兩年後，鷲田清一臨危受命，成爲了仙台多媒體中心（仙台メディアテック）的館長。[17]這雖然不是一個常任的職位，但作爲館長，鷲田嘗試在災區進行一些哲學活動。仙台多媒體中心由著名建築家伊東豐雄（Itō Toyō）設計，於2001年開幕。當時正是資訊發達的時代，仙台多媒體中心的理念，反而是要增加人與人的溝通。[18]

作爲一個公共設施的館長，他並不是要主導市民運動，而是要讓市民自己主動帶領各種活動。任何設施如果沒有人的參與，是沒有意義的。仙台多媒體中心所表現的是一種交流的場所，交流場所並非只是一種集會場地，不是一種藝術設施，而是重視表現的一體化。開館十年後雖然面對了東日本大地震，設施要花一段時間修理，但職員和市民都沒有停止交流與互重。

---

[15] 《「聴く」ことの力》，頁133。
[16] 《「聴く」ことの力》，頁151。
[17] https://www.smt.jp/directorstalk2013/
[18] 在外觀和建築理念上，臺灣的高雄市立圖書館（2014年落成）與仙台多媒體中心非常類似。

　　鷲田強調，仙台這個地方也很有特別的意思。她雖然是一個地方都市，卻擁有一座世界級的公共設施。地方都市的特點是不用全面擁抱全球化，而是更強調地方的特色。鷲田認爲，他不用爲多媒體中心在災後帶來翻天覆地的變化，而是要回歸這個中心的原點。由於這是仙台市的設施，行政部門非常關注入場數字和活動的參加人數。鷲田指出，不應只重視有多少人入場，而是更加重視有什麼活動。來了仙台後，他發現當地有很多非營利組織，舉辦了有很多市民活動，而仙台的另一個特點是一個東北主要的都市，人口移動比較頻繁。五年間便有兩成人口移出或移入。因爲，他上任之後首要的工作，便是強調市民性和寬容性，培養一種成熟的市民性。

　　鷲田在與桂英史（東京藝術大學教授）的對談中指出，要活用仙台多媒體中心的建築理念，即：一、用者（usership）；二、交點（node）；三、無障礙（barrier-free）。[19] 簡言之，仙台多媒體中心並不只要成爲一座圖書館，而是作爲一個有助不同用者（包括障礙人士）交流的公共空間。鷲田希望，仙台可以有一種開放的文化，接受不同人的意見。中心所舉辦的活動不可只針對一小撮人，而是要有一種開放性。如果多媒體中心在建設時已有如此理念，現在便要實行這個想法，發揮這個建築的潛力。

　　在東日本大震災後，資訊的傳達有各種問題，包括假消息和資訊限制等。仙台多媒體中心在災後舉辦了多次「哲學Café」的活動。《希哲雜誌》的創刊號：「三一一與哲學」作了一個簡單的報導：

> 面對311震災在日本東北各地所造成的嚴重破壞和人命傷亡，位於宮城縣的仙台媒體中心（Sendai Mediatheque）舉辦了一系列的「哲學Café」活動，嘗試以災難和復興兩個現實議題作爲切入點，讓人們嘗試進行哲學討論。每次活動都有一個主題，主持

---

[19] 參考《想起の方則》（京都：赤々舍，2015年），頁92-93。

人先作5至15分鐘的介紹，然後參加者可就題目輪流發表意見。
參加者不限身分、種族、年齡，更不需具備任何學習哲學的背
景。爲了深化討論議題，主持會把參加者曾談及的內容製成心智
圖（Mind Map）。在討論時間過後更有名爲「Counter Talk」的
環節，策劃「哲學Café」的職員會分享他們對當日主題的見解，
並對參加者的想法稍作回應。[20]

　　這些活動雖然冠上「哲學」之名，但並不是一種只限於哲學專家的學
術活動。相反地，它們是強調「公共性」的哲學活動，歡迎所有人參
與。2014年度開始，仙台多媒體中心舉辦了一系列題爲「與鷲田清一一
起思考（鷲田清一とともに考える）」的活動。作爲館長，鷲田會邀請
不同的專家來對話，一起思考當時的社會問題。[21]例如：他曾邀請東北
大學的野家啓一教授（現爲該大學的名譽教授）來討論有關「物語」
的哲學。[22]「物語」（monogatari）通常譯作「故事」或「敘事」，但
在日文裡，「語る」（kataru）與「騙る」（kataru）同音，因此所謂物
語，本來並不是對「事實」的陳述，而是帶有虛構成分的敘事。「物
語」不等同於「歷史」，而重視個人的口傳記憶。東日本大震災發生
的時候，野家當時雖然身在東京，但他位於仙台的住所受到嚴重的破
壞。作爲一位「災民」，他切身體會到災難記憶傳承的重要性。災區的
「重建」與「復興」艱難，但其中一個最大的問題，就是如何保存和分
享災區的口傳資料。[23]
　　野家曾任東北大學的圖書館長，該圖書館有嘗試收集各種紙本媒體
和電子媒體的記錄。由於媒體有各種變化，「物語」傳承的方法亦要革
新。仙台多媒體中心於2011年5月3日設立了「毋忘311中心」，一起共

---

20 《希哲雜誌》，第一期，頁56。
21 https://www.smt.jp/projects/washidadirector/
22 https://www.smt.jp/projects/renraku/
23 最近的活動：https://www.smt.jp/projects/cafephilo/

同思考步向災後復甦的長路。這個中心旨在爲市民提供分享平臺，讓大家以影片、相片、聲音以及文字等各種媒介，獨自發布和記錄復舊和復興的過程。在致力分享資訊及推動復甦的同時，收錄的資料會以「震災的記錄・市民協作資料庫」的形式保存下來。中心收藏的資料經過版權處理後，將會在官方網站公開或者在中心公開放映。參加者在觀賞資料之後可以提供個人經驗和意見，豐富記錄內容的相關資訊，讓所有人都能夠參與震災記憶的傳承。

　　「物語」不單與歷史有關，而且也可以和科學接軌。三一一之後，大量災民痛失親人，「心靈護理」（日：心のケア）是一個重要課題。現場的醫療團隊，積極引入物語療法。例如：自己也是災民的桑山醫師指出：「對於那些需要精神護理的人來說，有必要編織記憶，把它們物語化……所謂心靈護理，並不是思考如何用藥，而是與患者共同建構物語這個工作。」[24]野家強調物語再建構的重要性，他引用了丹麥女藝術家狄尼森（Isak Dinesen）的名言來說明桑山的想法：「把任何悲傷變作物語，或者把這個物語說出來，便可忍受悲痛。」

　　鷲田重視的災後的記憶和風化問題，面對特大災難，人們如何面對痛苦的記憶？這是一個極爲關鍵的問題。記憶並不是一種甜美的東西，它得可能伴隨著痛苦甚至激痛。在面對激動時，人們經常把自己隱藏，儘量不與他人溝通。這樣痛苦只會不斷加深。他引用九鬼周造的一番話，「在忘記激動時它便會出現，只是一種心靈的激痛或創傷。」[25]在想起痛苦時，激動可以得到吸收和舒緩。如馬拉松比賽中，伴走者在旁支持跑者。[26]

---

24 野家啟一，《柳田國男と東北大學》，頁17。

25 鷲田清一，〈記憶についておもういくつかのこと〉，《想起の方則》，頁212。原文爲法文：「Je ne me souviens point de toi, car je ne t'oublie jamais.」；日文譯作：「忘れねばこそ思ひ出さず候」（阪本賢三譯）。

26 同上。

　　野家的「物語」哲學與柳田的「物語」思想有著重要的關係。《物語的哲學》的第一章，便論及了柳田國男的《遠野物語》（1910）。嚴格來說，《遠野物語》並不是柳田的個人創作，而是他對遠野村民佐佐木喜善的「口傳記憶」之筆錄。柳田被視爲日本民俗學之父。民俗學的關心不是權貴或精英的思想，而是普通平民百姓的日常生活。筆者認爲，臨床哲學也可以是哲學的一種「民俗學之轉向」。事實上，仙台多媒體中心近年的主題美術展覽，也有一種「民俗學之轉向」。以「您好！作爲技術的美術」（コンニチハ技術トシテノ美術）爲例，展出的藝術品並不是藝術家的創作，而是一般人的日常生活。[27]

　　以上簡述了鷲田清一的臨床哲學與災難（特別是三一一）的關係。筆者認爲，這可以發展爲一種「災後哲學論」。「災後哲學論」這個說法，參考自日本學者木村朗子的「災後文學論」（日文：震災後文學論）。木村認爲，日本的文學界在三一一後有三種反應：

(1) 要做一些事情（何かをしなければならない）
(2) 現實逃避
(3) 自肅

第一種反應是來自一種焦躁的情感，第二種反應可以說是以文學或詩來麻醉自我。於是有人突然以災難爲題寫作，亦有人認爲不應因爲災難而改變自己的文學信念。但更有問題的，是文學家們以「自肅」爲由，拒絕談及災民之痛或核災之惡。因此，木村爲「災後文學」作了以下定義：

27　《コンニチハ技術トシテノ美術》，頁69-70。

災後文學，因此，不僅是指災後書寫的文學。在書寫困難時而創作的文學，才是災後文學（震災後文學とは、したがって、単に震災後に書かれた文學を意味しない。書くことの困難のなかで書かれた作品こそが、震災後文學なのである）……所以，本書所提及的，主要是那些面對書寫困難而格鬥的作品。最難書寫的事情，是核電廠爆炸和核能污染等問題。特別是關於核電這話題往往已成爲了禁忌，在文學作品中沒有被積極談及。[28]

如果「災後文學論」成立，我們也可以展開一種「災後哲學論」：在書寫面對困難時而創作的哲學，才是災後哲學。災後哲學就是要積極地論述那些成爲了禁忌的思想。它與臨床哲學的接點如下：要作爲一個聆聽者，去接觸他者。我們走訪災區，不是要理解他人痛苦之內容（Mitgefühl），而且要和他者「共感」（mitfühlen）。例如：福島縣雙葉町有一座「核電災害傳承館」，但展品重視「挑戰」而缺乏「教訓」。除了參觀官方設施，更重要的是去聆聽那些被遺忘甚至被消失了的聲音。

　　鷲田指出，記憶並不是一種甜美的東西。我們可以說，記憶本就是一種抗爭。行文之時，香港正面對一個危機，亦爲很多人留下了永久不滅的傷痕。專門化的哲學在社運之中相當無力，但臨床哲學或許可以讓弱者的聲音可以被聽見，並且讓哲學可以跳出象牙塔，守護公共空間。當然，臨床哲學亦有不足之處，例如：只重視「聆聽」的話，根本沒有力量去改變各種現實問題。著名的哲學家去「現場」聆聽他者，本來亦已預設了某種權力的關係。更重要的是，我們不應只顧「聆聽」，而且還要「行動」──例如：參與「遊行」。

---

[28] 木村朗子，《震災後文學論》（東京：青土社，2013年），頁59-60。

三、遊女與遊行婦女

　　2019年，筆者在墨西哥談「Ainu的風土」，但筆者第一次去墨西哥是在2018年，當時，筆者有幸被邀請去國立墨西哥自治大學演講。由於墨西哥是地震大國，筆者以「哲學與地震：日本的案例」爲題，介紹了筆者在三一一之後開展的「巡禮哲學」。巡禮通常被理解爲一種宗教實踐，但筆者認爲它可以是一種哲學實踐。以下是這個哲學的關鍵字：

> 實踐：認識世界，有所行動。
> 他者：面對他者，拒絕物化。
> 共感：保存記憶，分擔痛楚。
> 記憶：緬懷死者，對抗遺忘。
> 友誼：停止冷漠，共同渡過。

例如：筆者和一些學者們、學生們一起去廣島、長崎、福島等地巡禮。這些地方都有自己獨特的歷史，是無法用教科書或博物館的展示來概括的。野家啟一認爲，「歷史」具有雙重意義。一方面，歷史學家要從龐大的史料中選擇有價值的事件進行描述。另一方面，他們又要排除、刪除或遺忘一些無關緊要的事件。在這個意義上，歷史是記憶與遺忘之間的無休止的爭鬥。從遺忘中保存下來的記憶被組織成一種歷史敘事。他提到了松尾芭蕉（1644-1694）的名作《奧之細道》。在平泉巡禮的過程中，芭蕉引用了唐代詩人杜甫《春望》的名句：「國破山河在，城春草木深」。之後，芭蕉亦創作了自己的俳句：

> 夏草や兵どもが夢の跡
> （中譯：夏天的野草　這就是兵士們的　夢境之痕跡）[29]

---

[29] 參考《英文収録 おくのほそ道》（東京：講談社学術文庫，2007年），頁50。有關野家的分析，參考拙稿，"In the Wake of 3.11 Earthquake: Philosophy of Disaster and Pilgrimage", in Yusa 2017, 133-149.

野家啟一的分析如下：「在這裡，我們注意到，芭蕉是在回憶有關年輕的將領源義經被兄長的部隊殺害的悲慘故事。同時，他又透過引用杜甫的詩，將眼前的廢墟與中國古代的戰爭圖像重疊起來。這種雙重形象正是物語的效果。在物語的力量下，只是一個普通的景觀就穿上了集體記憶和歷史意義。」在筆者的演講中，筆者提到了松尾芭蕉遇到了兩個遊女（yūjo）的故事。

　　根據《奧之細道》的描寫，芭蕉和曾良在市振之關（新潟縣）附近的旅館投宿，偶然聽到隔壁的房子傳來兩位女性和一位男性的對話。兩位女性要去伊勢神宮（三重縣）參拜，那個男性護送她們到這裡來，但明天男性要回家，她們要自行上路。芭蕉寫道：

> 第二天早上，我們（芭蕉和曾良）正要出發的時候，兩位遊女走過來問說：「我們對前路有點不安，由於大家同路，未知可否跟在你們身後同行？你們身穿袈裟，希望你們可以大發慈悲，替我們結緣。」我回答說：「我為妳們感到難過，但我們必須在很多地方停下來。妳們最好和一些普通的旅行者一起走。希望妳們得到神佛保護，不會受傷。」分道揚鑣之後，我仍然無法擺脫對兩位遊女的憐憫之情，吟了一首俳句，並吩咐曾良把它寫下來。

> 一つ家に遊女も寝たり萩と月
> 　（中譯：同一屋簷下　遊女們也在熟睡　萩花和明月）

這裡，我們可能有以下即時的反應：既然芭蕉慨嘆遊女身世可憐，但為什麼他卻要拒絕了同行的要求？然而，赤坂憲雄提出了一個更重要的問題：在《東北學／被遺忘了的東北》（2009年）一書中，赤坂認為，芭蕉的問題不僅在於他對遊女的態度，還在於他對東北的態度。作為一個俳人，他只關心寫作俳句，對東北的人和事根本毫無興趣。由於在《曾良日記》中，上述的俳句並不存在，因此，遊女的「物語」可能只

是芭蕉的「幻想」。但即使芭蕉眞的在旅館遇上兩位遊女，她們也只不過是俳句創作的對象。芭蕉走訪東北，並不是因爲東北本身有什麼吸引之處，而是因爲東北有一些地方是「歌枕」，即與古典文學有關的地方，例如：松島、平泉、山寺等地。事實上，芭蕉的東北巡禮可以看作是「歌枕之旅」。赤坂提出：「東北作爲道路的終點，有許多異國情調，這可以追溯到萬葉集的年代。很明顯，芭蕉之旅有許多目的地，如松島、象潟等，都是眾所周知的歌枕。《奧之細道》是以「通往邊境的浪漫主義（辺境へのロマン主義）」作爲母胎的作品。

在赤坂看來，東北這個邊境成爲了芭蕉想像力的來源。但對於松島（宮城縣）和象潟（秋田縣）的風景，芭蕉有著完全不同的反應。他讚美松島「爲扶桑第一之好景，不下於洞庭、西湖」，但卻未在松島留下俳句；在象潟，他認爲這個地方令他想起了松島，但也有區別──「松島如笑，象潟如恨」。結果，他以象潟爲題，寫下了以下俳句：

象潟や雨に西施がねぶの花
（中譯：象潟這地方　就如雨中西施的　合歡草之花）

按照赤坂的說法，「……芭蕉彷彿著了魔，跑到東北。不過，芭蕉到達最北的地方是岩手縣的平泉和秋田縣的象潟。他根本沒有到過東北的中心地帶。」所謂中心與周邊，從來都是相對的。以芭蕉爲例，東北（周邊）是從京都（中心）的角度來看出來的。「無論如何，芭蕉恰恰是一個從中心到周邊的旅行詩人。」赤坂敦促我們從東北的角度去理解東北，告別芭蕉的「邊境浪漫主義」。筆者在演講中如此總結：我們應該去芭蕉沒有去過的地方，或者去芭蕉從未想過要去的地方。

演講之後，遊佐道子教授提出了以下質疑：「遊女的英譯爲prostitute（妓女），這是否正確？」筆者當時引用了鬼怒鳴門（Donald Keene, 1922-2019）的《奧之細道》英譯，以下是他對遊女俳句的翻譯：

Under the same roof

Prostitutes were sleeping–

The moon and clover. [30]

筆者後來追查其他文獻，發現鈴木大拙亦曾以prostitute來翻譯遊女。在
《禪與日本文化》（1938）中，鈴木把芭蕉的俳句翻譯為：

Under one roof,

Prostitutes, too, were sleeping;

The hagi flowers and the moon. [31]

鈴木嘗試以「禪」的角度來解釋這首俳句。他的說明如下：

> 我要再舉出一個很好的例子，來說明俳句與禪的關聯。在我們
> 的詮釋之下，芭蕉的〈古池〉[32] 或許幾乎可以說是充滿了過多的
> 「禪」，但接下來的這首俳句則表現出蟬、俳句、以及作者人格
> 中的人道主義特質，三者絕妙的融合。當芭蕉在「奧之細道」旅
> 行的時候，偶遇兩位正要前往伊勢神宮的賣春女，他們投宿在同
> 一家客棧。在聽過她們可憫的身世之後，芭蕉寫下了這樣的一首
> 俳句：
>
> 一個屋簷下
> **風塵女**也已入眠
> 胡枝子與月

---

30 同上，頁107-108。

31 D. T. Suzuki, *Zen and Japanese Culture*, London: Routledge and Kegan Paul, 1959, p.229/230.

32 「古池や蛙とびこむ水の音」。

這裡需要相當大量的解釋，才能讓那些不清楚十七世紀日本的社
會狀況，或者從未見過秋夜的明月下，叢叢盛開的胡枝花的讀者
們，充分了解這首俳句的含義。一個孤獨的、漂流的詩人，帶著
某種疏離。他遇見兩位賣春女，她們打算前往祭祀日本民族祖靈
的伊勢神宮參拜。詩人聆聽她們悲慘、痛苦、業報的故事。他對
她們充滿同情，但不知道在這個狀況下自己能做什麼；一切似乎
都已命定。人類的邪惡，道德的憤怒，個人的無助。雖然帶著這
所有的情感，芭蕉終究是個自然詩人。於是他將賣春女、他自
己、胡枝子花與月亮，一起放入超驗主義（transcendentalism）的
自然框架裡。結果，就構成了這首十七個音節的俳句：

一個屋簷下
遊女們也已入眠
胡枝之與月

賣春女不再是墮落人性的樣本，他們和質樸純美的胡枝子花，
一起被高舉到超驗的、詩的層次。月光無偏袒地同時照著善
與惡，美與醜。這裡沒有概念化的企圖，卻揭示了「存在—生
成」的奧祕。[33]

在鈴木的英文原本裡，這首俳句出現了兩次，兩次「遊女」皆譯作pros-
titutes；而在林暉鈞的中譯本裡，卻先後把prostitutes譯作「風塵女」和
「遊女們」。林暉鈞的意圖，應該是為了強調鈴木嘗試把墮落的「風塵
女」昇華到超越善惡的「遊女」。

從「超驗主義」出發的話，「遊女」不單超越善惡，而且也沒有

---

[33] 鈴木大拙，《禪與日本文化》（新北：遠足文化，2018年），頁230-
232。黑體為筆者所加。

性別和身體。但筆者相信，芭蕉根本並沒有興趣以「超驗主義」的角度
來思考「遊女」；他固執地要在作品中加入「遊女」這個題材，是另有
理由的。事實上，芭蕉一直想追隨西行（1118-1190）的文學理念。西
行是一位遊歷日本的詩人僧侶，而他的作品中，曾出現了「遊女」的
故事。話說西行在前往天王寺的路上，遇上了滂沱大雨。在一個稱爲
「江口」（現：大阪市）的地方，他遇上了一位遊女，並向她請求借宿
一宵。然而，西行的要求被拒絕，結果他寫了以下短歌：

> 世の中をいとふまでこそかたからめ仮のやどりを惜しむ君かな
> 　（中譯：對世上事情　放下一切的執著　也許很困難　吝嗇的妳
> 　拒絕了　我暫借一宿之請）

這位遊女卻回覆了一首短歌：

> 世をいとふ人としきけばかりの宿に心とむなと思ふばかりぞ
> 　（中譯：我本來以爲　你不受俗世束縛　然而你的心　竟然還是
> 　執著於　這個短暫的客棧）

這個故事是關於一位女性（遊女）拒絕了一位男性（西行）的借宿請
求。我們可能會以爲，這位女性因爲自己是一位「妓女」，所以不願意
有和尚到她的「妓院」投宿。但在英譯本裡，翻譯者LaFleur並沒有把
遊女翻譯成妓女（prostitute），而是直譯爲「play-woman」或「woman-
of-play」。的確，遊女有「play」和「woman」之意，而「遊」的概念
並不一定是指娛樂或性工作。正如佐伯順子指出，「遊」的概念提供了
深刻的文化含義和意義。她以荷蘭歷史學家赫伊津哈（Johan Huizinga,
1872-1945）的*Homo Ludens*（《遊戲人》，1938年出版）爲例，指出
「遊戲」和文化之間的關係是文化史最重要的課題之一。赫氏指出，
「我所知道的其他現代語言中，沒有任何一種語言與英語中的fun完

全對應。荷蘭語的aardigheid也許與之最爲接近。」[34]佐伯把aardigheid
（英文可譯爲fun或kindness）譯作「面白さ」，這種「有趣」現象與
「忘我」現象有關，在日本，這可見於「巫女」或女性的「山神」。[35]
在江戶時代，遊女一方面被描繪成理想的女性；但另一方面，也有一些
遊女過著不幸福的生活。對佐伯來說，遊女不是一個妓女，而是「ハレ
の女たち」（晴女）——她們應該被視爲提供愛和夢想的人，而不是男
性性幻想中之的「非理性存在」。

　　從佐伯的觀點出發，以上文提及的江口遊女絕對不是一位命途坎
坷的女性；相反地，以她的文采與機智，她應該是一位智者，甚至是
一位菩薩。然而，人不一定可以自我覺醒，而是要尋求他力救濟。日
本歷史學家網野善彥（1928-2004）指出，有遊女曾爲了救贖，嘗試與
弘忍（日本淨土宗的創始人）會面。另外，他亦有提及，遊女曾經被認
爲擁有神祕的力量，可以不受限制地自由旅行。其實，「遊」字不僅
有「玩」的意思，還有「行」的意思。在中世紀的日本，普通平民不
能擅自出行，但唯一的例外，就是伊勢神宮參拜。從這個意義上講，
芭蕉遇上了的那兩位遊女，可以被理解爲「旅する女性」（traveling
women）。當然，我們不應該過分美化這些旅行者。正如網野指出，她
們可能會被僧侶綁架，甚至被強姦。[36]

　　網野還注意到，「遊女」在被視爲「穢」（けがれ）或「賤民」之
前，她們曾被稱爲「遊行女婦」（うかれめ）。其中一個例子是大宰府
的一位「遊行女婦」，她不是妓女，而是官僚。[37]日本民俗學家柳田國
男亦論及「遊行女婦」。他寫道：

---

[34] Huizinga, *Homo Ludens*, London: Routledge and Kegan Paul, 1949, p.3.

[35] 佐伯順子，《遊女の文化史》（東京：中公新書，1987年），頁28。

[36] 網野善彥，《日本の歷史をよみなおす》（東京：ちくま學藝文庫，
2005年）頁153。

[37] 網野善彥，《中世の非人と遊女》（東京：講談社學術文庫，2005
年），頁204。

遊女原本被稱爲「ウカレメ」。她們與歌舞管弦之伎有關，被稱爲「アソビ」。意外的是，這詞與「遊」的漢字連結在一起，後來也已弄不清哪個是本義。但很明顯，遊行的意思是指一處不無的漂泊生涯，如「遊行上人」的例子。遊行女婦在鄉間遊玩，一點也不稀奇。[38]

柳田明確指出，遊女的字面意思是「以旅行爲生的女性（旅行をもって生を営む女性）」。[39] 她們後來失去了這種特殊的社會地位，但這不表示她們完全喪失自由。關於《奧之細道》中的遊女，柳田亦提及他的見解。柳田認爲，兩位遊女成功觸發了芭蕉的創作靈感，芭蕉亦非常清楚當時的「遊女」因爲種種原因，而在鄉間遊行。儘管她們身世可憐，但起碼她們可以以伊勢神宮巡禮之名，暫時離開自己的日常世界。

由上可見，遊女有多種不同的含義，不能僅僅歸結爲「妓女」。曾根ひろみ在其《娼婦と近世社会》一書中寫道：

> 「遊行婦女」過去被認爲與遊女或妓女有相同的含義，但根據最近對婦女歷史的研究，她們不是妓女，而是官僚。事實上，有人指出，在九世紀之前，並沒有妓女。到了十世紀，才有賣淫的説法，例如：「賣色的女人」、「夜發」、「賣色」等説法。與中國相比，日本要晚得多。[40]

芭蕉和曾良可能眞的在市振之關遇到了兩個yūjo。這兩個yūjo可能是妓女，但至少他們成功從自己的日常釋放出來，前往伊勢神宮巡禮，因此，芭蕉的俳句中的遊女應該被翻譯爲「巡禮者」（pilgrim）。如果是

---

[38] 柳田國男，《木綿以前の事》（東京：岩波文庫，1979年），頁165。
[39] 同上，頁166。
[40] 曾根ひろみ，《娼婦と近世社会》（東京：吉川弘文館，2003年），頁12。

這樣的話，我們可以根據「巡禮者」的觀點，來重寫芭蕉的故事。

> 第二天早上，當我們遊女準備出發時，兩個男性（即：芭蕉和曾
> 良）走過來說：「妳們兩個妓女在沒有人陪伴的情況下到一個陌
> 生的地方旅行，我們感到很不安。我們會允許你們跟著我們，但
> 因為妳們是妓女，所以要保持距離。」這個男人可能以為自己是
> 聖人，希望救贖我們；他們想像自己大發慈悲，我們會為此感激
> 流涕。但我們回答說：「謝謝你們的同情。不過，我們並不是妓
> 女，而是巡禮者。我們有旅行的自由，不管有沒有人陪伴。你最
> 好和其他需要你祝福的旅行者一起上路。對了，你們可以稱呼我
> 們為遊女，但我們不是妓女！」

如前所述，本文原本是為了回應對遊佐道子教授有關把遊女譯為妓女的
批評，但筆者還要補充一點：我們應該奪回「遊女」這個概念。遊女不
應該被視為一個以取悅別人為生的妓女；相反地，遊女是那為了自由而
遊行的人。

瀧川正次郎認為，「在中國，有倡女、妓女、歌妓等詞，但沒有
遊女這個詞。」[41] 中文雖然沒有「遊女」這個說法，但卻有「遊行婦
女」一詞，它的意思是指參加遊行的婦女。在這裡，筆者受到了達絲德
（Ami Skånberg Dahlstedt）的啟發。她宣揚以「摺足」（suriashi）這種
日本舞蹈的基本步法作為一種非暴力的遊行方式。她如此說明：

> 在2016年8月的哥德堡文化節上，「摺足」終於發展成了一場行
> 走的行動，獨立舞者和藝術家與我一起行走了90分鐘，以提高人
> 們對女舞者無償勞動的認識。穿著裃裟在人群中行走顯然是一
> 種看得見的行為，對周圍的環境產生了立竿見影的效果，這一

---

41 瀧川正次郎，《遊女の歷史》（東京：至文堂，1965年），頁19。

次，不自覺地觀眾的反應是讚賞、笑聲、嘲笑和批評。一位男指揮從室外舞臺上跑來，試圖讓我們的表演安靜下來。他的情緒化反應是一個例子，說明「摺足」作爲一種社會互動和與城市空間的交流可能產生的影響，對我來說，「摺足」如何既能幫助參與者融入其中，又能在沉默中大聲呼喊，這一點非常清楚。[42]

有別於男性中心的「行進」（marching），遊行還可以有一種女性的步行方式——摺足。女性們因爲不同的原因參與遊行，表達對政治的訴求，對男權社會的不滿，對教育機會的缺失，對拯救環境和瀕危物種的不力等等。近年，在「Ni una menos（not one less）」運動中，我們可以看到拉丁美洲數百萬婦女和平地占領了街道。我們應該反思各種「遊行」的理念與方法，並重新奪回「遊行婦女」一詞。

---

[42] Dahlstedt, "Suriashi a meditation on the local through artistic research," in: L. Greenfield, M. Trustam (Eds.), *Artistic Research Being There. Explorations into the local*, Aarhus: Aarhus University Press, 2018, pp 49-52.

結 論

　　筆者在〈導論〉中指出，「物語與日本哲學」是一種嘗試，而且還是一種跳躍。「物語」——野家啟一對筆者有相當大的啟示，但筆者並不希望只停留在學院裡對物語進行哲學反思，而是嘗試跳進不同的現場「巡禮」。「日本哲學」——筆者的研究以西田幾多郎出發，但筆者並沒有打算要去說明一種以日本作爲中心的哲學，而是嘗試以跨文化的視野反思日本哲學。

　　回顧本書從第一章到第十二章，各章之間的關聯性如下：我們把哲學從一部分人推到所有人，從實存問題放到具體的實存危機，從哲學家的獄死探索無常哲學，從武士道轉到平民道、從平地人的思考轉到山人的思考，從沖繩問題反思日琉同祖論，從巡禮到風土，從日本思考臺港的文化哲學，從哲學獨白到臨床聆聽，從遊女到遊行婦女。基本上，本書可以看作一個「物語」——筆者作爲物語的「語者」（語り手），希望向讀者呈現筆者如何「物語」日本哲學（どのように日本哲学を物語るか）。

　　人不可能踏入同一條河兩次，人亦不可能說同一個物語兩次。通常，物語本來不是透過書寫（écriture），而是以話語（parole）來呈現。筆者認爲，「物語」被書寫下來，最實際的效果就是即使筆者不在場，讀者也可以閱讀。正如柳田國男的《遠野物語》，它是柳田從當地人口中聽回來的「物語」，他們雖已離世，但「物語」卻以書寫的方式保存下來，反而得到了另一種生命。這可以說是「物語」的意義，它可以保留死者的聲音。「無聲之聲」（声なき声）的命運本來就是被忘

卻，但我們卻可以借助物語的力量，來讓這些聲音可以再被聽見。這個
意義之下，物語不是官方的歷史，而是更接近於文學創作。物語往往
被視爲一種靜態的「故事」，但正如本書所展示，物語不會是那些自
圓其說的理論，而是一種動態的實踐。例如：透過「巡禮」這種身體
實踐，我們可以重拾那些被遺忘了的記憶。在東亞，對抗遺忘是一個
非常重要的課題。以下，筆者會用一個有關大江健三郎的「物語」來
說明。

　　大江在《沖繩札記》（1970）的中譯本序（2009）中指出，此書
被日本右翼分子告上法庭，爭論點在於日軍有沒有強迫沖繩人集體自
殺。大江雖然勝訴，但日本有學校卻採用了慫恿作他人作假證供者所編
纂的教科書。大江指出：「我希望學習這種教科書的中學生們透過課堂
討論，能夠去思考：在日本，以及在面對亞洲、面對世界的時候，將來
如何成爲不靠說謊去生活的日本人。而我也相信這樣的願望是能夠實現
的。這就是我現在的日本觀和日本人觀。在五年審判期間，法庭內有勇
敢而誠實的證言，法庭外則對這些勇敢而誠實的證言產生了強烈的共
鳴，這就是我被賦予信心的根據。」[1]筆者認爲，這引文亦適用於日本
以外的地區和國家。

　　通常來說，假設某人主張「A的行爲利多於弊」，我們會作一個利
弊分析，去評估這個主張是否合理。以「1900-45年間，日本爲中國帶
來的利多於弊」這個主張爲例，如果認爲日本在上述期間對中國只有弊
沒有利，理應提出論據加以說明，而不是訴諸個人或民族情感。即使認
爲這個問題「不存在討論空間」，這亦須要以理服人，而不是封殺討論
空間。

　　何謂「討論空間」？爲什麼有些事情不可以有討論空間？對於那些
被視爲「既定事實」的事情，還有討論的餘地嗎？在香港文憑試歷史科
試題爭議中，網上一篇題爲〈淺談近期文憑試中史題目事件〉的文章提

---

[1]　大江健三郎，《沖繩札記》（北京：三聯書店，2010年），頁3-4。

出了以下看法，現引用如下：

> 二戰末期，美軍在廣島、長崎投下原子彈，終結了二次世界大
> 戰，時至今日仍舊有很多爭論到底這個行為道不道德。美軍在日
> 本投下原子彈這行為是不是道德這個留待各位讀者自行判斷，但
> 不論你認為這行為是不是道德，也不影響投下了原子彈迫使日本
> 政府投降終結了二戰這一後續結果，這已經是既定事實，而這一
> 點於全球而言是利多於弊。因此你可以認為美軍投下原子彈是不
> 道德的，也可以認為當時有傷亡更少的更好方法，但這並不影響
> 美軍投下了原子彈導致二次大戰結束是利大於弊這個結論，你頂
> 多只能說那個方法雖然帶來了更多利，但這方法既不道德也不是
> 最好的方法。[2]

該文作者提出了兩種論爭：第一種論爭是關於某些事情是否符合事實的
問題，第二種論爭是關於道德與否的問題。1945年8月6日和9日，美軍
先後在廣島和長崎投下核彈，日本則在8月15日宣布投降。這涉及了兩
個問題：核彈結束二戰是否符合事實？應否以核彈來結束戰爭？筆者同
意，「實然」（is）的問題有別於「應然」（ought）的問題，但我們根
據什麼理由來斷定核彈結束二戰是一個既定事實，並且是利多於弊？

　　在處理實然問題時，當然要用盡可能檢視相關的史料。由於篇幅所
限，在此只能作一個簡略的整理：日軍在1941年12月8日偷襲珍珠港，
但美軍的主要軍艦當時並沒有停泊，因此保存了相當的戰力。翌年的中
途島海戰，日軍失去了四艘航空母艦，形勢急轉直下。美軍在取得了制
海權和制空權之後，自1944年開始展開了大規模的空襲，雖然使用普通
炸彈，但足以令日本各大城市受到嚴重的破壞。以東京大空襲為例，死
亡人數超過十萬；筆者曾留學的仙台死者過千，整個城市更被夷為平

---

[2]　https://www.facebook.com/CUHKSecrets/posts/2741178869319544/

地。我們可以說，即使不使用原子彈，日本已毫無招架之力，投降只是時間的問題，但美軍爲何仍要投下核彈來迫使日本投降？我們有什麼線索來討論這個所謂「既定事實」？

　　作者幾年前曾與一位在美國任教的德國學者頭夏禮音（Gereon Kopf）教授組織一些遊學團，帶領一些美國大學生參觀廣島、長崎、南京和香港等地。美國的學生們在參觀廣島和長崎之前，通常都會認爲原子彈成功了結戰爭，減少了傷亡人數，因此是「利多於弊」。但是，參觀了廣島的平和記念資料館和長崎的原爆資料館之後，往往會有新的發現。

　　新的發現基於以下事實：當時，原子彈從未在戰爭中使用，因此必須測試原子彈在實際戰場上的威力。廣島和長崎的資料館皆有展出美軍的作戰資料，當時的目標城市包括了廣島、小倉、長崎和京都等。這些地方有一個共通點，就是沒有經歷常規炸彈的轟炸，因此對於美軍來說，這可以更有效地評估核彈的破壞力。廣島和長崎雖然有很多軍事設施，但由於未被轟炸，所以有大量平民居住。我們可以說，在廣島和長崎投下核彈是一種無差別的戰爭測試。

　　另外一個事實是：廣島和長崎被爆之後，可謂人間地獄。即使僥倖存命，亦要面對深刻的後遺症。然而，美軍和日軍倘未完成核彈測試的全面評估，天皇已在8月15日發出「玉音放送」，事實上宣布日本投降。時序上，原子彈投下爲先，宣布投降爲後，所以我們會有一種錯覺，以爲原子彈和投降有因果關係。但邏輯上，我們稱此種推論爲居前爲因的謬誤（post hoc fallacy），即：甲和乙有先後次序，並不能推出甲和乙有因果關係。

　　這涉及了一個在美國鮮爲人知的事實：蘇聯在8月9日正式向日本宣戰，並迅速攻占了由日本所控制的「滿洲國」。由於歐洲戰線早於5月終結，全球的焦點都放在太平洋戰事的結束以及戰後復興等問題。蘇聯的突然參戰，令美國恐懼蘇聯會在日本戰敗之後瓜分在日本的各種利益。事實上，日本當時已無反抗蘇聯之氣力，蘇聯大有機會取得日本北

海道以至東北等地的控制權。這對日本來說亦相當不利。可以想像，如果不趕緊投降，日本在戰後會出現和朝鮮半島一樣的局面。

以上事實由廣島市立大學的井上泰浩教授親自向美國學生們講解，井上教授自身的故事亦相當有意思：他的父親在8月6日正開車趕往廣島市中心，但由於汽車故障而無法前進，結果迴避了一場浩劫。這些民間的故事大概不會記錄在官方的歷史文件，但卻是一些不應被遺忘的聲音。

我們在廣島和長崎最大的收獲，就是聽到了一些「被爆者」的聲音。在日本，「被爆者」的證言往往帶有強烈的「受害者」意識，蓋過了「加害者」的角色問題。但「被爆者」除了日本人之外，亦包括了不少朝鮮的勞動者。筆者在趕往廣島站的計程車上，便遇上了一位在日朝鮮人，他主動對筆者說他是在胎內被爆，並向筆者展示了他的「被爆者健康手帳」。

很多美國學生是首次訪亞，對於日本在朝鮮半島的殖民侵略史並不熟悉；但來到了長崎之後，他們不再是「旁觀者」。長崎是日本在鎖國時仍然對外開放的港口，所以有很多天主教傳教士在當地傳教。這個充滿西方文化的地方，卻受到了來自西方的致命攻擊和徹底破壞。如果上帝存在的話，這可能是祂給予人類最大的懲罰。即使沒有經歷核彈的恐怖，核武在研發和貯存的階段便開始為地球帶來大量的輻射汙染，這是一個無可否認的事實。例如：在冷戰期間，美軍希望在遠東儲存核彈，但由於日本國內有極大的反核情緒，所以唯有選擇戰後由美軍占據的沖繩儲存過千枚核彈。1945年春天，沖繩被迫捲入了美軍和日軍的陸上戰，但沖繩1972年「回歸」日本之後，犧牲的構造並沒有改變。冷戰結束後，不少國家依然擁有核武，而對抗核威脅的方法，就是把自己成為核擁有國，或者加入大國的核保護傘之內。這些的確是一些令人不安的事實，但我們要確保有一個討論空間，思考如何廢除核武。

2011年的東日本大地震引起了福島核災，2013年筆者帶領師生走訪災區，但這並不是單純的遊學團，而是一次尋找被遺忘論述的巡禮。我

們在臨時避難中心和無奈的災民交談，目的就是要讓他們的聲音不會被遺忘。一年之後，電影「家路」亦有呈現災區的種種情況，但結局似乎在歌頌那些回到災區居住的災民。在反修例運動期間，筆者在日本電影的課堂上提及了「家路」；校園之外，則出現了街頭勇武抗爭，同學之間流行所謂「核彈都唔割」這個想法。當然，這大概只是一種誇張的說法，意思是無論前線有多麼激進的手段，也不割蓆。筆者不清楚有多少同學會把核武合理化，但在這裡，我們亦要確保有一個討論空間，思考如何廢除核電，如何面對香港的未來。

筆者亦曾經遇到一次難忘的教學經驗：某同學要寫一篇贊成日本優生學的論文。作為教師，筆者不可以訴諸情感，而是要提出一些理據，向同學解釋優生學的種種問題，讓同學重新思考他的理據是否充分合理。在現實社會和社交媒體上，有不少人仍然對殘障人士抱著偏見。教育就是要提供討論空間，去讓同學反思。

不論是戰爭受害者、災民抑或弱勢社群，他們的聲音非常弱小，所以我們要讓他們的聲音被聽見。當權貴們的大論述成爲了「既定事實」，我們更要努力去保存那些微不足道的小故事（日文：物語）。大江健三郎在《廣島札記》所做的工作，就是要搜羅一些被遺忘的物語，讓那些被遺忘的聲音繼續被聽見。我們在廣島和長崎等地巡禮，也是在進行類似的工作──「巡禮」是一種哲學實踐，它的目的就是要把一些將要被遺忘或消滅的記憶重新發掘出來。我們作爲教育工作者不應向同學強迫推銷某種「既定事實」，而是要營造一個可以讓物語生存的空間；我們也要繼續巡禮，發掘和保存那些已被遺忘或將會被遺忘的物語。

筆者深信，哲學本來就不是所謂「哲學家」或從事哲學研究和教學之「學者」的專利，所有人皆擁有通往哲學之權力。即使不以「哲學」作爲職業，我們也可以論述哲學和實踐哲學。近年，藝術界出現了一種民俗學轉向，筆者亦樂於探索「哲學的民俗學轉向」之可能性。本書內容雖以日本哲學出發，但深受柳田國男的民俗學影響，因此可以說

是筆者對「哲學的民俗學轉向」的初步反思。

　　本書各章首次發表於以下學術研討會，集結成書時作出了調整與改寫，現簡列如下：

第一章　西田幾多郎、和辻哲郎與高橋里美的御進講

　　Philosophy for Emperors: Some Lessons to Learn from the Imperial New Year's Lectures，發表於「20th Century East Asian Philosophies: Intercultural Entanglements and Original Contributions」（布魯塞爾：布魯塞爾自由大學，2019年5月6日）

第二章　九鬼周造與實存哲學

　　〈何謂「實存」？九鬼周造與實存哲學〉，發表於「歐洲哲學在東亞的發展：探索台灣哲學」研討會（臺北：國立臺灣大學哲學系，2018年8月23日）。

第三章　三木清的技術哲學

　　Miki Kiyoshi's Philosophy of Technology，發表於「International Workshop in Komaba "The Present and the Future of the Philosophy of Technology: From a Japanese Perspective"」（東京：東京大學，2010年3月10日）。

第四章　唐木順三的無常論

　　Hakanashi, Mujō and beyond: On Karaki Junzō's Theory of Impermanence，發表於「The First Conference of International Society of East Asian Philosophy（ISEAP）」（東京：明治大學，2019年12月14日）。

第五章　新渡戶稻造的平民道

　　〈新渡戶稻造、日本與臺灣〉，發表於「近代啟蒙脈絡中的思想論爭」學術研討會（臺北：中央研究院，2017年10月2日）。

第六章　柳田國男的山人論

〈柳田國男的倫理學〉，發表於「日本儒學視域中的東亞倫理學」
研討會（臺北：國立臺灣大學人文社會高等研究院，2015年8月20日）。

第七章　柄谷行人的遊動論

〈危機中探究柄谷行人——日本哲學、山人思想、香港學運〉，發
表於「柄谷行人教授座談會：移動與批評——跨越性批判」（臺北：國
立臺灣大學人文社會高等研究院2014年11月14日）。

第八章　吉本隆明的南島論

Philosophizing Daijosai，發表於「The Fourth Annual Conference of In-
ternational Association for Japanese Philosophy」（檀香山：夏威夷大學，
2019年10月13日）。

第九章　和辻哲郎的巡禮思想

〈和辻哲郎《古寺巡禮》對台灣的啟示〉，發表於「佛教現代化在
台灣的發展：探索宗教哲學的可能性」（新北：法鼓文理學院，2019年
10月21日）。

第十章　貝爾克論風土的日本

Ainu's Fūdo: What can we learn from Japan's indigenous people，發表
於「Seminario Internacional de Filosofía Japonesa hacia el sí-mismo ecológico-
comunitario」（墨西哥城：國立墨西哥自治大學，2019年11月25日）。

第十一章　勞思光的臺港論

〈台灣、香港與文化哲學〉，發表於「文化理性之批判與哲學理性
之辯護——勞思光教授九十冥壽學術會議」（香港：香港中文大學，
2017年5月26日）。

第十二章　鷲田清一與災後哲學論

〈鷲田清一與災後哲學論〉，發表於「第二屆東亞臨床哲學國際學術會議」（臺北：國立政治大學，2019年10月19日）。

Bashō's Encounter with Yūjo in The Narrow Road to Oku，發表於「The 2nd Conference of the Asian Association for Women Philosophers」（京都：京都大學，2019年8月24日）。

最後，謹此衷心感謝國立政治大學華人文化主體性研究中心對本書的支持、五南圖書出版股份有限公司的編務、財團法人陳澄波文化基金會允許使用「日本橋風景（二）」作爲封面、廣州中山大學哲學系廖欽彬教授對拙書初稿的批評，及匿名評審學者的指正。

張政遠

2021年10月31日於駒場

參考文獻

專　書

（「文庫」和「新書」的出版社將以出版形態表示，例：岩波書店→岩波文庫）

Arendt, *The Human Condition*. Chicago: The University of Chicago Press, 1958.

Blocker, H. Gene, and Starling, Christopher L., *Japanese Philosophy*. New York: State University of New York, 2001.

Heisig, Maraldo, Kasulis (eds), *Japanese Philosophy: A Sourcebook*, Honolulu: University of Hawaii Press, 2011.

Suzuki, D. T., *Zen and Japanese Culture*, London: Routledge and Kegan Paul, 1959.

Huizinga, Johan. *Homo Ludens*, London: Routledge and Kegan Paul, 1949.

Tawara Machi（俵萬智）and Jack Stamm，《英語対訳で読むサラダ記念日》，東京：河出書房新社，2017年.

Watanabe Hitoshi, *The Ainu Ecosystem*. Washington: University of Washington Press, 1973.

Watsuji Tetsuro, *Climate: A Philosophical Study*. Tokyo: Ministry of education and Hokuseido Press, 1961.

Yusa, Michiko, *Zen and Philosophy: An Intellectual Biography of Nishida Kitaro*. Honolulu: University of Hawaii Press, 2002.

Yusa, Michiko, *The Bloomsbury Research Handbook of Contemporary Japanese Philosophy*. New York: Bloomsbury Academic, 2017.

ベルク（貝爾克），《風土の日本》，東京：ちくま学芸文庫，1992年。

九鬼周造，《九鬼周造全集》，東京：岩波書店，1981-1982年。

九鬼周造，《九鬼周造著作精粹》，南京：南京大學出版社，2017年

三木清，《三木清全集》，東京：岩波書店，1966-1968。

大江健三郎，《沖繩ノート》，東京：岩波新書，1970年。

大江健三郎，陳言譯，《沖繩札記》，臺北：聯經出版社，2009年。

山室信一、中野目徹校注，《明六雜誌》（全三冊），東京：岩波文庫，2008年。

小林敏明，《柄谷行人論：〈他者〉のゆくえ》，東京：筑摩書房，2015年。

中村哲，《柳田国男の思想（上）》，東京：講談社，1977年。

井上哲次郎，《哲學字彙》，東京：東洋館，1884年。

木村朗子，《震災後文學論》，東京：青土社，2013年。

王錦雀，《日治時期臺灣公民教育與公民特性》，臺北：臺灣古籍出版社，2005年。

日本科學史學編，《科学と技術》，東京：第一法規出版，1968年。

加藤周一，《日本文學史序說》，北京：開明出版社，1995年，上卷。

伊波普猷，《沖繩歷史物語》，檀香山：マカレ一東本願寺，1948年。

伊波普猷、眞境名安興共著，《琉球の五偉人》，那霸：小澤書店，1916年。

吉川幸次郎等校注，《荻生徂徠》，收入《日本思想大系》第36卷，東京：岩波書店，1973年。

吉本隆明，《共同幻想論》，東京：角川ソフィア文庫，1982年。

吉本隆明、赤坂憲雄，《天皇制の基層》，東京：講談社学術文庫，2003年。

西田幾多郎，《西田幾多郎全集（新版）》，東京：岩波書店，2002-
　　2009年。

西田幾多郎，《西田幾多郎全集》，東京：岩波書店，1965-66年。

佐伯順子，《遊女の文化史》，東京：中公新書，1987年。

佐谷眞木人，《民俗学・台湾・国際連盟》，東京：講談社，2015年。

佐藤勢紀子，《宿世の思想》，東京：ぺりかん社，1995年。

余安邦主編，《人文臨床與倫理療癒》，臺北：五南出版，2017年。

吳叡人，《受困的思想》，臺北：衛城出版社，2016 年。

坂口安吾，《坂口安吾　ちくま日本文学9》，東京：筑摩書房，2008年。

坂部惠，《和辻哲郎》，東京：岩波現代文庫，2000年。

李明輝編，《李春生的思想與時代》，臺北：正中書局，1995年。

赤坂憲雄，《東北学／忘れられた東北》，東京：講談社学術文庫，
　　2009年。

赤坂憲雄，《境界の発生》，東京：講談社，2002年。

和辻哲郎，《イタリア古寺巡礼》，東京：岩波文庫，1991年。

和辻哲郎，《和辻哲郎全集》，東京：岩波書店，1989-1992年。

和辻哲郎，譚仁岸譯，《古寺巡禮》，上海：三聯書店，2017年。

和辻哲郎、陳力衛譯，《風土》，北京：商務印書館，2006年。

松尾芭蕉，《英文収録 おくのほそ道》，東京：講談社学術文庫，
　　2007年。

松島泰勝，《琉球独立論》，東京：バジリコ，2014年。

河出書房新社編集部編，《柳田国男：民俗学の創始者》，東京：河出
　　書房新社，2014年。

金耀基，《中國的現代傳向》，香港：牛津大學出版社，2013年。

柄谷行人，《遊動論：柳田国男と山人》，東京：文春新書，2014年。

柄谷行人，《日本近代文学の起源》，東京：講談社文藝文庫，2009年。

柄谷行人，《日本現代文學的起源》，北京：三聯書店，2003年。

柄谷行人，《柳田国男論》，東京：インスクリプト，2013年。

柄谷行人，林暉鈞譯，《世界史的結構》，臺北：心靈工坊，2013年。

柄谷行人，林暉鈞譯，《帝國的結構》，臺北：心靈工坊，2015年。

柄谷行人，林暉鈞譯，《哲學的起源》，臺北：心靈工坊，2014年。

柳田國男，《山人論集成》，東京：角川ソフィア文庫，2013年。

柳田國男，《木綿以前の事》，東京：岩波文庫，1979年。

柳田國男，《故鄉七十年》，東京：講談社学術文庫，2016年。

柳田國男，《柳田國男全集》，東京：ちくま文庫，第一卷，1989年。

柳田國男，吳菲譯，《遠野物語・日本昔話》，上海：三聯書店，
　　2012年。

洪子偉編，《存在交涉：日治時期的臺灣哲學》，臺北：中研院、聯經
　　出版社，2016年。

唐木順三，《三木清》（京都哲學撰書，第26卷），京都：燈影舍，
　　2002年。

唐木順三，《無常》（京都哲學撰書，第26卷），京都：燈影舍，
　　2002年。

唐君毅，《中華人文與當今世界（上）》（唐君毅全集，卷七），臺
　　北：學生書局，1988年。

夏目漱石，《漱石文明論集》，東京：岩波文庫，1986 年。

孫大川，《夾縫中的族群建構》，臺北：聯合文學出版社，2010年。

海德格，熊偉譯，《形而上學是什麼？》，臺北：仰哲出版社，
　　1993年。

海德格，陳嘉映、王慶節合譯，《存在與時間》，北京：三聯書店，
　　1987年。

高嘉謙，《遺民、疆界與現代性》，臺北：聯經出版社，2016年。

高橋里美，《高橋里美全集》，東京：福村出版，1973年。

崔末順，《海島與半島：日據臺韓文學比較》，臺北：聯經出版社，
　　2013年。

康德，李明輝譯，《康德歷史哲學論文集》，臺北：聯經出版社，
　　2002年。

曾根ひろみ，《娼婦と近世社会》，東京：吉川弘文館，2003年。

梁漱溟，《東西文化及其哲學》，北京：商務印書館，1999年。

許倬雲，《我者與他者》，香港：香港中文大學出版社，2009年。

野村純一等編，《柳田國男事典》，東京：勉誠出版，1998年。

野家啟一，《物語の哲学》，東京：岩波現代文庫，2005年。

野家啟一，《柳田國男と東北大學》，仙台：東北大學出版會，2018年。

野家啟一，《はざまの哲学》，東京：青土社，2018年。

野家啟一等編，《現象學事典》，東京：弘文堂，1994年。

陳昭瑛，《臺灣文學與本土化運動》，臺北：臺大出版中心，2009年。

陳榮華，《海德格哲學》，新北：輔仁大學出版社，1992年。

傅偉勳，《道元》，臺北：東大圖書公司，1996年。

勞思光，《中國文化路向問題的新檢討》，臺北：東大圖書公司，
　　1993年。

勞思光，《文化哲學講演錄》，香港：中文大學出版社，2002年。

勞思光，《危機世界與新希望世紀》，香港：中文大學出版社，2007年。

勞思光，《存在主義》香港：中文大學出版社，1998年。

勞思光，《思辯錄》，臺北：東大圖書公司，1996年。

勞思光，《家國天下——思光時論文選》，香港：中文大學出版社，
　　2001年。

勞思光，《虛境與希望——論當代哲學與文化》，香港：中文大學出版
　　社，2003年。

勞思光，《新編中國哲學史 第二卷》，臺北：三民書局，2007年。

彭小妍編，《跨文化情境——差異與動態融合》，臺北：中研院文哲
　　所，2013年。

游勝冠、熊秉眞編，《流離與歸屬——二戰後港臺文學與其他》，臺
　　北：臺大出版中心，2015年。

紫式部，《源氏物語》，北京：人民文學出版社，2017年。

紫式部，《源氏物語》，東京：角川文庫，1971年。

紫式部，《源氏物語》，東京：講談社文庫，2007年。

紫式部，《源氏物語》，臺北：洪範出版社，2000年。

黃俊傑，《臺灣意識與臺灣文化》，臺北：臺大出版中心，2006年。

新渡戶稻造，《更深入發掘自己》，臺北：中央日報出版部，1991年。

新渡戶稻造，《武士道》，香港：商務印書館，2015。

新渡戶稻造，《修養》，東京：角川ソフィア文庫，2017年。

新渡戶稻造，《新渡戶稻造全集》，東京：教文館，1969-2001年。

新渡戶稻造，《新渡戶稻造論集》，東京：岩波文庫，2014年。

道元，何燕生譯，《正法眼藏》，北京：宗教文化出版社，2003年。

鈴木大拙，《禪與日本文化》，新北：遠足文化，2018年。

廖振富、張明權選注，《在臺日人漢詩文集》，臺南：國立臺灣文學
　　館，2013年。

廖欽彬編，《洪耀勳文獻選輯》，臺北：臺大出版中心，2019年。

熊野純彥，《和辻哲郎——文人哲學者の軌跡》，東京：岩波新書，
　　2009年。

福澤諭吉，《勸學篇》，北京：商務印書館，1984年。

網野善彥，《中世の非人と遊女》，東京：講談社学術文庫，2005年。

網野善彥，《日本の歴史をよみなおす》，東京：ちくま学芸文庫，
　　2005年。

網野善彥，《「日本」とは何か》，東京：講談社，2008年。

緒方康編，《アジア・ディアスポラと殖民地近代》，東京：勉誠出
　　版，2013年。

魯迅，《狂人日記》，香港：三聯書店，1999年。

賴惟勤校注，《徂徠學派》，收入《日本思想大系》第37卷，東京：岩
　　波書店，1972年。

鴨長明，《方丈記》，東京：岩波文庫，1989年。

豐島與志雄，《豐島與志雄著作集》，東京：未來社，1965年。

瀧川正次郎，《遊女の歷史》，東京：至文堂，1965年。

鷲田清一，《「聴く」ことの力：臨床哲学試論》，東京：TBSブリタニカ，1999年。

論 文

Berque, Augustin, "Offspring of Watsuji's theory of milieu (Fûdo)", *Geo Journal, Confronting Geographic Complexity: Contributions from some Latin Countries*, 2004, 60(4): 389-396.

Cheung Ching-yuen, "Hakanashi, Mujō and beyond: On Karaki Junzō's Theory of Impermanence." In: *Meiji Journal of Philosophy Minerva*. 2020, 2: 1-12.

Cheung Ching-yuen, "Philosophy for Emperors: Some Lessons to Learn from the Imperial New Year's Lectures", *Tetsugaku*, 2020, 4: 25-39.

Dahlstedt, Ami Skånberg. "Suriashi a meditation on the local through artistic research," in: L. Greenfield, M. Trustam (Eds.), *Artistic Research Being There. Explorations into the local*, Aarhus: Aarhus University Press, 2018, 49-52.

Ishida Masato, "Ifa Fuyū's Search for Okinawan-Japanese Identity," *Religions*, 2018, 9(6): 1-13.

洪子偉，〈臺灣哲學盜火者─洪耀勳的本土哲學建構與戰後貢獻〉，《臺大文史哲學報》，2014年，第八十一期，頁113-147。

洪耀勳，〈今日に於ける哲學の問題〉，《臺灣教育》，1934年1月號，頁68-76。

唐君毅，〈述海德格之存在哲學〉，《哲學概論》（下編），臺北：學生書局，1979年，頁54-115。

張政遠，〈「精神」與「非精神」──舍勒的哲學人學與勞思光的文化哲學〉，《中國現象學與哲學評論》第23輯，2018年，頁138-155。

張政遠，〈危機中探究柄谷行人──日本哲學、山人思想、香港學運〉，《臺灣大學人文社會高等研究院院訊》，第9卷第4期，2015年，頁53-57。

張政遠，〈柳田國男思想對倫理學的啟示〉，《日本倫理觀與儒家傳統》，臺北：臺大出版中心，2017年，頁161-180。

張政遠，〈海德格與九鬼周造〉，《西田幾多郎──跨文化視野下的日本哲學》，臺北：臺大出版中心，2017年，頁175-198。

張政遠，〈從中日韓三國的「有與無」到海德格的《有與時》〉，《中日韓三國之融合與分歧》，香港：天地圖書有限公司，2017年，頁129-161。

張政遠，〈陳紹馨的哲學思想〉，《存在交涉：日治時期的臺灣哲學》，臺北：中研院、聯經出版社，2016年，頁235-250。

張政遠，〈勞思光的文化哲學〉，《中國文哲研究通訊》第二十三卷第四期（92），2013年，頁116-123。

野家啟一，〈解說〉，《日本哲学の多様性》，京都：世界思想社，2012年，頁225-236。

野家啟一，〈大震災與日本人的自然觀〉，《東亞視野下的日本哲學──傳統、現代與轉化》，臺北：臺大出版中心，2013年，頁203-211。

野家啟一，〈危機の探求者──『探究Ⅰ』を読む〉，《探究Ⅰ》，東京：講談社学術文庫，1992年，頁258-265。

野家啟一，〈記憶と忘却のはざまで〉，《想起の方則》（ミルフイル07），京都：赤々舎，2015年，頁17-27。

陳耀南，〈詩藝哲懷兩妙奇〉，《無涯理境──勞思光的學問與思想》，香港：中文大學出版社，2003年，頁259-271。

鹿島徹，〈三木清の再検挙と獄死をめぐって──速水融氏へのインタビューから〉，《フィロソフィア早稲田大学哲学会》，上篇：104：1-29（2016），下篇：105：1-27（2017）。

菅豐，〈民俗學藝術論題的轉向──從民間藝術到支撐人之「生」的藝術（vernacular藝術）〉，《民俗研究》，2020年第3期（總第151期），山東大學，2020年，頁24-25。

新渡戶稻造，〈台湾協会学校学生諸君に告ぐ〉，《拓殖大学百年史研究》，2000年，4：123-133。

關子尹，〈海德格論「別人的獨裁」與「存活的獨我」──從現象學觀點看世界〉，《鵝湖學誌》，第六期，1991年，頁113-164。

鷲田清一、桂英史，〈メディアテークのこれまでとこれから〉，《想起の方則》，京都：赤々舍，2015年，頁90-136。

鷲田清一，〈不能の表出──三つの証言〉，《コンニチハ技術トシテノ美術》，仙台：仙台メディアテーク，2018年，頁68-72。

鷲田清一，〈記憶についておもういくつかのこと〉，《想起の方則》，京都：赤々舍，2015年，頁209-215。

人名索引

Index

A

Adorno, Theodor Ludwig Wiesen-
grund（阿多諾） 21

Arendt, Hannah（鄂蘭） 7

Aristotle（亞里斯多德） 17, 48,
57

Auden, Wystan Hugh（奧登） 7

B

Baumgarten, Alexander Gottlieb
（鮑加登） 56

Bergson, Henri（柏格森） 30

Berque, Augustin（貝爾克） 10,
167, 168, 169, 170, 171, 172,
173, 178, 228

Bismarck, Otto von（俾斯麥）
93

Boas, Franz（鮑亞士） 93

C

Clark, William Smith（克拉克）
84

D

Dahlstedt, Ami Skånberg
（達絲德） 218, 219

Dinesen, Isak（狄尼森） 6, 207

Gobineau, Joseph-Authur
（戈比諾） 93

H

Haldane, J. S.（夏汀） 18

Hegel, Georg Wilhelm Friedrich
（黑格爾） 46, 57, 152, 159,
160, 183, 186, 187, 190

Heidegger, Martin（海德格）
28, 29, 30, 31, 37, 38, 39, 40,
41, 43, 44, 45, 46, 47, 48, 49,
50, 51, 58, 60

Heraclitus（赫拉克利特）　67

Humboldt, Alexander von（洪堡）　1, 37

Husserl, Edmund（胡塞爾）　5, 30, 37, 38, 41, 201

J

Jaspers, Karl Theodor（雅斯培）　37

K

Kant, Immanuel（康德）　33, 34, 35, 43, 85

Katz, Paul R.（康豹）　156

Kierkegaard, Søren（齊克果）　28, 37, 43, 145

Kleo（克利俄）　2

Kopf, Gereon（頭夏禮音）　224

L

Leibniz, Gottfried Wilhelm（萊布尼茲）　46, 47

M

Marx, Karl（馬克思）　37, 60, 119, 123, 186

Mnemosyne（謨涅摩敘涅）　2

Montesquieu（孟德斯鳩）　16, 17

P

Paelabang Danapan（孫大川）　113, 114, 115, 164, 185

Parsons, Talcott（柏森斯）　11, 152, 186, 187

Penn, William（威廉賓恩）　92

S

Said, Edward（薩伊德）　191

Sartre, Jean-Paul（沙特）　28, 30

Scheler, Max（舍勒）　21, 37, 38, 39, 185

Smith, Adam（亞當史密斯）　17

二畫

九鬼周造　8, 24, 27, 30, 31, 38,
　39, 73, 207, 227
八田與一　156

三畫

三木清　9, 24, 53, 54, 55, 60,
　61, 62, 63, 64, 66, 227
三島毅　15
上山春平　17
上田萬年　16
下村宏　116, 153
下村寅太郎　17
大久保道舟　77
大江健三郎　143, 222, 226
小林敏明　104
小熊英二　104

四畫

中江兆民　55, 189
中村元　16
中村哲　116
中沼良藏　14
井上哲次郎　101
井上泰浩　225
元田永孚　14

內藤湖南　86
六祖　78
太宰春台　108, 142
孔子　27, 129, 158
心敬　17, 19, 20, 21, 75
木村朗子　208, 209
王慶節　29, 41
王錦雀　232

五畫

加藤弘之　16
加藤周一　70
加藤常賢　15
卡利俄佩　2
古偉瀛　86
市村瓚次郎　15
平川新　6
平田篤信　16
平田鐵胤　16
弘忍　216
本居宣長　107
玉松正弘　16
田邊元　24, 39
矢野仁一　15
石田正人　140

六畫

伊邪那岐　64

伊邪那美　63, 64

伊東豐雄　204

伊波普猷　135, 140, 141

合田正人　142

吉川小次郎　16

吉川幸次　108

吉本隆明　3, 10, 110, 131, 133, 134, 228

吉田光國　16

宇野哲人　15

安倍能成　17

寺田寅彥　68

朱舜水　158

西田幾多郎　8, 15, 17, 18, 30, 33, 53, 58, 61, 69, 101, 118, 145, 221, 227

西行　215

西村茂樹　16

西谷啟治　17

西晉一郎　15, 17

七畫

佐伯順子　215, 216

佐佐木嘉兵衛　3, 110

佐谷眞木人　6, 105, 108, 110,

113, 114, 116, 153, 188

佐藤勢紀子　71, 73

何燕生　78

余安邦　200

吳振坤　158, 183

吳菲　110

吳叡人　161

坂口安吾　13

坂部惠　174

忍誓　20

折口信夫　134

李克特　30

李明輝　85, 87, 96

李春生　87, 96

李萬珪　95

杜甫　210, 211

赤坂憲雄　104, 116, 134, 173, 211

八畫

和辻哲郎　8, 10, 16, 17, 19, 21, 31, 65, 102, 103, 109, 118, 133, 145, 146, 165, 167, 172, 174, 175, 194, 227, 228

孟子　15

宗祇　76

尚象賢　141

岡田正之　15

服部宇之吉　15

東條雲長　14

松丸壽雄　69

松尾芭蕉　11, 76, 210, 211

松島泰勝　131, 132, 144

林永強　200

林秋梧　158, 183

林暉鈞　27, 120, 214

武內義雄　15

空海　16

芳賀矢一　16

金田一京助　24

金倉松光　16

金耀基　183, 193, 194

九畫

南方熊楠　111

南摩綱紀　14

後藤新平　84, 86, 94

柄谷行人　4, 10, 107, 117, 118, 122, 181, 228

柳田國男　3, 4, 5, 6, 9, 10, 11, 94, 101, 102, 105, 106, 110, 111, 118, 122, 135, 136, 139, 140, 153, 156, 163, 171, 172, 207, 208, 216, 217, 221, 226, 228

津田眞道　55

洪子偉　27, 28, 99, 183

洪耀勳　27, 28, 29, 158, 167, 168, 183, 184

貞慶　75

十畫

俵萬智　76, 77

唐木順三　9, 63, 64, 66, 67, 69, 227

唐君毅　43, 190, 191

夏目漱石　86, 117, 188

宮本正宗　16

島崎藤村　105, 137

徐福　137, 138

桂英史　205

桑山紀彦　6

海保星陵　108

眞境名安興　141

高倉輝　62

高嘉謙　88, 157, 158

高橋里美　8, 17, 21

十一畫

崔末順　95, 181

張明權　88

張深切　27

曾根ひろみ　217

梁漱溟　193

梅原猛　173

清水哲郎　199

荻生徂徠　107, 108

許倬雲　112, 113, 127, 185

速水融　62

野田又夫　17

野村純一　105

野家啟一　1, 5, 6, 7, 54, 68,
　103, 117, 118, 206, 207, 210,
　211, 221

陳力衛　167

陳昭瑛　185

陳紹馨　158, 159, 160, 183

陳嘉映　29, 41

陳榮華　29

陳澄波　229

陳耀南　181

鳥居龍藏　113

鹿島徹　62

十二畫

傅偉勳　77

勞思光　11, 28, 38, 67, 152,
　153, 181, 183, 184, 186, 187,
　188, 189, 195, 196, 228, 229

富井正章　17

彭小妍　98

曾天從　158, 183

森鷗外　108

渡邊仁　176

游勝冠　182

紫式部　70, 71

菅豐　163, 164

黃金穗　158, 183

黃俊傑　86, 184

十三畫

新渡戶稻造　9, 83, 84, 87, 88,
　95, 96, 98, 108, 227

道元　77, 78, 79, 80

鈴木大拙　213, 214

十四畫

廖振富　87, 88

廖欽彬　27, 60, 168, 200, 229

熊秉眞　182

熊偉　44

熊野純彥　165

福澤諭吉　86, 106

網野善彥　112, 176, 216

緒方康　87
赫伊欽哈　215

十五畫

歐陽脩　137
蓮如　75
蔡溫　142
諸橋轍次　15
鄭發育　158, 183
魯迅　16, 158, 179, 192, 193,
　196, 197

十六畫

橋川文三　108
賴惟勤　108
鴨長明　68, 69

十七畫

穗積八束　17
穗積陳重　17

十八畫

豐臣秀吉　36, 51
豐島與志雄　62
魏德聖　156

十九畫

瀧川正次郎　218
瀧精一　16
譚仁岸　146
關子尹　29

二十畫

蘇雪林　182

二十一畫

鷲田清一　5, 11, 199, 200, 201,
　204, 206, 207, 208, 229

事項索引

Ainu（愛奴）　7, 23, 24, 84, 104,
　　111, 114, 123, 132, 135, 143,
　　167, 170, 172, 173, 174, 176,
　　177, 178, 210, 228

山民　10, 111, 123
山區　111, 114, 123, 135, 153,
　　172, 175, 176, 178

一畫
一在愛　22, 23

二畫
人格　92, 160, 213
人間　14, 17, 30, 36, 102, 197,
　　224

三畫
口承文藝　4, 104
口傳記憶　2, 3, 6, 206, 208
山人　3, 9, 10, 101, 102, 109,
　　110, 111, 112, 116, 122, 123,
　　124, 153, 221, 228

四畫
不安　43, 44, 45, 49, 51, 211,
　　218, 225
中國哲學　67, 117, 162, 183,
　　195
互換　22
互酬　112, 120, 121, 123, 124,
　　125, 129
反修例運動　226
天皇　8, 10, 13, 14, 15, 16, 17,
　　18, 19, 21, 24, 58, 62, 63, 104,
　　133, 134, 139, 156, 224
文化哲學　11, 24, 38, 152, 160,
　　182, 183, 186, 190, 193, 194,
　　195, 221, 228
文化現象　103, 182, 186

文字　4, 16, 75, 88, 103, 122, 152, 196, 207

文明　16, 79, 86, 87, 88, 90, 94, 97, 111, 141, 189

文學　4, 5, 6, 7, 8, 9, 16, 23, 28, 63, 70, 72, 73, 74, 87, 88, 95, 102, 105, 106, 107, 109, 113, 117, 118, 119, 122, 124, 125, 143, 152, 162, 165, 181, 182, 194, 196, 197, 208, 209, 212, 215, 222

日本文學　4, 9, 70, 72, 105, 109, 152

日本民俗學　4, 9, 102, 103, 135, 163, 167, 208, 216

日本哲學　1, 2, 8, 9, 13, 17, 23, 24, 30, 53, 54, 63, 69, 117, 118, 145, 183, 194, 200, 221, 226, 228

日治時代　9, 51, 84, 88, 92, 99, 153, 156, 158, 162, 164, 165, 167, 183, 188, 194

五畫

世界　2, 3, 4, 10, 18, 19, 24, 27, 29, 36, 42, 43, 44, 47, 51, 53, 56, 57, 59, 64, 67, 68, 75, 76, 81, 103, 105, 106, 107, 110, 112, 117, 119, 120, 121, 123, 144, 157, 158, 159, 160, 163, 164, 186, 189, 190, 191, 195, 196, 197, 200, 201, 205, 210, 217, 222, 223

世界史　10, 119, 120, 121, 123

主體　84, 92, 98, 99, 157, 161, 162, 181, 182, 185, 229

他者　4, 11, 13, 21, 22, 23, 24, 25, 42, 46, 54, 59, 92, 96, 97, 98, 99, 104, 105, 112, 113, 115, 116, 117, 118, 122, 123, 127, 133, 144, 146, 153, 163, 165, 184, 185, 188, 199, 201, 202, 203, 204, 209, 210

仙台　5, 6, 11, 107, 158, 159, 163, 200, 204, 205, 206, 208, 223

平民道　9, 83, 85, 93, 95, 98, 221, 227

民俗　3, 4, 6, 8, 9, 10, 93, 102, 103, 104, 105, 106, 107, 108, 109, 110, 113, 114, 116, 117, 135, 153, 162, 163, 164, 165, 167, 188, 208, 216, 226, 227

民俗學　3, 4, 8, 9, 10, 102, 103, 104, 105, 107, 108, 110, 113, 114, 116, 117, 135, 153, 162,

163, 164, 165, 167, 188, 208, 216, 226, 227

民族　7, 10, 18, 19, 21, 61, 84, 86, 89, 93, 94, 98, 104, 105, 111, 112, 114, 116, 122, 124, 125, 127, 128, 131, 132, 135, 137, 139, 140, 141, 143, 162, 164, 173, 174, 175, 176, 177, 178, 185, 190, 195, 214, 222

六畫

交換樣式　10, 120, 123, 124

光復　92, 156, 184

共同幻想　3, 110, 134

共感　21, 202, 209, 210

危機　6, 7, 9, 11, 27, 118, 120, 181, 182, 189, 190, 195, 197, 198, 201, 209, 221, 228

同祖論　10, 132, 134, 135, 141, 143, 173, 221

同情　20, 143, 214, 218

地震　11, 67, 68, 69, 145, 165, 199, 200, 202, 204, 210, 225

存在　3, 5, 6, 14, 18, 21, 22, 24, 27, 28, 29, 30, 31, 32, 33, 34, 36, 37, 38, 39, 40, 41, 42, 43, 44, 45, 46, 47, 48, 49, 50, 51,

57, 64, 73, 79, 80, 83, 85, 93, 96, 99, 102, 105, 113, 117, 118, 119, 120, 123, 127, 128, 131, 134, 142, 143, 149, 151, 157, 159, 174, 181, 183, 184, 185, 201, 211, 214, 216, 222, 225

此在　29, 37, 38, 41, 42, 43, 44, 45, 46, 145, 190

死者　3, 63, 64, 110, 144, 163, 210, 221, 223

自然　4, 8, 14, 19, 23, 54, 56, 67, 68, 86, 90, 95, 106, 109, 115, 118, 139, 141, 157, 158, 160, 163, 168, 169, 171, 175, 178, 187, 189, 193, 197, 214

佛教　10, 16, 18, 19, 58, 67, 68, 70, 71, 80, 122, 145, 146, 147, 148, 149, 151, 184, 228

巡禮　10, 11, 19, 109, 116, 127, 144, 145, 146, 147, 148, 149, 151, 152, 153, 156, 162, 163, 164, 165, 178, 210, 212, 217, 218, 221, 222, 225, 226, 228

七畫

巫女　10, 216

希哲　24, 165, 205, 206

形而上學　9, 35, 40, 43, 44, 46, 47, 48, 50, 73, 77, 78, 81

我者　13, 22, 23, 24, 97, 98, 99, 104, 105, 112, 113, 115, 118, 127, 133, 146, 163, 185, 202

技術　4, 9, 16, 20, 54, 55, 56, 57, 58, 59, 60, 84, 94, 95, 104, 111, 113, 122, 123, 138, 139, 187, 208, 227

改革　16, 122, 142, 157

沖繩　10, 128, 129, 131, 132, 133, 134, 135, 136, 139, 140, 141, 142, 143, 144, 153, 163, 173, 188, 221, 222, 225

災後　11, 199, 200, 205, 207, 208, 209, 229

災難　6, 67, 69, 105, 107, 150, 163, 199, 202, 205, 206, 207, 208

身體　2, 10, 11, 18, 65, 97, 146, 150, 158, 163, 165, 181, 199, 200, 206, 215, 222

八畫

京都　16, 51, 54, 63, 69, 74, 79, 81, 94, 109, 117, 131, 132, 144, 145, 147, 148, 150, 151, 200, 205, 212, 224, 229

命運　9, 60, 61, 71, 72, 73, 126, 127, 181, 191, 221

奈良　10, 19, 93, 109, 145, 146, 147, 148, 149, 150, 151, 152

定住　10, 111, 123

東北　4, 6, 103, 104, 107, 109, 158, 159, 160, 172, 173, 176, 200, 205, 206, 207, 211, 212, 225

東北大學　6, 159, 206

東亞　23, 28, 30, 54, 58, 59, 60, 67, 85, 86, 87, 101, 103, 105, 112, 113, 116, 117, 126, 127, 128, 129, 141, 153, 182, 185, 188, 193, 222, 227, 228, 229

東京　1, 3, 4, 5, 6, 7, 13, 19, 31, 41, 53, 54, 62, 64, 69, 72, 73, 77, 86, 87, 94, 95, 98, 101, 102, 103, 104, 105, 106, 107, 108, 109, 110, 111, 112, 116, 118, 122, 125, 131, 132, 134, 140, 143, 145, 146, 153, 156, 165, 169, 172, 174, 175, 188, 205, 206, 209, 210, 216, 217, 218, 223, 227

東京大學　53, 125, 227

武士道　9, 83, 85, 93, 95, 96, 98, 108, 153, 187, 221

物語　1, 2, 3, 4, 5, 6, 7, 8, 9, 10,
　11, 63, 70, 71, 72, 73, 74, 99,
　102, 103, 104, 107, 110, 116,
　123, 141, 156, 163, 165, 206,
　207, 208, 211, 221, 222, 226
空間　2, 10, 34, 88, 118, 165,
　170, 171, 182, 205, 209, 219,
　222, 225, 226
長崎　23, 144, 158, 163, 210,
　223, 224, 225, 226
雨傘運動　125, 126

179, 194, 210, 221, 228
風俗　101, 114, 134, 168
風景　4, 61, 109, 148, 150, 168,
　170, 173, 178, 212, 229
香港　11, 28, 29, 65, 83, 90,
　113, 125, 126, 127, 128, 144,
　158, 162, 165, 174, 179, 181,
　182, 183, 185, 186, 188, 189,
　190, 191, 192, 193, 194, 195,
　196, 197, 198, 209, 222, 224,
　226, 228, 229

九畫

南島　10, 129, 131, 133, 134,
　228
後現代　197
故事　1, 2, 3, 4, 6, 104, 110,
　137, 156, 206, 211, 214, 215,
　218, 222, 225, 226
故鄉　11, 154, 156, 157, 168,
　179, 181, 192
革命　15, 61, 85, 86, 108, 125,
　156, 157, 162, 191
風土　4, 10, 62, 65, 68, 88, 90,
　103, 104, 106, 145, 164, 165,
　167, 168, 169, 170, 171, 172,
　173, 174, 175, 176, 177, 178,

十畫

俳句　76, 210, 211, 212, 213,
　214, 217
原住民　9, 84, 91, 92, 94, 97,
　111, 113, 114, 115, 116, 123,
　132, 135, 155, 156, 162, 164,
　165, 167, 168, 173, 174, 177,
　178, 184
哲學史　53, 67, 183
時代　9, 10, 15, 27, 51, 53, 61,
　70, 71, 77, 83, 84, 85, 87, 88,
　92, 93, 94, 95, 96, 98, 99, 105,
　108, 114, 115, 116, 127, 133,
　138, 141, 148, 153, 156, 158,
　159, 162, 164, 165, 167, 176,

183, 185, 188, 194, 204, 216

氣候　68, 90, 168, 169, 173, 175, 178

海嘯　6, 7, 67, 69, 107, 163, 173, 200

琉球　10, 23, 114, 125, 128, 129, 131, 132, 133, 134, 135, 140, 141, 142, 144

純粹贈與　10, 129

記憶　2, 3, 6, 68, 69, 88, 103, 123, 151, 156, 162, 163, 165, 198, 206, 207, 208, 209, 210, 211, 222, 226

記憶裝置　163, 198

十一畫

野蠻　21, 83, 86, 87

教養　13, 53, 87, 95, 192

偶然性　8, 9, 30, 48, 49, 50, 73, 163

啟蒙　9, 27, 54, 85, 86, 93, 94, 95, 96, 97, 98, 99, 107, 119, 147, 181, 227

國家　10, 14, 15, 17, 19, 21, 55, 59, 61, 65, 68, 84, 86, 87, 90, 94, 96, 97, 106, 107, 109, 112, 119, 120, 121, 123, 124, 126,

127, 128, 129, 133, 134, 138, 140, 143, 144, 147, 149, 150, 160, 168, 175, 183, 185, 186, 192, 194, 195, 222, 225

宿世　9, 71, 72, 73

宿命　61, 72, 73

常民　4, 10, 111, 123, 163

敘事　1, 2, 4, 5, 103, 132, 195, 206, 210

混種　96, 98, 99, 195

現代　1, 4, 5, 9, 11, 13, 15, 27, 30, 37, 54, 55, 57, 59, 63, 72, 83, 84, 85, 86, 87, 88, 90, 94, 96, 99, 101, 103, 104, 105, 109, 117, 120, 121, 123, 124, 125, 131, 137, 140, 145, 150, 152, 153, 157, 158, 159, 164, 173, 174, 181, 182, 183, 185, 186, 187, 188, 189, 190, 191, 193, 194, 195, 196, 197, 201, 215, 228

現象學　5, 7, 21, 29, 30, 37, 38, 39, 40, 41, 43, 47, 49, 199, 200, 201

異鄉　11, 158, 181, 182, 185, 191

連歌　17, 19, 20, 21

十二畫

場所　2, 7, 10, 42, 47, 58, 112, 122, 127, 148, 170, 200, 202, 204

朝鮮　19, 23, 36, 93, 94, 95, 138, 139, 146, 225

殖民　5, 9, 27, 84, 85, 86, 87, 88, 89, 90, 91, 93, 94, 95, 97, 98, 104, 109, 113, 115, 126, 129, 132, 133, 153, 156, 157, 161, 162, 173, 181, 188, 190, 192, 193, 194, 197, 198, 225

植民　88, 89, 90, 91, 92, 94, 96

無常　2, 9, 61, 66, 67, 68, 69, 70, 73, 74, 75, 76, 77, 78, 79, 80, 81, 83, 221, 227

無常感　9, 61, 66, 73, 74, 76, 77, 80, 81, 83

短歌　70, 76, 155, 156, 215

菲律賓　59, 61, 62

虛構　1, 35, 189, 206

進講　8, 13, 14, 15, 16, 17, 18, 19, 20, 21, 23, 24, 227

十三畫

傳統　2, 4, 13, 18, 19, 32, 38, 47, 54, 58, 59, 64, 67, 85, 96, 99, 103, 104, 111, 115, 116, 117, 119, 121, 132, 148, 152, 153, 157, 158, 162, 164, 177, 182, 185, 186, 187, 191, 192, 194, 196, 197

當代　27, 76, 81, 134, 159, 182, 185, 188, 199, 201

葛藤　11, 13, 14, 23, 24, 196

詮釋學　41

跨文化　24, 30, 96, 98, 104, 116, 160, 162, 185, 195, 201, 221

遊女　11, 210, 211, 212, 213, 214, 215, 216, 217, 218, 221

遊行　11, 209, 210, 216, 217, 218, 219, 221

遊動　10, 111, 117, 122, 123, 124, 125, 228

電影　156, 226

十四畫

實存　8, 9, 27, 28, 29, 30, 31, 32, 36, 37, 38, 39, 41, 42, 51, 73, 182, 221, 227

實存哲學　8, 28, 30, 37, 38, 51, 227

摺足　218, 219

漢文　6, 13, 27, 87, 88, 105, 107

漢字　7, 16, 50, 148, 152, 162, 168, 217

福島　7, 23, 173, 209, 210, 225

維新　15, 95, 108, 131, 148, 153, 158, 170, 177, 187, 188

臺灣　9, 11, 27, 28, 29, 48, 51, 84, 86, 87, 88, 90, 91, 92, 94, 95, 97, 98, 99, 105, 108, 110, 111, 112, 113, 114, 115, 116, 117, 123, 126, 135, 136, 145, 153, 156, 157, 158, 159, 160, 161, 162, 164, 165, 167, 168, 173, 174, 181, 182, 183, 184, 186, 188, 190, 192, 193, 194, 195, 196, 200, 204, 227, 228

臺灣哲學　9, 27, 28, 48, 51, 99, 153, 158, 159, 161, 162, 164, 167, 182, 183, 184, 190

語文　196

語言　1, 30, 38, 50, 51, 90, 91, 92, 103, 112, 113, 114, 118, 127, 132, 141, 143, 144, 162, 173, 183, 184, 192, 196, 215

遠野　3, 4, 8, 9, 103, 110, 135, 208, 221

十五畫

墨西哥　172, 175, 178, 210, 228

廣島　23, 144, 163, 210, 223, 224, 225, 226

暴力　21, 60, 85, 132, 143, 144, 156, 157, 218

稻米　10, 91, 133, 135, 137, 138, 139, 140, 167, 168, 171, 172, 173, 175

駒場　53, 229

十六畫

儒教　4, 109

儒學　18, 106, 107, 108, 112, 142, 228

戰爭　17, 18, 19, 21, 23, 27, 56, 59, 60, 74, 85, 92, 103, 105, 113, 125, 126, 128, 129, 131, 132, 144, 163, 189, 211, 223, 224, 226

歷史　2, 4, 5, 6, 7, 11, 17, 18, 19, 57, 58, 60, 61, 85, 88, 89, 91, 93, 103, 106, 109, 111, 112, 113, 119, 121, 123, 127, 131, 133, 134, 135, 137, 141, 142, 149, 156, 159, 163, 164, 165, 169, 170, 178, 185, 186, 188,

190, 206, 207, 210, 211, 215,
216, 217, 222, 225

十七畫

環境　4, 10, 18, 64, 90, 101,
109, 142, 169, 175, 218, 219
臨床倫理　199
臨床哲學　5, 11, 199, 200, 201,
202, 203, 204, 208, 209, 229

十八畫

轉向　67, 140, 162, 163, 164,
165, 208, 226, 227
離散　157, 181, 192

二十二畫

驚訝　48, 49, 50, 55, 73, 128

華人文化主體性研究叢書 A2005

4B0Q
物語與日本哲學——哲學的民俗學轉向

作　　　者 —— 張政遠
發 行 人 —— 楊榮川
總 經 理 —— 楊士清
總 編 輯 —— 楊秀麗
主　　編 —— 蔡宗沂
校　　　對 —— 瞿正瀛、龍品涵
封 面 設 計 —— 談明軒
出 版 者 —— 五南圖書出版股份有限公司
地　　　址 —— 台北市大安區 106 和平東路二段 339 號 4 樓
電　　　話 —— 02-27055066（代表號）
傳　　　眞 —— 02-27066100
劃 撥 帳 號 —— 01068953
戶　　　名 —— 五南圖書出版股份有限公司
網　　　址 —— https://www.wunan.com.tw
電 子 郵 件 —— wunan@wunan.com.tw
法 律 顧 問 —— 林勝安律師事務所　林勝安律師
出 版 日 期 —— 2022 年 6 月初版一刷
定　　　價 —— 320 元
GPN　1011100610

國家圖書館出版品預行編目資料

物語與日本哲學：哲學的民俗學轉向 / 張政遠著 . -- 初版 --
臺北市：五南圖書出版股份有限公司，2022.06
面；公分
ISBN 978-626-317-636-2(平裝)

1.CST: 日本哲學

131　　　　　　　　　　　　　　　111001938